Kurt Horwitz

Unterwegs zum Staatsbankrott?

Wege aus der Krise

EIN Presse BUCH
UEBERREUTER

CIP-Kurztitelaufnahme der Deutschen Bibliothek

Horwitz, Kurt:
Unterwegs zum Staatsbankrott?: Wege aus der Krise/
Kurt Horwitz. – Wien: Ueberreuter, 1987.
ISBN 3-8000-3236-8

AU 55/1

Umschlag: Atelier Graupner & Partner, München

Gesamtherstellung: Carl Ueberreuter Druckerei Ges. m. b. H., Korneuburg
Printed in Austria

Inhaltsverzeichnis

Einleitung 7
Die Sanierungshelfer warten schon

Der Sozialstaat ist am Ende 19
Mehr Flexibilität statt Zwangspensionierung

Woran krankt unser Gesundheitssystem? 39
Kostenbewußtsein ist kein Gegensatz zu guter Versorgung

Die unsinkbaren Schiffe haben Schlagseite 53
Sichere Arbeitsplätze gibt es nur bei Gewinnen

Auch die Banken wankten 69
Staatszuschüsse ermöglichen die Sanierung

Erntesegen, Erntefluch 89
Neue Strategien gegen die Überproduktion

ÖBB und DDSG dampfen im Defizit 103
Staatsbetriebe dürfen nicht wie Ämter geführt werden

Die Beamten werden unbezahlbar 111
Bürokratieabbau statt Verwaltungsexplosion

Kürzere Arbeitszeit, harter Schilling 119
Widersprüche in der Wirtschaftspolitik

Steuern: Undurchschaubar, unergiebig, ungerecht 131
Nur eine große Reform kann Abhilfe schaffen

Unterwegs zur Schuldenbillion 145
Budgetsanierung bringt Handlungsspielraum zurück

Die internationale Finanzkrise schwelt 157
Österreich: Der Einäugige ist unter Blinden König

Hoffnungslos, aber nicht ernst 165
Ein Ausblick in bessere Zeiten

Einleitung

Die Sanierungshelfer warten schon

New York, 40. Etage eines Luxushotels in Manhattan. Soignierte Herren im traditionellen Nadelstreif eilen von einer Suite zur anderen, verhandeln, diskutieren, telefonieren. Sie vertreten die Crème de la crème des internationalen Finanzwesens: die amerikanische Citibank, die Schweizerische Bankgesellschaft, die Deutsche Bank.

Ihr Ziel sind Umschuldungsabkommen mit zahlungsunfähigen Ländern. In den einzelnen Suiten wird jeweils ein Schuldner »behandelt«. Immerhin mußten in den letzten vier Jahren auf internationaler Ebene die Verbindlichkeiten von 40 Ländern über insgesamt 145 Milliarden Dollar umgeschuldet werden, das sind umgerechnet mehr als 2 000 Milliarden Schilling oder rund das Eineinhalbfache dessen, was ganz Österreich pro Jahr als Bruttoinlandsprodukt erwirtschaftet.

Da wird auf rationelles Vorgehen Wert gelegt, und die hochbezahlten Experten und Umschuldungsmanager der großen Gläubigerbanken arbeiten quasi am Fließband. Man verabredet sich in einem Hotel in New York, belegt ein Stockwerk, teilt den einzelnen Ländern entsprechende Suiten zu und verhandelt dort parallel mit den Beauftragten der Schuldnerstaaten.

In tage-, ja wochenlangen Disputen werden Fristen zur Zinszahlung und zur Wiederaufnahme der Überweisungen von Tilgungsraten festgelegt. Man feilscht um Zehntelprozente; bei den Milliardenbeträgen, um die es geht, machen auch scheinbar geringe Prozentdifferenzen hohe Summen aus, wenn ein Land sie durch zehn oder noch mehr Jahre bezahlen muß.

Eine wichtige Rolle spielen dabei der Währungsfonds und die Weltbank. Ihre Experten entscheiden darüber, ob und unter welchen Bedingungen ein Land überhaupt »umschuldungswürdig« ist. Und auch bei diesen Verhandlungen geht es hart her.

Szenenwechsel. Wir befinden uns auf dem Flughafen eines kleinen Landes mit großen Schulden. Fünf Herren verlassen die Morgenmaschine. Sie werden schon erwartet und rasch durch die Paß- und Zollkontrolle geschleust. Eine Luxuslimousine der Regierung bringt sie in ihr Hotel. Am nächsten Morgen steht dann wieder ein schwarzer Straßenkreuzer vor dem Hotelportal, holt die Herren ab und bringt sie zum Amtssitz der Regierung.

Der Regierungschef persönlich empfängt die Herren. Er wirkt nervös. Der Anlaß für den ausländischen Besuch ist unerfreulich. Das Land hat auf den internationalen Kreditmärkten so viel Reputation eingebüßt, daß die Entsendung von Krisenmanagern beschlossen wurde. Sie sollen der Wirtschaft wieder auf die Sprünge helfen.

Die Forderungen der Herren vom Internationalen Währungsfonds – denn um Abgesandte dieser Organisation mit Sitz in Washington handelt es sich – sind kurz und prägnant: Ab sofort dürfen keine Lohnerhöhungen mehr gewährt werden, die Agrarpreise sind einzufrieren, das Budgetdefizit muß radikal gesenkt werden.
Einwendungen des Regierungschefs, des gleichfalls anwesenden Finanzministers und des Notenbankpräsidenten werden kurzerhand vom Tisch gewischt. Die Gesundung der Staatsfinanzen und der Wirtschaft des Landes sei das Ziel der Maßnahmen, die Verminderung des Lebensstandards der Bevölkerung müsse dabei in Kauf genommen werden; einen anderen Weg gäbe es nicht. Man habe zu lange über die Verhältnisse gelebt und müsse jetzt die Rechnung dafür akzeptieren.
Als sich die Diskussion in die Länge zieht, werden die Unterhändler des Währungsfonds noch deutlicher. Solange die Regierung nicht bereit sei, die eben genannten Bedingungen und Auflagen zu erfüllen, werde es eben auf den internationalen Kreditmärkten kein Geld mehr geben.
Diese Schilderung ist keineswegs aus der Luft gegriffen. Länder wie Argentinien, Mexiko oder Ägypten haben schon mehrfach derart unangenehmen Besuche bekommen. Österreich hingegen war bisher noch nie in Gefahr, zum Reiseziel solcher »Sanierungshelfer« zu werden. Trotz der hohen Staatsverschuldung gelten wir nach wie vor als erstklassige Schuldner und keineswegs als Sorgenkinder des Weltfinanzsystems. Das kann sich aber schnell ändern, sobald wir einmal »im Gerede« sind.
Es liegt in unserer Hand, eine solche Entwicklung zu verhindern, an deren Ende die moderne Form des »Staatsbankrotts« steht: die Einschaltung internationaler Organisationen, die uns zumindest vorübergehend einen Teil unserer wirtschaftlichen Souveränität nehmen würden.
Noch ist es nicht soweit, aber es läßt sich nicht leugnen, daß auch wir jahrelang über unsere Verhältnisse gelebt haben und jetzt die Rechnung dafür bezahlen müssen. Wir bewegen uns mit Riesenschritten auf die erste Staatsschulden-Billion zu, die Zinsen auf diese gigantischen Schulden fressen einen immer größeren Teil unserer Steuerleistung auf, und der unselige »Rentenklau« der Vergangenheit wurde längst von der Realität eingeholt.
Nehmen wir als Beispiel Gerhard P., Jahrgang 1970. Wenn er mit der Schule und mit einem eventuell anschließenden Studium fertig sein wird, droht ihm zumindest finanziell ein unerfreuliches Schicksal. Gemeinsam mit drei Arbeitskollegen wird er für die Ruhebezüge von drei Pensionisten aufkommen müssen; und alljährlich wird er (wie jeder andere der vier Millionen Erwerbstätigen auch) über seine Steuern ungefähr 17 000 Schilling für die Bezahlung der Zinsen auf die Staatsschulden beitragen müssen.
Auch die Erhaltung seiner Gesundheit wird ihm teuer kommen. Schon

heute müssen wir ein Zehntel dessen, was wir alle gemeinsam erwirtschaften – der Fachmann spricht vom »Bruttoinlandsprodukt« –, für das staatliche Gesundheitswesen aufwenden. Nichts deutet darauf hin, daß sich diese Relation in den nächsten Jahren verbessern könnte. Im Gegenteil: Die Steigerungsraten lagen bisher deutlich über der Inflationsrate.
Nicht zuletzt wird Gerhard P. aber auch die Rechnung für all die scheinbaren Wohltaten präsentiert bekommen, die uns der Staat – oder genauer gesagt die jeweilige Regierung – in der Vergangenheit erwiesen hat: Straßen, Schulen und Kasernen sind auf Kredit gebaut worden, oder die Regierung hat im Namen von uns Steuerzahlern für die Tilgungsraten gebürgt.
Die Politiker haben dabei oft – und nicht unabsichtlich – nur ihr eigenes politisches Wohl im Auge gehabt. Sie haben für derartige Kredite tilgungsfreie Jahre vereinbart, damit die Probleme nicht ihnen selbst, sondern erst ihren Nachfolgern auf den Kopf fallen. Das gilt für alle Finanzminister der letzten Jahre, mögen sie nun Androsch, Salcher, Vranitzky oder Lacina heißen. Keiner von ihnen mußte sich je ernsthaft vor seinen Wählern rechtfertigen, warum sie immer mehr Steuern zu zahlen haben, obwohl der Staat seine Leistungen doch längst eingeschränkt hat.
Die nächste Generation wird teuer für die Wahlgeschenke bezahlen müssen, die ihre Eltern bekommen haben. Sie wird weniger Straßen bauen, keine großangelegte Sanierung staatlicher Banken und Industriebetriebe vornehmen können und nicht schon im Extremfall mit 50 Jahren in Frühpension gehen können. Die ersten Auswirkungen der staatlichen Verschwendungspolitik der letzten Jahre bekommen wir ja schon selbst zu spüren: Die Last an Steuern und Sozialversicherungsbeiträgen steigt ständig, aber von »Wahlzuckerln«, die uns früher die bittere Pille wenigstens alle vier Jahre versüßt haben, kann keine Rede mehr sein.
Im Gegenteil, die sozialistisch-freiheitliche Koalitionsregierung des Jahres 1986 zog sogar mit einem »Sparbudget« in die Wahlschlacht. Um es präsentieren zu können, mußten allerdings die staatlichen Investitionen stark eingeschränkt werden, und dennoch konnten die Staatsschulden nicht reduziert werden. Sie sind »nur« im selben Tempo wie bisher weitergestiegen. Und nach der Wahl war in den Koalitionsverhandlungen vom »Kassasturz« die Rede und von »Opferbudgets«, die Österreichs Staatshaushalt vor dem Zusammenbruch bewahren sollen.

Von der Zahlungsunfähigkeit noch weit entfernt

Mit der klassischen Form des »Staatsbankrotts« hat das alles wenig zu tun. Im Gegensatz beispielsweise zu seinem mexikanischen oder brasilianischen

Kollegen wird weder der jetzige Finanzminister noch einer seiner Nachfolger vor internationale Gremien treten und die Zahlungsunfähigkeit Österreichs erklären müssen.
Österreich zählt derzeit nach wie vor zu den besten Schuldnern der Welt. Auf den internationalen Kapitalmärkten haben wir immer noch das berühmte »Triple A«, das uns nicht nur einen guten Ruf, sondern auch relativ niedrige Zinsen für unsere Auslandsverschuldung beschert.
Fairerweise muß man hinzufügen, daß der Wettbewerb auf diesen internationalen Kreditmärkten nicht besonders hart ist. Neben der Bundesrepublik Deutschland, den USA, der Schweiz und ein paar anderen wirklich erstklassigen und unumstrittenen Schuldnern tummeln sich dort viele »Blinde«, unter denen das ob seiner rasant gewachsenen Auslandsverschuldung »einäugige« Österreich wahrlich noch ein König ist.
Daß uns die Entwicklungsländer Afrikas oder Südamerikas bezüglich Bonität nicht das Wasser reichen können, versteht sich von selbst. Dasselbe gilt für die Oststaaten mit ihrem chronischen Devisenmangel, unter dem seit dem Verfall der Ölpreise selbst die relativ reiche Sowjetunion zu leiden hat. Aber auch Länder wie Italien oder Dänemark stehen schlechter da als Österreich.
Staaten wie Italien oder selbst die Türkei tun sich leichter. Ihre Kassen sind zwar auch leer, aber als Mitglieder des westlichen Verteidigungsbündnisses NATO haben sie es besser. Sie können ihre strategische Bedeutung in die Waagschale werfen. Wenn die Türkei droht, die amerikanischen Radarstationen zu schließen, zählt das auf den internationalen Kreditmärkten zumindest ebensoviel wie eine solide Wirtschaftspolitik.
Für Österreich haben dagegen die alljährlich erstellten Prüfungsberichte der westlichen Wirtschaftsorganisation OECD und des Internationalen Währungsfonds (IWF) großes Gewicht. Bis vor kurzem gab es bei diesen Analysen keine Beanstandungen. Die Damen und Herren waren sehr zufrieden, und die Berichte fielen entsprechend wohlwollend aus.
In jüngster Zeit hat sich das Bild allerdings deutlich gewandelt. Österreich leidet unter einem »Glaubwürdigkeitsdefizit«. In den ersten Jahren nach dem Ölschock von 1973/74 konnten wir der Welt einreden, daß wir den Stein der Weisen gefunden hätten. Trotz schwerster Rezession, die in aller Welt die Wirtschaft schrumpfen ließ, blieb in Österreich die Arbeitslosigkeit niedrig. Die Sozialpartnerschaft sorgte für sozialen Frieden, kurz: so mancher fühlte sich bei uns wie auf einer Insel der Seligen.
Die politischen und wirtschaftlichen Skandale der letzten Zeit haben einiges dazu beigetragen, daß Österreich vom Ausland kritischer unter die Lupe genommen wird. Begonnen hat es im März 1982 mit der Einladung des damaligen Bundeskanzlers Bruno Kreisky an Revolutionsführer Gad-

dafi, es folgten der Handschlag des amtierenden freiheitlichen Verteidigungsministers Friedhelm Frischenschlager mit dem Naziverbrecher Walter Reder, die diversen Weinskandale und die Ereignisse rund um die Wahl von Bundespräsident Kurt Waldheim. All das hat internationale Aufmerksamkeit auf uns gelenkt. Unser bislang hervorragender Ruf wurde dadurch in Frage gestellt.

Hatte man Österreich seit Mitte der siebziger bis Anfang der achtziger Jahre die Rolle eines Musterknaben zugebilligt, so hält man uns jetzt vielerorts eher für Schlitzohren, die die Welt erfolgreich getäuscht haben. Beide Charakteristika sind nicht ganz richtig, aber Tatsache ist jedenfalls, daß man uns jetzt genauer auf die Finger sieht.

Und dabei kommt heraus, was Wirtschaftspolitiker und Experten ohnehin schon lange wissen, aber aus parteipolitischen Rücksichten bisher nicht laut gesagt haben: Wir haben über unsere Verhältnisse gelebt und Vorgriffe auf die Zukunft genommen; unser Wohlstand und zum Teil auch die niedrige Arbeitslosenrate sind mit Krediten finanziert. Dafür werden teilweise wir selbst, vor allem aber nachfolgende Generationen geradestehen müssen.

Der »Staatsbankrott«, von dem manche selbsternannte Experten glauben, daß sie den Zeitpunkt seines Eintritts mit mehr oder minder komplizierten Formeln exakt berechnen können, wird nicht in der offiziellen Erklärung unserer Zahlungsunfähigkeit seinen Niederschlag finden. Das Szenario, das sich uns jetzt bietet, ist aber um nichts beruhigender. Wir müssen nicht nur unseren Staatshaushalt, sondern vor allem den Staat als solchen »sanieren«.

Wirtschaftsforscher wie beispielsweise der Budgetexperte des Österreichischen Instituts für Wirtschaftsforschung, Dr. Gerhard Lehner, sehen den Zeitpunkt der unwiderruflichen Zäsur in relativ naher Zukunft. Maximal sechs oder sieben Jahre könnten wir noch so weiterwirtschaften wie bisher, dann steht unsere internationale Kreditwürdigkeit auf dem Spiel, und »harte Maßnahmen« sind unvermeidbar.

Was darunter zu verstehen sein könnte, hat uns vor einigen Jahren Mexiko drastisch vor Augen geführt. Der Internationale Währungsfonds zwang dem Land als Bedingung für weitere (Sanierungs-)Kredite ein »Gesundungsprogramm« auf, das den ohnehin schon niedrigen Lebensstandard der Bevölkerung in einem einzigen Jahr um fast 40 Prozent gedrückt hat. Genützt hat das im übrigen wenig, weil durch diese Roßkur die Wirtschaft erst recht ins Wanken geraten ist.

Als das Land kurz darauf wieder zahlungsunfähig wurde, schwenkten die Amerikaner um. Sie plädierten für weitere Kreditvergaben, mit deren Hilfe Mexikos Wirtschaft wieder in Schwung gebracht werden sollte. Hinter dieser unerwarteten »Fürsorge« stand vor allem die Angst der US-Regierung

vor einem gewaltigen Krisenherd in unmittelbarer Nachbarschaft; hätte sich der Lebensstandard der mexikanischen Bevölkerung neuerlich verschlechtert, wären Unruhen unvermeidbar gewesen.
Um Österreich würde sich in einer vergleichbaren Situation niemand besondere Sorgen machen. Unsere Rolle als Pufferland am Eisernen Vorhang wäre wahrscheinlich nicht wichtig genug, um uns das Wohlwollen der mächtigen westlichen Wirtschaftsnationen zu sichern. Wir müssen uns also selbst helfen – und das tun wir am besten rasch, wollen wir uns sonst notwendig werdende allzu harte Schritte ersparen. Es ist einfach leichter, die notwendige Sanierung in sieben bis acht Jahren durchzuziehen als unter womöglich zunehmendem äußeren Druck innerhalb von nur zwei oder drei Jahren.

Der Staat ist kein Selbstbedienungsladen

Wo immer in den letzten Jahren soziale oder wirtschaftliche Risken aufgetaucht sind, wurden sie prompt dem Staat aufgebürdet. Dieser sollte zunächst jeden einzelnen Arbeitsplatz in kriselnden Unternehmen garantieren, dann aber zumindest dafür sorgen, daß die Arbeitslosenrate insgesamt niedrig blieb; im Sozialbereich ist die Rolle des Staates als Financier immer »unumstritten« gewesen, und auch von der verstaatlichten Industrie ist man schon seit langem gewöhnt, daß sie Steuergeld verschlingt.
Aber auch der Fremdenverkehr ruft schnell nach einem staatlichen Sanierungs- und vor allem Subventionierungskonzept, wenn es einmal Probleme gibt. Als beispielsweise im September 1986 das Badgasteiner Grand Hotel de l'Europe zahlungsunfähig wurde, scheuten sich die Mitarbeiter dieses Privatunternehmens keineswegs, die Regierung um finanzielle Hilfe anzugehen.
Ein besonderes Kapitel ist der Agrarbereich. Neun Milliarden Schilling müssen wir Österreicher uns heuer die Exportstützungen, vor allem für Getreide- und Milchprodukte, kosten lassen, das sind immerhin fast 2 000 Schilling pro Erwerbstätigem. Früher wurde eine möglichst hohe Produktion angestrebt, damit die Vollversorgung des Landes mit Nahrungsmitteln garantiert werden konnte. Heute dienen die Agrarsubventionen vor allem der Arbeitsplatzsicherung für unsere Bauern, zum Teil auch der Finanzierung der »Landschaftsgärtnerei«. Ungepflegte und nicht regelmäßig gemähte Almwiesen sind ideale Startplätze für Lawinenabgänge, weil der Schnee das hohe Gras niederdrückt und dann leicht ins Rutschen kommt.
Fairerweise muß man hinzufügen, daß sich die Bauern einen erheblichen Teil ihrer Subventionen über die sogenannten Absatzförderungsbeiträge

selbst zahlen. Es bleibt aber auch für die anderen Österreicher noch genügend Belastung übrig, und wir werden in diesem Bereich um eine produktionsdrosselnde Preis- und Strukturpolitik nicht herumkommen. Es kann keine Dauerlösung sein, daß der frühere »Erntesegen«, also hohe Produktion, zum »Erntefluch« wird, der uns alle viel Geld kostet.
Wir alle übersehen allzu leicht, daß »der Staat«, den wir zu schröpfen meinen, nichts anderes ist als die Summe der Steuerzahler. Internationale Befragungen haben ergeben, daß die sogenannte »Finanzierungsillusion« bei der Überforderung des Staatshaushaltes eine psychologisch wichtige Rolle spielt. Die meisten Menschen glauben, daß sie mehr »in den Staat hineinzahlen«, als sie herausbekommen. Dieser vermeintlich »passive Abrechnungssaldo« dient als Rechtfertigung für immer neue Forderungen nach zusätzlichen Leistungen des Staates.
Die Politiker wiederum sind vor allem in Vorwahlzeiten nur zu leicht geneigt, diesen Forderungen nachzugeben. Sie meinen, sich mit den sogenannten Wahlzuckerln Wählerstimmen kaufen zu können. Lange Zeit ist diese Strategie auch aufgegangen, weil die Mehrheit der Bevölkerung tatsächlich geglaubt hat, die Politiker hätten etwas zu verschenken.

VOEST-Debakel brachte den Umschwung

Altbundeskanzler Bruno Kreisky war ein Meister solcher Versprechungen. Wenn er der Bevölkerung versicherte, daß ihm ein paar hundert Millionen Schilling mehr Staatsschulden lieber seien als ein paar tausend zusätzliche Arbeitslose; wenn er VOEST- oder Steyr- Betriebsräten das Blaue vom Himmel versprach und ihren Generaldirektoren das Durchziehen notwendiger, aber schmerzhafter Sanierungskonzepte verbot, und wenn er immer wieder den Ausbau des Sozialstaats auf die sozialistische Parteiflagge heftete, zollten ihm Bevölkerung wie Medien stets begeisterten Beifall.
Daß wir alle uns dabei in die eigene Tasche gelogen haben, hat sich lange nicht herumgesprochen. Erst das VOEST-Debakel im Jahr 1985 brachte den Durchbruch zur Vernunft. Er war schmerzhaft genug.
Jahrzehntelang galten VOEST-Arbeiter vor allem an kleineren Standorten als »Ortskaiser«. Sie konnten sich dank ihrer höheren Einkommen mehr leisten als die meisten anderen, sie kamen in den Genuß beachtlicher freiwilliger Sozialleistungen des Unternehmens, und viele durften sich auf betriebliche Zusatzpensionen freuen. Das galt schon etwas in der Obersteiermark, aber auch am Sitz der Unternehmenszentrale in Linz.
Dann kamen die mißlungenen Ölspekulationen der VOEST-Handelstochter Intertrading, Milliardenverluste im Anlagenbau wurden bekannt,

das Management mußte ausgewechselt werden, ein Sanierungskonzept wurde ausgearbeitet. Dieses sah den Abbau von einem Viertel der Belegschaft vor, damit die Arbeitsplätze der restlichen Mitarbeiter langfristig gesichert werden konnten.
Die vielen Milliarden, die die österreichischen Steuerzahler in die marode VOEST-Alpine pumpen mußten, hinterließen nicht nur im Staatshaushalt tiefe Spuren. Vor allem in den kleinen Gemeinden kam es zu einem Stimmungsumschwung. Die Nicht-VOESTler ließen es die Mitarbeiter des kranken Riesen spüren, daß sie auf Kosten der Allgemeinheit lebten.
Nicht alle trugen es so leicht wie der eben erst neubestellte VOEST-Vorstandsdirektor, der anläßlich der Präsentation des Sanierungskonzeptes im September 1986 einige Journalisten aus eigener Tasche auf ein Glas Wein einlud und scherzhaft meinte: »Das ist mein persönliches Steuer-Recycling. Sie zahlen mein Gehalt, und ich lade Sie dafür heute auf ein Glas Wein ein.«
Im Alltagsleben ging es schmerzhafter zu. Nicht nur einmal ist es in Geschäften und Wirtshäusern an VOEST-Standorten zu unschönen Szenen gekommen. Verbürgt ist das Erlebnis einer »VOESTlerin«, die mit einem vollen Einkaufswagen an der Kassa eines Supermarktes stand und sich von ihrer Nachbarin – durchaus ernst gemeint und in bösartigem Ton – sagen lassen mußte: »Kaufen Sie nur schön groß ein. Wir zahlen's eh mit unseren Steuern.«

Das Ende der Wahlzuckerln?

Das VOEST-Debakel brachte in der Einstellung der Bevölkerung einen nicht zu unterschätzenden Stimmungswandel. Plötzlich wußte jeder, daß wir uns in den letzten Jahren jede zusätzliche Sozialleistung von der Heirats- und der Geburtenprämie bis zur Frühpension selbst gezahlt haben; daß wir die Krise der verstaatlichten Industrie nicht bewältigt, sondern nur mit Steuergeld so lange überdeckt haben, bis die Finanzdecke einfach nicht mehr reichte; und daß wir uns in die Tasche lügen, wenn wir vom Staat mehr fordern, als wir in unserer Gesamtheit zu geben bereit sind.
Erstmals konnte es sich eine Regierung leisten, auch in einer Vorwahlzeit die Karten auf den Tisch zu legen. Die verstaatlichte Industrie ist nicht durch immer neue Subventionen zu retten, sondern nur durch die Verwirklichung eines betriebswirtschaftlichen Konzepts, das durch regionale Hilfsmaßnahmen ergänzt wird.
Gewiß hat dabei auch eine simple wahlarithmetische Überlegung mitgespielt: Es gibt ungefähr 2,8 Millionen unselbständig erwerbstätige Österrei-

cher, aber »nur« 38 000 VOESTler. Von letzteren war ein Viertel vom Personalabbau bedroht; ein Drittel bis die Hälfte dieser Abbaukandidaten sollte durch »natürlichen Abgang« (Pensionierung, Selbstkündigung usw.) das Unternehmen verlassen.

Der Unmut der Betroffenen war also gegen den Unmut jener ungleich zahlreicheren Menschen abzuwägen, die mit ihren Steuern zur Erhaltung unrentabler und daher auf die Dauer nicht konkurrenzfähiger Arbeitsplätze beitrugen. Daß sich sozialistische Mandatare in ihren Wahlkreisen bittere Vorwürfe wegen der Ungleichbehandlung von Beschäftigten in privaten und staatlichen Unternehmen machen lassen mußten, mag zur Willensbildung beigetragen haben. »Unser Betrieb würde ein paar hunderttausend Schilling brauchen, damit wir weiterarbeiten können. Wir bekommen sie nicht, aber der VOEST werden die Milliarden nachgeschmissen«, war noch eine vornehme Äußerung in Versammlungen.

Wenn nichts geschieht, nähern wir uns in sechs bis sieben Jahren dem Staatsbankrott, sagen die Wirtschaftsforscher. Das soll keine Drohung, sondern eine Mahnung sein: Es muß eben etwas geschehen, bevor etwas passiert.

Das Rezept ist relativ einfach. Wir müssen Prioritäten setzen. Die wenigsten Menschen können es sich leisten, im selben Jahr eine Wohnung anzuschaffen oder zu renovieren, ein Auto zu kaufen und eine teure Urlaubsreise zu unternehmen. Und wenn sie es tun, dann müssen entweder früher gebildete Ersparnisse herhalten, oder es wird ein Kredit aufgenommen. Der Staat aber soll alles gleichzeitig machen.

Reserven hat er längst keine mehr. »Eher bringt man einen Hund dazu, sich einen Wurstvorrat anzulegen, als einen Finanzminister zur Ansammlung von Finanzreserven in guten Jahren«, hat der berühmte Nationalökonom Joseph A. Schumpeter einmal gesagt. Und so war es auch in der Vergangenheit. Wenn eine gute Konjunktur hohe Steuereinnahmen nach sich zog, wurden flugs zusätzliche staatliche Leistungen erfunden; schließlich wird ja fast immer irgendwo gewählt. Zum Abbau von Schulden wurde das Geld nie verwendet.

Die Staatsschuld frißt unseren Wohlstand auf

Nun stößt aber eben auch schon die Kreditfinanzierung an Grenzen. Wir nähern uns mit Riesenschritten der »Billion«, also den 1 000 Milliarden Schilling Staatsschulden. Um das Jahr 1990 wird es soweit sein, wenn nicht grundsätzliche Budgetstrukturen geändert und die Ausgabenautomatismen eingebremst werden.

So gigantisch die Schuldenbillion mit ihren zwölf Nullen – ein wahrhaft symbolträchtiges Bild für die Lage unseres Staatshaushalts – auch aussehen mag, die wahre Problematik liegt anderswo; ein immer größer werdender Teil dessen, was alle Österreicher erwirtschaften, muß zur Bezahlung der Zinsen auf diese Schulden verwendet werden.

Die Banken und die »Reichen«, die beispielsweise Bundesanleihen kaufen, werden also immer reicher, die Armen allerdings immer ärmer, weil sie die Zinsen mitzahlen müssen. Auf diesen zugegebenermaßen sehr stark vereinfachten, teilweise demagogischen, aber doch nicht ganz falschen Nenner lassen sich die Auswirkungen der Wirtschaftspolitik der letzten Jahre bringen.

Die Politiker allein schaffen die Umkehr nur schwer. Sie agieren in eingefahrenen Gleisen und planen nur selten weiter als bis zum nächsten Wahltag. Man muß sie zu ihrem – nein, zu unserem – Glück zwingen, wie das durch den Stimmungsumschwung in der Bevölkerung durch die VOEST-Krise geschehen ist.

Ein guter Politiker ist künftig einer, der Alternativen erkennt und dann Prioritäten setzt. Wir können nicht gleichzeitig die unbedeutendste Dorfstraße vierspurig ausbauen und die zur Erhaltung einer lebenswerten Umwelt notwendige Kläranlage bauen. Wir können nicht den nahezu nahtlosen Übergang von der verlängerten Schul- und Studienzeit in die Frühpension erwarten, ohne uns über die Finanzierung Gedanken zu machen. Es kann nicht gleichzeitig jeder Arbeitsplatz garantiert und die Umstrukturierung der Wirtschaft gefördert werden.

Es gibt auch keine »große Steuerreform« mit der dringend notwendigen Verwaltungsvereinfachung, wenn nicht viele von uns auf liebgewordene Privilegien verzichten. Und es werden uns die Kosten unserer Gesundheitsfabriken – pardon: Spitäler – auffressen, wenn wir nicht über kurz oder lang auch in diesem Bereich rationalisieren, nach betriebswirtschaftlichen Modellen Ausschau halten und versuchen, unser aller Gesundheit möglichst preiswert zu erhalten beziehungsweise wiederherzustellen.

Keine Wundermittel, aber viele Rezepte

Wundermittel zur Wiederherstellung der finanziellen Leistungsfähigkeit unseres Staates gibt es keine. Aber es haben sich in den letzten Jahren viele Experten und auch viele Politiker über mögliche Auswege aus dem drohenden Debakel den Kopf zerbrochen. »Die Lage ist hoffnungslos, aber nicht ernst«, lautet ein altes österreichisches Sprichwort. Fast sind wir auf dem Weg in den Staatsbankrott – der letztlich unser aller Wohlstand schwerst

beeinträchtigen würde – schon an einem Punkt angelangt, der diese resignierende Feststellung rechtfertigt.
Vielleicht aber siegt doch noch einmal die Vernunft, und unsere Wirtschaftspolitiker lassen sich vom gesunden G'spür der Mehrheit der Österreicher anstecken und halten, was sie nach den Wahlen zur Sanierung des Staatshaushalts versprochen haben.

Der Sozialstaat ist am Ende

Mehr Flexibilität statt Zwangspensionierung

Dr. Ingrid S., Juristin bei der VOEST-Alpine in Linz, wird heuer 50 Jahre alt. Zu ihren staatsbürgerlichen Pflichten gehört es nicht etwa, ihr Fachwissen und ihre in fast dreißigjähriger Arbeit angesammelte Erfahrung dem Unternehmen noch etliche Jahre zur Verfügung zu stellen. Management, Betriebsrat und Regierung sind da anderer Meinung. Frau Dr. S. hat ihren Arbeitsplatz schleunigst aufzugeben und in Frühpension zu gehen. Diese Pension wird sie um so länger genießen können. Bei einer durchschnittlichen Lebenserwartung von fast 78 Jahren für Frauen wird sie fast ebensolang Pensionistin sein, wie sie berufstätig gewesen ist.

Bei einer solchen Sozialpolitik drängen sich mehrere Fragen auf:

Erstens, ob die Betroffenen tatsächlich mit einer so frühen Pensionierung zwangsbeglückt werden wollen oder ob es vom sozialen Standpunkt nicht eine unzumutbare Härte bedeutet, aus einer noch überaus produktiven Lebensphase herausgerissen und zum alten Eisen geworfen zu werden.

Zweitens, ob wir uns eine solche Politik überhaupt leisten können oder dadurch wertvollstes Wissen erfahrener Mitarbeiter vergeuden.

Und drittens, wer denn eigentlich für Menschen, die nur 30 Jahre berufstätig sein durften, 28 und mehr Jahre lang die Pension zahlen soll.

Auf Frage Nummer eins gibt es keine allgemeingültige Antwort. Wahrscheinlich ist es aber zumindest ebenso unmenschlich, eine Fünfzigjährige zur Frühpensionistin zu machen wie einem Achtzehnjährigen keinen adäquaten Arbeitsplatz bieten zu können. Mit einem Unterschied: Junge Menschen kann man weiter ausbilden und ins Berufsleben eingliedern, sobald sich die Lage auf dem Arbeitsmarkt bessert. Die Frühpensionisten sind als Beitrags- und Steuerzahler ein für allemal verloren.

Frage Nummer zwei läßt sich schon leichter beantworten. In einer Zeit, in der wir auf den Weltmärkten gegen schärfste internationale Konkurrenz ankämpfen, ist die Erfahrung altgedienter Mitarbeiter unentbehrlich und fast überhaupt nicht zu ersetzen.

Und auf Frage Nummer drei gibt es leider keine befriedigende Antwort: Niemand kann heute sagen, wie wir den Pensionisten des Jahres 2000 ihre Pensionen zahlen können. Sicher ist nur, daß das derzeitige Anspruchs- und Leistungsniveau nicht aufrechterhalten werden kann.

Diese Antwort kommt schon sehr in die Nähe des berühmt-berüchtigten »Rentenklaus«, mit dem noch vor wenigen Jahrzehnten Politiker in Vorwahlzeiten die ältere Generation geschreckt haben. Ebenso regelmäßig konterten dann Politiker der jeweils anderen Partei mit einer »Pensionsgaran-

tie«. Es klang immer sehr erhebend, wenn sie uns wortreich versichert haben, daß die Altersversorgung bei Wahl der entsprechenden politischen Gruppierung – aber auch nur in diesem Fall – für alle Zeiten gesichert sei.
Alle Pensionsgarantien haben aber leider zumindest für die heutige Situation einen kleinen, aber entscheidenden Schönheitsfehler: sie entsprechen nicht der Wahrheit. Erstens werden sie von den falschen Personen abgegeben, und zweitens sind sie – objektiv gesehen – unerfüllbar.
Bleibt es beim derzeitigen System der staatlichen Pensionsversicherung, wird die Belastung finanziell unerträglich. Innerhalb der nächsten zwei bis drei Jahrzehnte werden – je nach Entwicklung der Kinderzahl und der Lebenserwartung – die notwendigen Beitragssätze für die Pensionsversicherung auf 34 bis 50 Prozent hinaufschnellen. Selbst wenn die Arbeitgeber wie bisher ungefähr die Hälfte dieses Betrages tragen müssen, stößt das an die Grenzen der Belastbarkeit.
Das hieße nämlich, daß der berufstätige Durchschnittsösterreicher die Hälfte seines Einkommens für die eigene Sozialvorsorge (Kranken- und Arbeitslosenversicherung) und für die Steuern sowie die Finanzierung der Pensionen der »Ruheständler« aufwenden muß. Das würde gegenüber heute eine Verdoppelung der Durchschnittsbelastung der Einkommen auf ungefähr 45 Prozent bedeuten. Dazu kommen dann noch die »indirekten Steuern«, also beispielsweise die Mehrwertsteuer, die die sogenannte Steuerquote – also den Staatsanteil am volkswirtschaftlichen Gesamteinkommen – schon heute auf ungefähr 43 Prozent hochtreiben.
Dabei ist es ziemlich egal, ob die Pensionsvorsorge durch direkte Beiträge oder, wie derzeit, durch ein Mischsystem aus Sozialversicherungsbeiträgen und einem Bundeszuschuß gesichert wird. In letzterem Fall müssen eben die allgemeinen Steuern erhöht werden, oder der Staat kann bisher wahrgenommene Aufgaben nicht mehr erfüllen.
Garantiert werden können unsere Pensionen also niemals von Politikern, sondern nur von der Gesamtheit der Steuerzahler. In Österreich (wie im übrigen in allen anderen westlichen Industrienationen auch) wird der Sozialstaat nämlich im Umlageverfahren finanziert. Die heute im Berufsleben stehende Generation zahlt die Renten der schon im Ruhestand befindlichen und hofft dafür, im Alter die gleiche Wohltat von der nächsten Generation erwiesen zu bekommen.
Diese Hoffnung ist zwar grundsätzlich berechtigt, in der Praxis droht der »Generationsvertrag« allerdings unerfüllbar zu werden. Einer ständig sinkenden, bestenfalls aber stagnierenden Zahl von Berufstätigen steht eine wachsende Zahl von Pensionisten gegenüber, die es zu erhalten gilt.

Die Pensionisten von morgen arbeiten schon

Das Problem der Finanzierung der Altersversorgung in unserem Sozialstaat wird um das Jahr 2030 kulminieren, weil dann eine Reihe von negativen Aspekten zusammenkommen wird. Dieser Zeitpunkt scheint fast unendlich weit weg zu sein, aber das ist eine Täuschung, die vor allem von der dazwischenliegenden Jahrtausendwende ausgelöst wird.

Gehen wir von einem Pensionsalter von 60 Jahren aus – was angesichts der heutigen Frühpensionierungsaktionen gar nicht unrealistisch ist –, so stehen die Pensionisten des Jahres 2030 jetzt eben im zweiten Lehrjahr. Schüler in den Oberstufen sowie potentielle Studenten haben noch ein wenig mehr Zeit, ehe sie ihr Arbeitsleben beginnen, das dann nach 35 oder 40 Jahren im wohlverdienten, aber finanziell etwas ungewissen Ruhestand enden wird.

Gerade das aber ist eines der Hauptprobleme. Weil immer mehr Menschen einerseits eine längere Schulbildung genießen, andererseits aber gleichzeitig die heutige Generation immer früher in den oft gar nicht erwünschten Ruhestand versetzt wird, steigt die sogenannte Belastungsquote. Diese gibt an, wie viele Berufstätige einen Pensionisten erhalten müssen.

Dazu kommt noch die in den letzten Jahrzehnten kontinuierlich gestiegene Lebenserwartung. Im Jahr 1973 gab es in Österreich ungefähr 323 000 Menschen im Alter von 75 Jahren und darüber; zehn Jahre später waren es um fast die Hälfte mehr, nämlich 473 000.

Rechnen wir einmal nach: Bei einer durchschnittlichen Lebensarbeitszeit von 40 Jahren stehen dem Pensionisten von heute durchschnittlich 15 bis 18 Jahre im Ruhestand bevor.

Um es mit den nüchternen Zahlen der Statistik zu sagen: Die Lebenserwartung von Männern wird bis zum Jahr 2050 um fünf bis zehn Jahre steigen. Und damit über den Zeithorizont dieser Prognose keine Mißverständnisse entstehen, sei wiederholt: Die Menschen, die zu diesem Zeitpunkt eine Pension genießen werden, leben heute schon!

In den nächsten 15 Jahren ist der Pensionsversicherung noch eine Atempause gegönnt, weil bis dahin relativ geburtenstarke Jahrgänge im Erwerbsleben stehen. Dann aber nimmt die Überalterung der österreichischen Bevölkerung rapide zu. Die sogenannte »demographische Alterslast« wird im Jahr 2030 ungefähr doppelt so hoch sein wie Mitte der fünfziger Jahre, als das Allgemeine Sozialversicherungsgesetz (ASVG) beschlossen wurde.

Die Realität hat den Rentenklau schon überholt

Der Demagogie unverdächtige Autoren haben in einer im September 1986 veröffentlichten Studie des Ludwig-Boltzmann-Institutes für Wachstumsforschung für die Zukunftsaspekte unseres Pensionsversicherungssystems nur eine lapidare Schlußfolgerung parat: »Wie die im ASVG in der gegenwärtigen Form festgelegten Leistungsansprüche mit dieser demographischen Belastung vereinbar sind, ist aus heutiger Sicht schwer vorstellbar.« Diese Aussage entspricht schon fast dem klassischen »Rentenklau«, wie ihn die um die Wählerstimmen der älteren Generation buhlenden Politiker so oft unterschwellig oder ganz offen der jeweils anderen Partei vorgeworfen haben. Heute allerdings gibt es nichts mehr zu unterstellen – die Realität hat den »Rentenklau« eingeholt. Der Weg zum Staatsbankrott ist mit Pensionsansprüchen gepflastert.

Bleiben wir noch einen Augenblick bei den unbestechlichen Zahlen. Zyniker sagen zwar, man solle Statistiken nur dann Glauben schenken, wenn man sie selbst gefälscht hat, im konkreten Fall aber sprechen die Zahlen eine nur zu deutliche Sprache. Selbst mittelstarke Abweichungen der tatsächlich eintretenden Ereignisse von den Prognosewerten würden nichts am tristen Bild ändern.

Im Jahr 1951 standen 4,26 Millionen Menschen oder 61 Prozent der damals 6,9 Millionen Österreicher »im Erwerbsalter«; die Statistiker verstehen darunter die Altersgruppe zwischen 15 und 60 Jahren. Ungefähr 1,1 Millionen Menschen waren älter als 60 Jahre. Die daraus resultierende »demographische Altersbelastung« betrug also 255. Das bedeutet: 1000 erwerbsfähige Österreicher mußten 255 Pensionisten erhalten. Diese Zahl sagt zwar noch nicht aus, wie viele tatsächliche Berufstätige auf echte Pensionisten entfallen, aber sie gibt dennoch vor allem im zeitlichen Vergleich einen guten Überblick über die Entwicklung, die uns bevorsteht.

Im Jahr 1971 mußten 1000 Berufsfähige schon 363 Menschen im Pensionsalter erhalten, dann verbesserte sich die Situation etwas. Die bevölkerungsschwächere Kriegsgeneration ging in Pension, die geburtenstarken Nachkriegsjahrgänge rückten nach, so daß 1981 1000 erwerbsfähige Österreicher nur 316 Pensionisten erhalten mußten.

Bald allerdings wird es rapide bergab gehen, sieht man von einer kleinen Zwischenbesserung in den neunziger Jahren ab. Die Sozialwissenschafter haben drei Varianten gerechnet: eine optimistische, eine pessimistische und einen Mittelwert. Bei allen drei Berechnungen kulminieren die (Finanz-) Sorgen um das Jahr 2030. Dann wird sich die Situation wieder bessern, weil die geburtenschwachen Jahrgänge ab 1970 – also die Generationen nach dem »Pillenknick« – ins Pensionsalter eintreten werden.

Die Optimisten unter den Experten glauben, daß 1000 Berufstätige in ungefähr 40 Jahren 462 Menschen im Pensionsalter erhalten werden müssen; der Mittelwert liegt bei 511 Pensionisten auf 1000 Arbeitsfähige; der pessimistische Wert aber erreicht 651 und verschlechtert sich bis 2050 weiter auf 750.

Vier Aktive erhalten drei Pensionisten

Das heißt schlicht und einfach, daß dann 1000 Menschen im Erwerbsalter zwischen 15 und 60 rund 750 Pensionisten erhalten müssen. Oder anders ausgedrückt: Vier Aktive werden mit ihren Sozialversicherungsbeiträgen und ihren Steuern für das Ruheeinkommen von drei Pensionisten aufkommen müssen.

Dies ist einerseits die Folge demographischer Entwicklungen, andererseits das Ergebnis bewußt vorgenommener Steuerungsmaßnahmen. Es rücken nämlich nicht nur geburtenschwache Jahrgänge ins Erwerbsleben nach, sondern es wird auch die sogenannte berufliche Lebensarbeitszeit ständig verkürzt. Einerseits ist die durchschnittliche Schul- und Studienzeit länger als noch vor einigen Jahren, und andererseits sorgen diverse rein arbeitsmarktpolitisch motivierte Frühpensionierungsaktionen dafür, daß das echte Pensionsalter schon viel früher beginnt als gesetzlich vorgesehen.

In den letzten Jahren wurde das Pensionsalter aus beschäftigungspolitischen Gründen kontinuierlich herabgesetzt. Normalerweise können Männer mit 65 und Frauen mit 60 Jahren in Pension gehen; normale Frühpensionen werden ab dem 60. Lebensjahr (Männer) beziehungsweise ab dem 55. Lebensjahr (Frauen) ausbezahlt. Voraussetzung dafür ist eine Versicherungsdauer von zumindest 420 anrechenbaren Monaten, also von 35 Jahren.

Es gibt aber auch noch eine zweite Möglichkeit zur Inanspruchnahme von Frühpensionen. Wer innerhalb der letzten 15 Monate vor dem Stichtag eine Geldleistung aus der Arbeitslosenversicherung oder Krankengeld erhalten hat, darf gleichfalls in Frühpension gehen.

Und es wurde schließlich, wie Gewerkschaftsblätter immer wieder als Beispiel sozialer Errungenschaften stolz vermelden, die »Aktion 50/55« geschaffen – und das nicht erst gestern. Von 1967 bis 1983 bestand die Möglichkeit der Frühpensionierung mit 50 Jahren bei Frauen und mit 55 Jahren bei Männern allerdings nur für den Bergbau. Dann uferte die Frühpensionierung aus. Sie wurde auch für die eisenverarbeitende Industrie eingeführt.

Seit 1984 gilt sie für die steirischen Betriebe dieser Branche, seit Mitte September 1986 auch für die Standorte Linz und Wien. Konkret werden dadurch rund 1 100 Mitarbeiter der VOEST in die Lage versetzt, eine Frühpension in Anspruch zu nehmen. Diese Maßnahme soll die Arbeitslosenstatistik entlasten: die betreffenden Mitarbeiter (oder Kollegen von ihnen) müßten sonst gekündigt werden. Auf die Qualifikation und die Arbeitsbereitschaft des einzelnen nehmen solche Frühpensionierungsaktionen allerdings keine Rücksicht. Es kann also durchaus sein, daß für die VOEST durch den Verlust an erfahrenen Mitarbeitern ein erheblicher Schaden entsteht.

Auch den Staat kostet die daraus resultierende Sonderunterstützung einiges – nach Angaben des Sozialministeriums von 1983 bis 1986 immerhin 1,9 Milliarden Schilling. Derselbe Betrag hätte allerdings auch ohne diese Aktion für Arbeitslosengelder, Notstands- und Sozialhilfen bezahlt werden müssen, beeilt sich das Ministerium hinzuzufügen.

Das mag schon stimmen; aber immerhin hätte dann die Chance bestanden, daß eine 50jährige Frau nach ein oder zwei Jahren unfreiwilliger Arbeitslosigkeit doch wieder einen Posten findet wieder etliche Jahre selbst Geld verdient und Steuern sowie Sozialabgaben zahlt.

Ein Blick in die Statistik zeigt, wie stark von dieser Regelung Gebrauch gemacht wird. Im Jahr 1970 wurden unter den Angestellten lediglich 276 vorzeitige Alterspensionen gezählt; 1985 waren es nicht weniger als 2 925. Bei Arbeitern und Knappschaftspensionen stieg die Zahl der vorzeitigen Pensionen von 3 045 auf 8 700. Insgesamt wuchs ihre Zahl bei den Unselbständigen von 3 337 auf 12 500.

Die Mehrheit der Österreicher geht also heute schon mit 55 oder 60 Jahren in Pension. Durch Sonderaktionen für Krisenbranchen wurde das Pensionsalter noch weiter herabgesetzt. In den »altersspezifischen Erwerbsquoten« kommt diese Entwicklung besonders deutlich zum Ausdruck. Im Jahr 1975 waren von den 60- bis 65jährigen männlichen Österreichern noch 37,2 Prozent erwerbstätig; 1984 – jüngere Zahlen liegen nicht vor – waren es nur noch 19,5 Prozent. Bei den Frauen ist die Erwerbsquote in dieser Altersklasse von 10,4 auf 6,5 Prozent zurückgegangen, und insgesamt (Männer und Frauen) ist sie von 21,6 auf 11,6 Prozent gesunken.

Aber selbst eine Altersklasse darunter, bei den 50- bis 60jährigen Österreichern, sind nur noch 39,3 Prozent der Frauen und 82,1 Prozent der Männer berufstätig, während es bei den um weitere zehn Jahre Jüngeren noch 59,1 Prozent der Frauen und 96,7 Prozent der Männer sind.

Zumindest im Bereich der 60- bis 64jährigen Österreicher sind wir mit unseren Frühpensionierungen Weltspitze. Arbeiten in unserem Land kaum mehr als 20 Prozent der Männer dieser Altersklasse, so sind es in der Bundesrepublik Deutschland 35 Prozent, in Italien 37 Prozent, in den USA

56 Prozent, in England und Dänemark je 57 Prozent – und im »sozialen Musterland« Schweden gar 68 Prozent!

Man sagt dem Österreicher zwar nach, daß er vom nahtlosen Übergang von der Kinderbeihilfe in die Frühpension träumt – für die tatsächlich Betroffenen aber ist die Frühpensionierung gar nicht immer so angenehm, wie es auf den ersten Blick aussehen mag.

Erstens fehlen den vielfach aus beschäftigungspolitischen Gründen Zwangspensionierten oft die notwendigen Versicherungsjahre zum Erhalt einer einigermaßen ausreichenden Altersversorgung. Zweitens fühlen sich viele 55jährige Frauen und 60jährige Männer noch keineswegs als zum alten Eisen gehörend. Sie würden gerne noch arbeiten, Geld verdienen und Sozialversicherungsbeiträge bezahlen – aber sie dürfen es nicht.

Die Ruhensbestimmungen tun ein übriges, um das Arbeitskräftepotential klein zu halten. Frühpensionen fallen mit dem Tag, an dem eine unselbständige oder selbständige Erwerbstätigkeit aufgenommen wird, vollständig weg. Normale Alterspensionen ruhen zumindest teilweise.

Diese Bestimmungen begünstigen natürlich den »Pfusch«. Ein 58jähriger Maurer, Fliesenleger, Elektriker oder Tischler wird kaum Schwierigkeiten haben, seine Fähigkeiten im Bekannten- oder Freundeskreis lukrativ einzusetzen. Auch Gärtner und »Hobbybastler« sind erfahrungsgemäß sehr gefragt, finden sich doch für diverse Arbeiten kaum Professionisten, die in angemessener Zeit und gegen angemessenes Geld kleinere Arbeiten verrichten.

Das den »Pfuschern« gern und insgesamt reichlich bezahlte Entgelt fließt natürlich »schwarz« in die Taschen des Pensionisten. Wenn das Finanzamt draufkommt, setzt es zwar Strafen; abgesehen von Anzeigen neidiger Zeitgenossen gibt es aber auch für unsere findigen Finanzbeamten nur wenige Möglichkeiten, derartigen Tätigkeiten auf die Spur zu kommen. Zyniker meinen gar, daß das auch sehr gut sei, weil ohne derartige »Pfuscher« unser ganzes Dienstleistungssystem zusammenbrechen würde.

Eine Änderung der Steuer- und der Sozialgesetzgebung würde aber wahrscheinlich doch so manchen »Pfuscher« zur Legalisierung seiner Arbeit veranlassen; könnte sich die Regierung dann noch zu einer weiteren Liberalisierung der Gewerbeordnung entschließen, so daß die Ausübung von Gewerben, die dem Konsumenten keinen Schaden zufügen können, ohne bürokratischen Hindernislauf möglich wird, wäre viel zur Verbreiterung der finanziellen Basis der Sozialversicherung getan.

Eine großzügigere Regelung der Ruhensbestimmungen und eine flexiblere Pensionsregelung würde zweierlei bewirken: Das Potential an erfahrenen, hochqualifizierten Fachleuten könnte im Interesse der Wettbewerbsfähigkeit unserer Wirtschaft besser genutzt werden, und viele zumindest teilzeitbeschäftigte Menschen würden Lohnsteuer und Sozialversicherungsbeiträge zahlen und damit zur Milderung der Budgetprobleme beitragen.

Verantwortung an den Staat delegiert

Die Wurzeln der jetzt offen ausbrechenden Finanzierungsmisere des Sozialstaats liegen tief. Der »theresianische Fürsorgestaat« ist noch stark im Bewußtsein verankert. Der Österreicher hat sich angewöhnt, Verantwortung an den Staat zu delegieren.

Ursache dafür sind nicht zuletzt historische Erfahrungen: Seit Beginn dieses Jahrhunderts gab es in unserem Land Umschichtungen wie sonst fast nirgends in der industrialisierten Welt. Kapitalbildung war langfristig unmöglich, angesammelte Spargelder wurden mehrmals entwertet. Eine sinnvolle Altersvorsorge ist daher nach Ansicht breiter Bevölkerungskreise nur durch den Staat möglich.

Das wird sich unter den derzeitigen Umständen nicht so leicht ändern lassen. Die derzeit vor allem von Banken und Versicherungen aus verständlichem Eigeninteresse in den Vordergrund gespielte private Altersvorsorge kann zumindest beim Durchschnittsverdiener mit nicht unerschöpflichen finanziellen Ressourcen nur eine Ergänzung des staatlichen Systems darstellen.

Das gilt vor allem für die jetzige kritische Lage: Einerseits müssen wir immer mehr Pensionisten bezahlen; andererseits soll gleichzeitig die Privatvorsorge, also das Ansparen von Beträgen für die eigene Altersvorsorge, forciert werden. Daraus resultiert eine Doppelbelastung der Einkommen der erwerbstätigen Bevölkerung, die nur bewältigt werden kann, wenn entweder andere Konsumausgaben eingeschränkt werden oder unsere Einkommen gewaltig steigen.

Der Österreicher hat bereits zur Kenntnis genommen, daß er allein mit der staatlichen Altersversorgung seinen Lebensstandard in der Pension nicht halten kann. Das gilt jedenfalls für die Besserverdienenden. Die durchschnittliche Alterspension der Angestellten lag im Dezember 1985 bei 9 458 Schilling, der Arbeiter gar nur bei 6 040 Schilling. Nur die Bergarbeiter waren mit einer durchschnittlichen »Knappschaftsalterspension« von 11 312 Schilling deutlich besser dran, während die Eisenbahner mit 7 036 Schilling zwischen Angestellten und Arbeitern lagen.

Eine Ausnahmestellung nehmen die Beamten ein. Für sie gilt ja keine Höchstbemessungs- oder Höchstbeitragsgrundlage wie für alle anderen Pensionsversicherten; sie erhalten 80 Prozent ihres letzten Aktivbezugs als Pension. Wie hoch diese im Durchschnitt ist, läßt sich relativ leicht aus den

Budgetdaten ablesen. Für 1986 waren im Staatshaushalt 35,5 Milliarden Schilling Pensionsaufwand für insgesamt 178 935 Beamte im Ruhestand budgetiert. Das ergibt pro Kopf und Monat eine Durchschnittspension von 14 171 Schilling. Die 295 589 aktiven Beamten erhielten insgesamt 86,7 Milliarden Schilling, also 20 950 Schilling pro Kopf.
Die Pensionsstatistik des Bundesrechenamtes per 1. November geht noch ein bißchen stärker ins Detail. Danach bezogen die 491 zu diesem Zeitpunkt pensionierten Hochschullehrer Ruhebezüge von durchschnittlich 49 665 Schilling brutto, Richter und Staatsanwälte kamen auf 45 139 Schilling, die 5 397 im Ruhestand befindlichen Lehrer immerhin auf 32 345 Schilling und selbst die 14 332 Wachebeamten auf 17 250 Schilling.
Nach den letztverfügbaren Daten wurden Ende 1985 von den Pensionsversicherungsanstalten 856 147 Bezüge an Arbeiter, 400 326 Pensionen an Angestellte, 320 934 Pensionen an Selbständige (darunter 180 345 Bauern- und 140 277 Gewerbepensionen), 120 005 Unfallrenten und 260 029 »Pensionen aus pragmatischem Dienstverhältnis« an ehemalige Beamte bezahlt. Insgesamt gab es zu diesem Stichtag erstmals seit dem Bestehen des österreichischen Sozialversicherungssystems mehr als zwei Millionen, nämlich (einschließlich aller Doppelbezüge) genau 2 002 619 Pensionsbezieher.
Dank der peniblen Erhebungen des Statistischen Zentralamts bei den Mikrozensuserhebungen wissen wir auch über die Streuung der Ruhebezüge recht genau Bescheid. Die Befragten sollten dabei Nettobezüge angeben. Diesen Erhebungen zufolge schneiden pensionierte Beamte – wie ja mangels jeder Höchstbemessungsgrundlage nicht anders zu erwarten ist – mit Abstand am besten ab: sie erhalten netto zwischen 8 910 Schilling (wenn vor dem Eintritt in den Ruhestand eine »einfache Tätigkeit« ausgeübt wurde) und immerhin 16 960 Schilling (hochqualifizierte Tätigkeit); Angestellte kamen hingegen nur auf 6 310 Schilling (Hilfstätigkeit) bis 12 640 Schilling (hochqualifiziert), und Arbeiter auf 4 590 Schilling (Hilfsarbeiter in der Land- und Forstwirtschaft) bis 9 010 Schilling (Vorarbeiter und Meister).

Sanierung nur durch Zurückschrauben der Ansprüche

Das österreichische Pensionsversicherungssystem kann nur durch eine tiefgreifende Korrektur saniert werden. Da die Einnahmen langfristig nicht mehr wesentlich vergrößert werden können, müssen die Leistungen schrumpfen. Um diese unpopuläre Tatsache wird kein Politiker und keine Regierung herumkommen. Die Frage ist heute nur noch, in welchem Zeitraum die notwendige Anpassung vor sich gehen wird. Je früher wir uns zur Wahrheit bekennen, desto mehr Zeit bleibt der erwerbstätigen Bevölkerung, sich auf die neuen Gegebenheiten einzustellen und für die Differenz zwischen staatlicher Grundpension und angestrebtem Ruhestandsbezug selbst vorzusorgen.

Der Versuch vieler Politiker, den jeweiligen politischen Gegner als »Rentenklau« zu apostrophieren und damit zu desavouieren, hat jahrzehntelang die Österreicher mehr oder minder kaltgelassen. Es gibt keine schlüssigen Beweise, daß derartige Vorwürfe geholfen hätten, Wahlen auch nur mitzuentscheiden. Seit allerdings der »Rentenklau« in der untersten Schublade der Wahlkampfdemagogen verschwunden ist, weil jeder Politiker über die Problematik der Finanzierbarkeit des Sozialstaats Bescheid weiß, hat sich doch einiges geändert.

Die Notwendigkeit einer privaten Eigenvorsorge ist längst allgemein akzeptiert. Laut einer Meinungsumfrage des GfK- und des Ifes-Institutes sind 70 Prozent der Österreicher der Meinung, daß sie für die Zukunft selbst privat vorsorgen müssen. Nur die Hälfte davon – 35 Prozent also – tut allerdings nach eigener Einschätzung schon derzeit etwas für die Eigenvorsorge, und von dieser letztgenannten Gruppe hat wiederum die Hälfte das Gefühl, finanziell noch nicht ausreichend abgesichert zu sein.

Das ist kein Wunder, muß doch die derzeit im Berufsleben stehende Generation auf jeden Fall eine Doppelbelastung tragen. Sie muß für die jetzigen Pensionisten die Bezüge bezahlen, deren nachträgliche Kürzung ja nicht zur Diskussion steht, und sie muß gleichzeitig verstärkt fürs eigene Alter privat vorsorgen.

Diese Eigenvorsorge kann verschiedenste Gesichter haben. Laut Ifes-GfK-Umfrage halten 56 Prozent der Österreicher die Lebensversicherung, 49 Prozent den Kauf von Grund und Boden, je 37 Prozent das Sparbuch und diverse andere Sparverträge und 25 Prozent den Ankauf von Wertpapieren für »günstig«. Da Mehrfachnennungen möglich waren, liegt die Summe der Antworten über 100 Prozent.

Die Österreicher bekennen sich aber nicht nur theoretisch zum Vorsorgesparen, sie tun auch etwas dafür. Als der Verfall der Energiepreise im Jahr 1986 die privaten Brieftaschen der Österreicher beträchtlich entlastet hat, flossen die zusätzlich verfügbar gewordenen Milliarden überwiegend in die Eigenvorsorge. Es wurde mehr gespart – am Sparbuch ebenso wie in Form von Wertpapierkäufen oder dem Abschluß von Lebensversicherungen. Mit einer Sparquote von 11,5 Prozent des verfügbaren Einkommens wurde einer der höchsten Werte der Nachkriegszeit erreicht.

Der private Konsum erholte sich hingegen zur Überraschung der Wirtschaftsforscher und zum Mißvergnügen der Konsumgüterproduzenten sowie des Handels nur sehr langsam. Darin könnten bereits die ins Bewußtsein eingehämmerten Vorsorgeüberlegungen zum Ausdruck kommen.

Eine Rolle spielen wird diese Art der finanziellen Alterssicherung aber auf lange Jahre hinaus nur als Ergänzung der staatlichen Systeme. Dem österreichischen Durchschnittsbürger fehlt einfach das Geld, um gleichzeitig über seine Steuern im Umlageverfahren die Renten der alten Mitbürger zu finanzieren und selbst für das eigene Alter voll vorzusorgen. Diese Doppelbelastung ist untragbar. Dazu kommt ein Problem, das beim Ansparen (und vollends natürlich in der Werbung für die private Altersvorsorge) gern ignoriert wird.

Es klingt zwar sehr schön, wenn Geldinstitute und Versicherungen 30- bis 40jährigen Kunden vorrechnen, daß sie beim Eintritt des Pensionsalters so manche Million auf der hohen Kante haben können. Sie müßten nur ab heute bereit sein, ein paar Tausender monatlich anzusparen.

Dabei werden großzügig Zinseszinsen berechnet und bei Versicherungen die zu erwartende Gewinnbeteiligung der Versicherten ins Treffen geführt. Fairerweise gestehen die Versicherungen dabei ein, daß sich der Gewinnanteil während der Laufzeit des Vertrags ändern kann und aus der Entwicklung der Vergangenheit keine 100prozentige Garantie zur Erreichung des Ziels abgeleitet werden kann.

Geflissentlich ignoriert wird dabei freilich die Tatsache, daß es nicht nur Zinsen und Gewinne, sondern auch die Inflation gibt. Eine 7prozentige Verzinsung des Kapitals, wie sie derzeit beispielsweise mit Anleihen erreichbar ist, führt zu einer Verdoppelung der angesparten Mittel in ziemlich genau zehn Jahren.

Beträgt die Inflationsrate aber auch nur die Hälfte dieses Satzes – und das ist im Durchschnitt der letzten Jahre gar nicht so viel, bedenkt man die zweistelligen Geldentwertungsraten nach den »Ölpreisschocks« –, dann bleibt per Saldo nur die Hälfte des nominellen Zuwachses in Kaufkraft übrig.

Die heute beachtlich aussehende Zusatzpension von vielleicht 5 000 oder gar 10 000 Schilling schrumpft dann auf die bescheidene Hälfte zusammen.

Staatsvorsorge ist attraktiver

Genau diese Rechnung hat jahrelang die staatliche Altersvorsorge so attraktiv gemacht. Der Staat sammelt ja kein Kapital an, das durch die Inflation angeknabbert werden könnte, sondern er gibt Versprechen ab, die dann von der nächsten Generation erfüllt werden sollen – wenn diese dazu in der Lage ist.

Konkret hat die Pensionsversicherung bei der sogenannten »freiwilligen Höherversicherung« zugesagt, daß jeder eingezahlte Hunderter zu einer

Anhebung der 14mal jährlich ausbezahlten monatlichen Alterspension um einen Schilling führen wird. Doch damit nicht genug: dieser Schilling sollte während der gesamten Laufzeit dieses Vertrags mit dem Pensionsanpassungsfaktor aufgewertet werden.

Das bedeutet die volle Sicherung der Kaufkraft, weil die Pensionsanpassung sich an der Inflationsrate orientiert; gleichzeitig wurde aber auch die Steigerung der durchschnittlichen Aktiveinkommen in diesen Satz eingerechnet, weil die Pensionisten auch an der allgemeinen Erhöhung des Wohlstands teilhaben sollten.

Diese Rechnung kann nicht aufgehen, wenn immer weniger Aktive für immer mehr Pensionisten zahlen müssen. Daher wurde eine Korrektur vorgenommen. Je nach Abschlußalter und (wegen der unterschiedlich hohen Lebenserwartung) je nach Geschlecht gibt es jetzt für jeden Hunderter Einzahlung später mehr oder weniger als einen Schilling Alterspension. Dieser Betrag wird jährlich um den Anpassungsfaktor aufgewertet. Dadurch wurde die Attraktivität der freiwilligen staatlichen Höherversicherung reduziert – aber sie kann in den meisten Fällen immer noch mit der echten privaten Altersvorsorge mithalten.

Der Staat selbst tut nicht allzuviel, um die private Altersvorsorge zu stimulieren. Einzahlungen auf langfristige Lebensversicherungsverträge können bis zu einer Jahresprämie von 11 000 Schilling steuerlich abgesetzt werden – wer über 50 Jahre alt ist, darf weitere 10 000 Schilling geltend machen –, beim Erwerb von festverzinslichen österreichischen Wertpapieren entfällt bis zu einer Kaufsumme von jährlich immerhin 100 000 Schilling pro Steuerpflichtigem die Einkommensteuer auf die Zinsen, der Kauf von Genußscheinen bis zu 40 000 Schilling ist zu 75 Prozent, der Erwerb von jungen Aktien innerhalb desselben Freibetrags voll absetzbar.

Immer wieder wird nun die Forderung nach zusätzlichen staatlichen Anreizen für die private Vermögensbildung laut. So berechtigt und verständlich der Wunsch von Versicherungen und Geldinstituten nach verstärkter Sparförderung auch ist – von der Seite der notwendigen Gesundung der Staatsfinanzen her ist er unerfüllbar. Es kommt letztlich aufs selbe heraus, ob wir mit unseren Steuern zusätzliche Sparsubventionen oder direkt die Pensionen finanzieren.

Für die Sparförderung spricht bestenfalls der Hebeleffekt: Viele Österreicher sind des Steuerzahlens schon so überdrüssig, daß sie jede legale Möglichkeit nützen, um diese Last zu vermindern. Dabei werden, wie sich in der Vergangenheit schon mehrfach gezeigt hat, auch relativ unattraktive Sparformen allein schon deshalb zum Hit, weil sie mit dem Etikett der »Steuervermeidung« versehen wurden. Wenn man aber den Österreicher durch solche Anreize zu vermehrter Eigenvorsorge verlocken kann, läßt sich mit relativ geringem finanziellem Aufwand ein vergleichsweise hoher Vorsorgeeffekt erzielen; dieser könnte dann später als Begründung für eine Kürzung der staatlichen Pensionen herhalten.

Fair ist diese Vorgangsweise allerdings nur, wenn die Regierung sich beizeiten über eine Änderung der Pensionsberechnungsmodelle den Kopf zerbricht und die Alternativen dann öffentlich zur Diskussion stellt. In den letzten Monaten ihrer Tätigkeit kam das sozialistisch-freiheitliche Koalitionskabinett diesem Zustand zeitweise recht nahe. Die Pensionsproblematik wurde nicht länger verschleiert, diverse sozialpartnerschaftliche und universitätsnahe Institutionen wurden zur Erstellung und Präsentation von Studien veranlaßt, die die Öffentlichkeit aufrütteln sollten; Leistungskürzungen gelten nicht länger als Tabu.

Seit die Politiker die Unfinanzierbarkeit des österreichischen Pensionssystems erkannt haben, gibt es auch schon erste Reformansätze, die grundsätzlich auf eine Verminderung der späteren Leistungsansprüche hinauslaufen. Das beginnt bei der Ermittlung der Bemessungsgrundlagen.

Basis für die Höhe der Alterspension ist einerseits die Versicherungsdauer, andererseits das Arbeitseinkommen. Theoretisch sollte zwischen der Höhe der eingezahlten Beiträge eines Versicherten und seinem Pensionsanspruch ein direkter Zusammenhang bestehen; wenigstens ist das in der privaten Altersvorsorge so.

In der staatlichen Pensionsversicherung liegt der Fall etwas anders. Da wurde bis vor kurzem nur das Erwerbseinkommen der letzten fünf Jahre zur Pensionsbemessung herangezogen (»Bemessungszeit«). Mit der Pensionsreform 1985 wurde in der sogenannten 40. ASVG-Novelle dieser Zeitraum auf zehn Jahre erstreckt.

Das hat Auswirkungen in doppelter Hinsicht. Im allgemeinen steigt das Verdienstniveau mit dem Lebensalter. Werden nur die letzten fünf Jahre zur Pensionsbemessung herangezogen, so ist die Chance auf eine relativ hohe Pension größer als bei der Ermittlung aufgrund der Einkommen der letzten zehn Jahre.

Das gilt natürlich verstärkt für die »Trittbrettfahrer« unseres Sozialsystems: Wer es sich richten konnte, ließ sich in einer »befreundeten« Firma – das konnte das Unternehmen eines Freundes oder Verwandten sein – anmelden und sein Leben lang in Höhe der Mindestbeitragsgrundlagen entlohnen (wobei das Geld de facto meist in der Tasche des Unternehmers blieb).

In den letzten fünf Jahren vor der Pensionierung wurde dann plötzlich das Einkommen auf die Höchstbemessungsgrundlage angehoben, und schon war die Maximalpension sicher. Seit der 40. ASVG-Novelle muß der oder die an der Höchstpension Interessierte schon zehn Jahre lang kräftig Beiträge einzahlen, um später die Maximalpension kassieren zu können.

Aber auch für Gutverdiener, die ihr Leben lang voll gearbeitet und daher schon viele Höchstbeitragsmonate angesammelt haben, ergibt sich eine Verschlechterung. Die Höchstbemessungsgrundlage entspricht der Höchstbeitragsgrundlage, und beide werden alljährlich angehoben.
Konkret wurde die Höchstbeitragsgrundlage per 1. Jänner 1987 in der Unfall-, Pensions- und Arbeitslosenversicherung von 25 800 auf 26 400 Schilling angehoben. Von diesem Maximalbetrag müssen unabhängig von einem eventuell auch wesentlich höher liegenden Einkommen die Versicherungsbeiträge gezahlt werden; andererseits wird auch die Alterspension von dieser maximalen Bemessungsgrundlage berechnet. Die Arbeitnehmer müssen 10,25, die Arbeitgeber weitere 12,45 Prozent in die Pensionsversicherungskassen einzahlen.
Da die Höchstbemessungsgrundlagen jährlich angehoben werden und nur der Durchschnitt des Bemessungszeitraums für die Pensionsberechnung herangezogen wird, drückt die Verlängerung von fünf auf zehn Jahre automatisch die Maximalpension. Die Autoren der »Pensionsstudie« des Boltzmann-Institutes haben errechnet, daß die »Bemessungsgrundlage des letzten Arbeitsverdienstes« – von dieser werden dann maximal 79,5 Prozent als tatsächliche Pension ausgezahlt – bei durchschnittlichen Lohnsteigerungen von 5 Prozent pro Jahr bei fünfjährigem Durchrechnungszeitraum 95,4 Prozent, bei zehnjährigem aber nur 93,4 Prozent ausmacht. Bei 10prozentigen Lohnsteigerungen sinkt die Bemessungsgrundlage auf 91,5 Prozent (fünf Jahre) beziehungsweise 87,8 Prozent (zehn Jahre Durchrechnungszeitraum).
Das klingt kompliziert und unverständlich, und letztlich können auch nur ausgesprochene Sozialversicherungsexperten die Auswirkungen gesetzlicher Maßnahmen im Detail errechnen. Grundsätzlich gilt aber, daß die Maximalpension nach Erreichen von 540 Versicherungsmonaten im Jahr 1985 genau 18 286,60 Schilling betragen hat.
In der »Pensionsfibel« des Bundesministeriums für soziale Verwaltung wird das genau vorgerechnet: Die mit den Aufwertungsfaktoren gewichtete Höchstbeitragsgrundlage beträgt 23 002 Schilling, und davon werden genau 79,5 Prozent 14mal jährlich ausbezahlt. Je länger zurückliegende Jahre in die Ermittlungsbasis einbezogen werden, desto geringer ist die erzielbare Maximalpension.
Hier hat also der Staat bei den Pensionisten schon zu sparen begonnen, und langfristig wird der Bemessungszeitraum wohl noch weiter erstreckt werden. Das ist theoretisch auch gerecht und nähert sich der Berechnungsweise privater Lebensversicherungen. Allerdings ist die staatliche Altersvorsorge eben keine »Versicherung«, sondern ein Generationsvertrag. Die Aktiven zahlen für die Pensionisten – freilich nur, solange sie es sich leisten können.

Belastung durch großzügige Anrechungszeiten

An dieser Finanzierungsgrenze ist der Staat jetzt angelangt. Nicht zuletzt ist daran die relativ großzügige Anrechnung sogenannter »Ersatzzeiten« schuld. Für die Begründung des Pensionsanspruchs werden ja nicht nur Versicherungszeiten herangezogen, für die der spätere Pensionist auch tatsächlich selbst Beiträge geleistet hat, sondern auch »beitragsfreie Zeiten«. Am stärksten ins Gewicht fallen die Schul- und Studentenzeiten jenseits des Pflichtschulalters. Der Hauptverband der Sozialversicherungsträger hat errechnet, daß 1984 rund 4,6 Milliarden Schilling an Pensionen allein auf die Anrechnung von Schul- und Studienzeiten entfallen; die Anrechnung der Zeiten, in denen Arbeitslosengeld bezogen wurde, kostete 1,8 Milliarden, die der Karenzjahre von Frauen 1,7 Milliarden, die des Präsenzdienstes der Männer 1,4 Milliarden. Vergleichsweise geringfügig schlagen die pensionsrechtlichen Auswirkungen des Krankengeldbezugs (861 Millionen) und des Wochengeldes (369 Millionen Schilling) zu Buch.

Anders ausgedrückt: Mehr als 9 Prozent der gesamten Pensionszahlungen werden durch die Anrechnung von »Ersatzzeiten« verursacht. Die Beträge steigen vor allem durch die verlängerten Schul- und Studienzeiten, seit kurzem aber auch durch die hohen Arbeitslosenzahlen ständig weiter. Nach Schätzung des Hauptverbandes mußten 1985 schon 11,3 Milliarden Schilling »beitragsfrei« erbracht werden. Somit entfällt mehr als ein Viertel der notwendigen Bundeszuschüsse auf die Abgeltung der Ersatzzeiten.

Für den Besuch weiterführender mittlerer und höherer Schulen werden in der Pensionsversicherung im allgemeinen maximal zwei Jahre, für ein Hochschulstudium bis zu vier Jahren angerechnet. Das fiel bei der Einführung des ASVG Mitte der fünfziger Jahre noch wenig ins Gewicht, gewinnt aber infolge des Maturanten- und Studentenbooms der letzten Jahre stark an Bedeutung.

Einer der Vorschläge zur Linderung der Finanzmisere des Pensionsversicherungssystems läuft nun darauf hinaus, die Ersatzzeiten grundsätzlich nicht »herzuschenken«, sondern die Beiträge nachzufordern. Die Experten des Boltzmann-Instituts rechnen dazu folgendes vor:

Ein junger Facharbeiter kann in den Jahren, die dem Akademiker angerechnet werden, monatlich ungefähr 10 000 Schilling brutto verdienen. Die kumulierten Pensionsbeiträge über die sechs Jahre, die dem fertigen Akademiker als Ersatzzeit »geschenkt« werden, machen 191 000 Schilling aus. Diesen Betrag – oder zumindest einen Teil davon – könnte man den Akademiker in Raten nachzahlen lassen, wenn er die Studienzeiten angerechnet haben will. Immerhin machen die Ersatzzeiten ungefähr 6 Prozent der Alterspension aus.

Während diese Überlegungen noch Zukunftsmusik sind, die den erst in den nächsten Jahren ins Erwerbsleben eintretenden jungen Menschen allerdings später recht laut in den Ohren klingen könnte, wurden in die Pensionsdynamik schon etliche Bremsen eingebaut.
Das beginnt bei der schon erwähnten Verlängerung des Bemessungszeitraums, betrifft aber auch die »Richtzahl«, nach der die Steigerung der Pensionen berechnet wird. Die ursprüngliche Idee dieser Richtzahl war es, den Pensionisten nicht nur die Inflation abzugelten, sondern sie auch an der realen Steigerung der Kaufkraft der Aktiven teilhaben zu lassen.
Durch die Einführung diverser Bremsen bleibt die Richtzahl seit Jahren hinter der Entwicklung der Realeinkommen zurück. So wird beispielsweise das steigende Bildungs- und Qualifikationsniveau der aktiven Bevölkerung aus der Richtzahl »herausgerechnet«. Von 1970 bis 1984 sind daher beispielsweise die Effektiveinkommen auf das 3,48fache gestiegen, der Pensionsanpassungsfaktor aber nur auf das 2,8fache.
Seit 1985 wird auch die Zahl der Versicherten in die Richtzahlermittlung einbezogen. Je höher der Anteil der Bezieher von Arbeitslosengeld und Notstandshilfe am Arbeitskräfteangebot ist, desto weniger stark steigen die Renten. In der Praxis bedeutet 1 Prozent mehr Arbeitslosigkeit ungefähr ein Zehntelprozent weniger Rentenerhöhung.
Diese Bremsen wirken zwar schon, aber sie werden mehr als wettgemacht durch die Steigerung der Aktiveinkommen. Die jährlich neu anfallenden Pensionen sind im Durchschnitt deutlich höher als die durch den Tod von Pensionisten wegfallenden. Im Jahr 1984 machten die Durchschnittspensionen daher das 3,25fache der Renten des Jahres 1970 aus, stiegen also fast so stark wie die Effektivverdienste der Aktiven, die das 3,48fache ausmachten. Problematisch ist vor allem die Relation zur durchschnittlichen Beitragsgrundlage in der Pensionsversicherung, die im selben Zeitraum deutlich langsamer, nämlich nur auf das 3,09fache gewachsen ist.

Das Pensionsalter muß hinaufgesetzt werden

Über kurz oder lang werden wir jedenfalls um eine Hinaufsetzung des Pensionsalters nicht herumkommen. Die Experten des Boltzmann-Instituts haben die Auswirkungen einer solchen Maßnahme anhand der verfügbaren Daten und Prognosen berechnet.
»Nimmt man ein für Männer und Frauen einheitliches Pensionsalter von 63 Jahren an (ohne Möglichkeit einer Frühpension), so verringert sich der Beitragssatz gegenüber der bisherigen Annahme um 3,2 Prozentpunkte.« Und weiter: »Würde die Verschlechterung der Finanzierungslage der Pen-

sionsversicherung allein durch eine Anhebung des Pensionsalters ausgeglichen, müßte dieses bis zum Jahr 2011 um drei bis sechs Jahre – je nach Annahme der Bevölkerungsentwicklung – hinaufgesetzt werden.«

Dieser Weg scheint aus mehreren Gründen durchaus gangbar zu sein. Die mittlere Lebenserwartung hat sich in den letzten Jahrzehnten seit der Einführung des ASVG stark erhöht, der Gesundheitszustand der Bevölkerung ist gleichzeitig wesentlich besser geworden. Ein Hinausschieben der Pensionierung statt einer Vorverlegung ist also vom sozialen Standpunkt her gesehen sicher zumutbar.

Hinzu kommt, daß vor allem höher qualifizierte Arbeitskräfte infolge ihrer längeren Schul- und Studienzeit erst relativ spät ins Erwerbsleben treten. Im Gegensatz zu Hochofen- oder Schwerstarbeitern sind diese Menschen auch mit 55 oder 60 Jahren nicht nur in der Lage, sondern auch willens, weiterzuarbeiten, wenn man es ihnen nicht verbietet.

Das gilt im übrigen für Frauen mehr noch als für Männer, ist ihre Lebenserwartung doch um einiges höher. Der Sozialminister wird das nicht gerne hören: Seit das »Gleichbehandlungsgesetz« in Kraft getreten ist, machen sich zwar Firmen strafbar, wenn sie Frauen für gleiche Tätigkeiten weniger Gehalt zahlen als Männern oder bestimmte Posten »geschlechtsspezifisch« ausschreiben. Bis zum Gesetzgeber hat sich das allerdings noch nicht herumgesprochen: Frauen dürfen (oder müssen, je nach Betrachtungsweise) um fünf Jahre früher als Männer ins Pension gehen, obwohl sie eine wesentlich größere Lebenserwartung haben. Nur bei Beamten gibt es keine geschlechtsspezifischen Unterschiede hinsichtlich des Pensionsalters.

Auch mit dieser Ungleichbehandlung der ASVG-Pensionisten wird Schluß gemacht werden müssen, wenn unser Pensionsversicherungssystem weiter finanzierbar bleiben soll.

Zur Diskussion gestellt werden müssen auch die Mehrfachpensionen. Derzeit beziehen ungefähr 150 000 Österreicherinnen und Österreicher zwei oder mehrere ASVG-Pensionen. Die völlige Streichung dieser Mehrfachpensionen – was im Augenblick nur ein theoretischer Denkansatz ist – würde das Pensionsversicherungssystem um ungefähr acht Milliarden Schilling jährlich oder 7 Prozent des Gesamtaufwandes entlasten. Die möglichen Ersparnisse durch den Wegfall von Doppelbezügen im Bereich der Beamtenpensionen sind dabei noch gar nicht berücksichtigt.

Dabei gilt es allerdings zu unterscheiden zwischen echten Mehrfachbezügen, die in Summe weit über den durchschnittlichen Einzelbezügen liegende Gesamtpensionen ergeben, und der Sicherung einer Mindestversorgung. Die durchschnittliche Alterspension von Frauen liegt wegen geringerer Anrechnungszeiten deutlich unter jener der Männer.

Nach unten nivelliert werden könnte die Pensionshöhe durch eine Ausweitung der Bemessungsgrundlagen. Als Endziel wäre sogar die Einbeziehung sämtlicher im Lauf des Berufslebens erzielter Einkommen in die Berechnung der Pension denkbar. Dann würden freilich das letzte Aktiveinkommen und die Rente noch stärker auseinanderklaffen, und wir näherten uns der einheitlichen »Volkspension«, die nur eine Basisversorgung sicherstellt. Heute gilt aber als Ziel der staatlichen Pensionsvorsorgen immer noch die Sicherung jenes Lebensstandards, den der einzelne unmittelbar vor seiner Pensionierung genossen hat.

Verminderung der Bürokratie

Derzeit setzen sich die Einnahmen der diversen Pensionsversicherungsträger aus zwei Komponenten zusammen: den Leistungen der Aktiven und ihrer Arbeitgeber und dem sogenannten Bundeszuschuß. Die Trennung ist eine rein fiktive. Ob der einzelne einen höheren Pensionsversicherungsbeitrag und relativ weniger Steuern zahlt oder umgekehrt, macht bestenfalls einen psychologischen Unterschied. Es bleibt die Tatsache bestehen, daß die Summe der Pensionen durch entsprechende Leistungen der Aktiven aufgebracht werden muß.
Der unterschiedliche »Deckungsgrad« der einzelnen Gruppen spiegelt nicht zuletzt Änderungen der Wirtschaftsstruktur Österreichs wider. So sinkt die Zahl der Arbeiter und der Bauern, während jene der Angestellten stark steigt. Daraus resultieren stark unterschiedliche Pensionsbelastungsquoten der einzelnen Versichertengruppen.
Am günstigsten sieht die Situation derzeit und auch in weiterer Folge bei den Angestellten aus, wo auf 1 000 Versicherte »nur« 363 Pensionen entfallen; bei den Arbeitern müssen 1 000 Aktive schon 703 Pensionisten erhalten, bei den gewerblich Selbständigen sind es 730, und bei den Bauern sogar 986. In Kürze würde jeder Bauer also schon mehr als einen Pensionisten erhalten müssen.
Diese Rechnung kann nur durch höhere Bundeszuschüsse in den stark belasteten Bereichen aufgehen. Nun ist aber nicht einzusehen, warum – rein theoretisch gesprochen – die Pensionsversicherung der Angestellten als »erfolgreicher« gelten soll als jene der Arbeiter, wenn der Unterschied doch in Wirklichkeit nur durch eine Umschichtung von Arbeitern zu Angestellten zustande gekommen ist.
Ähnliches gilt für die Bauern. Ziel jeder erfolgreichen Landwirtschaftspolitik muß es sein, die bewirtschaftete Fläche und damit auch die Zahl der Bauern zu vermindern. Eine andere Lösung für die ständig steigende Überproduktion an Agrargütern gibt es derzeit nicht.

Die Abwanderung der Bauern in andere Berufe bedeutet aber eine tendenziell steigende Belastung der verbliebenen Landwirte mit Pensionszahlungen. Da werden schon alle Österreicher solidarisch herhalten und ohne großes Murren die Bauernpensionen mittragen müssen.
Auf die Dauer ist also die Trennung der Sozialversicherungsanstalten in solche der Arbeiter, der Angestellten, der Eisenbahnen oder des Bergbaus ebenso sinnlos wie die Diskussion um die Höhe des Bundesbeitrags. Sie verschleiert nur die Problematik und verursacht zusätzliche Kosten.
Es wäre ehrlicher, ohne falsche Scham zu sagen, daß ein bestimmter Prozentsatz unserer Aktivbezüge für die Altersversorgung der in Pension befindlichen Generation aufgewendet werden muß und daß dieser Beitrag in den nächsten Jahren in unfinanzierbare Höhe zu steigen droht, wenn sich am System nichts ändert.
Dann wüßte jeder, woran er ist, und könnte sich an der Diskussion beteiligen beziehungsweise Eigenvorsorge betreiben. Alles andere ist eine Vogel-Strauß-Politik, die nur zur Verdummung der Bevölkerung durch ängstliche Politiker führt.

Keine Lösung durch Wertschöpfungsabgabe

Sozialminister Dallinger hat eine Zeitlang versucht, die Lösung des Problems der Finanzierung der Sozialversicherung durch eine Änderung auf der Einnahmenseite anzugehen. Derzeit ist die Lohn- und Gehaltssumme auf Arbeitgeber- wie auf Arbeitnehmerseite die Berechnungsbasis für die Beiträge zur Pensionsversicherung der Unselbständigen.
Im Zuge der Rationalisierung in den Unternehmen wird die Produktion immer kapitalintensiver. Deshalb wurde die Umstellung der Bemessungsgrundlage auf die »Wertschöpfung« der Betriebe zur Diskussion gestellt. Das würde eine Änderung der Belastungsstruktur der Wirtschaft bedeuten: Derzeit sind arbeitsintensive Unternehmen stärker mit Sozialversicherungsbeiträgen belastet, bei der Wertschöpfungsabgabe müßten kapitalintensive Branchen mehr zahlen. Die Arbeitskraft würde relativ billiger werden, was positive beschäftigungspolitische Effekte auslösen könnte.
Nichts oder nur sehr wenig ändern würde sich dadurch freilich am Gesamtproblem. Die Finanzierungskosten der Pensionsversicherung müssen von der Gesamtheit der Bevölkerung getragen werden. Ob dies auf dem Weg höherer Beiträge, höherer Steuern oder höherer Preise für Produkte erfolgt, die in kapitalintensiven Unternehmen erzeugt werden, ist letztlich egal.

Woran krankt unser Gesundheitssystem?

Kostenbewußtsein ist kein Gegensatz zu guter Versorgung

Hand aufs Herz: Fühlen Sie sich wirklich gesund? Die Mehrheit der österreichischen Bevölkerung beantwortet diese Frage mit einem bedauernden »Nein«. Vom rein medizinischen Standpunkt aus gesehen, kann man auch mit gar keinem anderen Ergebnis rechnen. Denn die Weltgesundheitsorganisation definiert Gesundheit als »Zustand völligen körperlichen, geistigen und sozialen Wohlbefindens« – und wer befindet sich schon je in diesem geradezu traumhaften Zustand?

Unter Medizinern kursiert in diesem Zusammenhang der bekannte Ausspruch, daß nur derjenige gesund sei, den sein Arzt noch nicht gründlich genug untersucht habe. Diese Aussage klingt zwar zunächst paradox; in Wahrheit hat sie einen harten Kern, an dem nicht zuletzt der medizinisch-technische Fortschritt schuld ist. Er führt tatsächlich dazu, daß es in Österreich immer mehr Kranke gibt.

Das ist ganz einfach zu erklären. Dank der ständigen Erweiterung der technischen Möglichkeiten in der Medizin können immer mehr Krankheiten erfolgreich behandelt werden. Dadurch verlängert sich die durchschnittliche Lebenserwartung, und es treten andere Krankheiten auf wie beispielsweise altersbedingte Abnützungserscheinungen.

In zumindest einem Fall ist die »technische Medizin« dadurch sogar in einen Teufelskreis geraten, aus dem ein Ausbruch erst durch weitere Fortschritte der Technik möglich geworden ist. Es geht um die Zuckerkrankheit. Bis vor einigen Jahren bedeutete die Diagnose »Diabetes« eine deutliche Verringerung der Lebenserwartung. Vor allem Kinder hatten nur geringe Chancen, ein höheres Alter zu erreichen.

Dank des Fortschritts der Medizin ist die Lebenserwartung von Zuckerkranken wesentlich gestiegen. Je mehr Diabetiker es aber gibt, desto mehr Insulin wird auch zur Beherrschung der Folgen dieser Krankheit benötigt. Daraus resultierte vor einigen Jahren eine gefährliche Knappheit dieses Medikaments.

Solange Insulin nur aus den Bauchspeicheldrüsen von Kälbern gewonnen werden konnte, war ein Engpaß unvermeidlich. Erst als unter Einsatz der modernen Biotechnologie die fabriksmäßige Massenproduktion gelang, waren die Versorgungsprobleme ein für allemal beseitigt. Die Behandlungskosten sind andererseits stark gestiegen.

Welches Ausmaß die finanziellen Probleme im Gesundheitswesen bereits angenommen haben, zeigt ein einfacher Vergleich. Altersvorsorge und Gesundheitswesen verschlingen beinahe gleich viel, nämlich je ungefähr

10 Prozent des Bruttoinlandsprodukts, also all dessen, was die österreichische Bevölkerung alljährlich insgesamt erwirtschaftet. Die Belastungen durch die Finanzierung der medizinischen Versorgung entsprechen jenen in der Pensionsversicherung.

In Zahlen bedeutet das eine Belastung von jeweils ungefähr 140 bis 150 Milliarden Schilling für Alters- und Gesundheitsfürsorge oder zweimal 50 000 Schilling pro Kopf der erwerbstätigen Bevölkerung. Diese Zahlen enthalten sowohl die Beiträge zur Sozialversicherung wie auch jenen Teil der allgemeinen Steuern, der über diese Beiträge hinaus für diese beiden Bereiche aufgewendet werden muß.

Damit sind wir auch schon beim Kostenproblem. Im Pensionsbereich darf man heute schon relativ offen über die Probleme sprechen, die durch die Überalterung der Bevölkerung auf uns zukommen. Gesundheit allerdings ist ein Gut, für dessen Wiederherstellung der einzelne im Krankheitsfall meist fast alles hergeben würde. Damit sind wir schon beim ersten Punkt, bei dem Sparsamkeit möglich wäre: Es kommt nämlich weit billiger, die Gesundheit zu erhalten, als sie wiederherzustellen.

Es gibt internationale Untersuchungen, wonach die Gesundheit zu mehr als 60 Prozent von den beiden Faktoren ungesunde Lebens- und Verhaltensweise sowie von schädigenden Umwelteinflüssen beeinträchtigt wird. Die Palette der Sünden wider die Gesundheit reicht von falscher Ernährung über Bewegungsmangel, übersteigerten Konsum von Alkohol und Nikotin bis zu falschem, weil Streß verursachendem Freizeitverhalten. Die meisten Gesunden tun aber recht wenig, um gesund zu bleiben.

Auch noch so breit angelegte Aufklärungsaktionen haben bisher nur sehr begrenzten Erfolg aufzuweisen gehabt. Gesundheit wird erst »wichtig«, wenn sie in Gefahr ist. Deshalb zurück zum Kranken; er hat im derzeitigen System der sozialen Absicherung keinerlei finanzielles Interesse daran, »kostengünstig« behandelt zu werden, wobei das keineswegs eine schlechtere als die optimal mögliche Behandlung bedeuten muß. Schon gar nicht geht es darum, jemanden aus finanziellen Gründen zum Verzicht auf notwendige Maßnahmen zu veranlassen oder ihn gar davon auszuschließen. Gute Behandlung muß aber keineswegs unbedingt teuer sein.

Welche Auswirkungen das mangelnde Kostenbewußtsein haben kann, zeigt sich besonders deutlich in der privaten Zusatzkrankenversicherung. In der zweiten Hälfte der sechziger Jahre haben die privaten Krankenversicherer das Vergütungssystem umgestellt. Bis dahin wurden dem »Klassepatienten« die Mehrkosten refundiert, dann gab es 100prozentige Deckungszusagen, verbunden mit einer Direktverrechnung zwischen den Spitälern und den Versicherungen.

Die Versicherten verloren damit jeden Überblick über die tatsächlichen Ko-

sten der Behandlung. Die Ärzte verrechneten mehr oder minder automatisch die Höchstsätze, die Spitäler versuchten ihre Patienten möglichst lange im Haus zu behalten, weil sie dafür zusätzliche Einnahmen erwarten durften.
Die Kehrseite der Medaille zeigte sich in den letzten Jahren. Die explodierenden Kosten führten zu ständigen Prämienerhöhungen in der privaten Zusatzkrankenversicherung, die diese Art der Vorsorge für viele Menschen unerschwinglich gemacht haben. Seit einigen Jahren schrumpft die Zahl der Zusatzversicherten. Insgesamt ist die Zahl der Krankenversicherungen zwar erst seit 1983 leicht rückläufig – damals gab es 2 838 190 Verträge, zwei Jahre später 2 834 374, also um 3 816 weniger. Das ist zwar eine nur minimale Abnahme, signalisiert aber doch eine Trendwende.
Dazu kommt aber ein zweites. Es ist eine Verschiebung von der Volldekkung zu Taggeldversicherungen eingetreten. Genaue Daten hat der Generaldirektor der »Austria«-Versicherungen, Herbert Schimetschek, 1986 bei einem Seminar des Versicherungsverbandes über »Fehlsteuerungen des Gesundheitswesens« in Alpbach angeführt.
Existierten bei der »Austria« 1973 noch 304 468 »Krankenhauskostenversicherungen«, wie die genaue Bezeichnung lautet, so waren es 1985 nur noch 284 946, also um ziemlich genau 20 000 weniger. Dafür stieg die Zahl der Taggeldversicherungen im selben Zeitraum um 48 000 von 102 229 auf 150 887.
Dies dokumentiert eine paradoxe Entwicklung. Zwar war die generelle Kostendeckung und Direktverrechnung in den siebziger Jahren ein wichtiges Argument für den Abschluß privater Zusatzkrankenversicherungen; die damit verbundene Kostenautomatik führte aber nach einer gewissen Zeit zu einer finanziellen Überforderung der Versicherten, zu Kündigungen und zu einem »Rückschritt«, nämlich zur Taggeldversicherung, die der früheren Refundierungspraxis nahekommt.
Ähnlich ist die Situation im gesamten Gesundheitswesen. Alle Weichen von der Ärzteausbildung über die Art der Spitalsfinanzierung und die Honorierung der niedergelassenen Ärzte bis zu Grundsatzfragen der Organisation des Gesundheitswesens stehen in Richtung Expansion und Kostenexplosion. Gleichzeitig nähern wir uns aber den zwar undefinierbaren, aber doch deutlich spürbaren Grenzen der Finanzierbarkeit.
Der ÖVP-Abgeordnete und Gesundheitssprecher Günter Stummvoll – er ist gleichzeitig Leiter der sozialpolitischen Abteilung der Industriellenvereinigung – hat diese Problematik schon 1984 im »Österreichischen Jahrbuch für Politik« aufgezeigt.
Er schrieb damals: »Es zeichnet sich heute auch international bereits deutlich ab, daß die Grenzen der medizinischen Versorgung nicht im medizini-

schen, sondern vielmehr im ökonomischen Bereich liegen, nämlich im Bereich der Finanzierbarkeit. In einem gewissen Sinn könnte man sogar sagen, daß der medizinische Fortschritt immer mehr zu einer ökonomischen Frage wird. Eine Kostenbegrenzung und Kostendämpfung im Gesundheitswesen ist aber nicht nur eine wirtschaftliche, sondern auch eine gesundheitspolitische Notwendigkeit, denn sonst würde es mangels Finanzierbarkeit langfristig zu einer unvertretbaren medizinischen Unterversorgung kommen.«

Und weiter: »Die Gesundheitsversorgung muß nicht nur bedarfsgerecht und leistungsfähig sein, sondern sie muß auch in effizienter Weise und zu tragbaren Kosten erfolgen. Mit einem Wort: Die Gesundheit muß für den Beitrags- und Steuerzahler erschwinglich sein.«

Spitalsbehandlung erst als letzter Ausweg

Es gibt in Österreich 156 allgemeine öffentliche Spitäler, die von ihren »Trägern«, der öffentlichen Hand, Zuschüsse von jährlich mehr als elf Milliarden Schilling bekommen. Daneben gibt es 160 Spitäler, die Vereinen, Privaten, der Sozialversicherung sowie Ordens- und Glaubensgemeinschaften gehören. Sind sie als gemeinnützige Anstalten eingestuft, bekommen sie neben dem Pflegegebührenersatz der Krankenkassen, der zwischen 500 und 900 Schilling pro Tag liegt, gleichfalls öffentliche Zuschüsse. Nur die reinen Privatspitäler oder Sanatorien müssen streng betriebswirtschaftlich kalkulieren. Der Patient erhält den Pflegegebührenersatz der Krankenkasse und muß die Differenz privat aufzahlen.

Die privaten Spitäler wirtschaften im Durchschnitt meist etwas billiger, weil sie sich nicht auf eine Kostendeckungsgarantie verlassen können. Wichtiger ist aber, daß sie im nichtärztlichen Bereich ein besseres Service bieten.

Man darf bei der Betrachtung der Kostenstruktur sicher nicht alles über einen Kamm scheren. Öffentliche Spitäler bilden Ärzte und Schwestern aus – das Land Kärnten hat errechnet, daß allein dafür alljährlich 50 Millionen Schilling aufgewendet werden müssen –, sie werden in schwereren Fällen in Anspruch genommen und brauchen dafür höchst kostspielige Einrichtungen beispielsweise für komplizierte Gehirn- oder Herzoperationen oder für die Strahlentherapie. Private Spitäler verweisen diese Fälle an die öffentlichen Krankenhäuser und haben daher eine günstigere Kostenstruktur.

Darum allein aber geht es gar nicht. Die Kostenexplosion im Gesundheitswesen wird zu einem großen Teil durch das Ignorieren wirtschaftlicher Realitäten verursacht. Das läßt sich am Beispiel der Nierensteinzertrümmerer gleich in doppelter Hinsicht belegen.

Diese Geräte sind in der Lage, Nierensteine auf nichtoperativem Weg im Körper zu zertrümmern, so daß sie dann leicht abgehen. Der Patient muß allerdings trotzdem narkotisiert werden und liegt bei der Behandlung in einer Spezialbadewanne.
Nun werden in ganz Österreich im Jahresdurchschnitt 2 800 Nierensteinentfernungen durchgeführt. Nicht alle eignen sich für den Einsatz der Zertrümmerer; mit jedem dieser Geräte können jedenfalls pro Jahr ungefähr 800 Behandlungen durchgeführt werden. Auf der ganzen Welt waren Mitte 1986 ungefähr 200 solcher Stoßwellen-Lithotrypter im Einsatz. Für ganz Österreich würden maximal vier genügen.
Tatsächlich wurden gleich in der ersten Euphorie über den Fortschritt nicht weniger als sieben Geräte angeschafft und in Salzburg, Linz und Wien aufgestellt. Bei einem Stückpreis von je 20 bis 30 Millionen Schilling macht das schon eine gewaltige Differenz aus, die nicht mit medizinischen Gründen zu rechtfertigen ist. Aber welcher Krankenhausleiter weist nicht gerne auf die moderne und fortschrittliche Ausstattung seines Betriebes hin?
Die Überausstattung mit Nierensteinzertrümmerern hat übrigens noch einen zweiten Aspekt. Innerhalb kürzester Zeit ist nämlich der Medizintechnik eine weitere Revolution gelungen. Siemens hat ein Gerät auf den Markt gebracht, das im Gegensatz zu den »konventionellen« Anlagen ohne Badewanne und ohne Narkose eingesetzt werden kann; der Patient kann das Spital nach der Behandlung gleich wieder verlassen.
Beide Methoden sind natürlich nicht nur für den Patienten angenehmer und ungefährlicher als eine Operation, sondern kommen auch insgesamt gesehen viel billiger als ein konventioneller Eingriff. Die Krankenkassen allerdings kalkulierten zunächst anders.
Unser Sozialversicherungssystem ist nämlich auf so fortschrittliche Behandlungsmethoden nicht eingestellt. Die Krankenversicherung überweist den Spitälern pro Behandlungstag des Patienten eine bestimmte Summe. Die tatsächlich anfallenden Behandlungskosten werden nicht gesondert ersetzt.
Ein Patient, der sich seine Nierensteine ohne Operation mittels Nierensteinzertrümmerer entfernen läßt, ist nur einen oder zwei Tage im Spital. Die Anschaffung und der relativ teure Betrieb der modernen Anlagen lassen sich aus den »Pflegegebührenersätzen« der Sozialversicherung nicht finanzieren.
Die Spitäler können sich daher diese Behandlungsform für »Normalpatienten« nicht leisten, wenn sie auf die Tagsätze angewiesen sind und keinen Zuschuß für die erhöhten Betriebskosten der Spezialgeräte erhalten. Die Gemeinde Wien beispielsweise hat deshalb »ihren« Nierensteinzertrümmerer in einer eigenen Gesellschaft, der »Wiener Nierensteinzentrum Planungs- und Betriebsges.m.b.H.«, ausgegliedert und auf diese

Weise auf dem Gelände des Lainzer Krankenhauses ein Privatspital etabliert.
Die Wiener Gebietskrankenkasse weigerte sich zunächst, die Behandlungskosten zu übernehmen. Sie wollte nur den Pflegegebührenersatz von 918 Schilling täglich zahlen. Den Patienten blieben Zusatzkosten von 29 000 Schilling, die sie – falls sie keine Zusatzkrankenversicherung hatten – privat berappen sollten. Später zahlte die Kasse zwar, wollte aber die Gemeinde Wien auf Rückerstattung der Kosten klagen. Schlußendlich einigte man sich in der Mitte: Die Gemeinde Wien zahlt für ihre Bürger 14 000 Schilling Zuschuß, den Restbetrag auf die gesamten Behandlungskosten von 43 000 Schilling leistet die Krankenkasse.
Dieses Gefeilsche mutet paradox an, ist aber Spitalsalltag. Derzeit wirtschaftet jenes Krankenhaus »am besten«, das den Patienten möglichst lange im Bett hält. Es bekommt unabhängig von der Benützung medizinischer Geräte den Tagsatz, wäre also schlecht beraten, würde es beispielsweise voroperative Laboruntersuchungen ambulant vornehmen, wie das im kommerziell orientierten Amerika eine Selbstverständlichkeit ist.
Nur so ist es erklärbar, daß Patienten, die aus irgendwelchen Gründen zur Durchuntersuchung ins Spital müssen, stationär behandelt werden. Ein konkreter Fall: Eine Frau wohnt zufällig in Gehdistanz zu einem Krankenhaus. Sie soll durchuntersucht werden, es gibt aber kein freies Bett. Ihr Angebot, zu Hause zu schlafen und jeden Tag pünktlich zu den Untersuchungen zu erscheinen, wird abgelehnt. Das ist im Verrechnungsschema mit der Sozial- und der privaten Zusatzkrankenversicherung nicht vorgesehen.
Sie wartet also, bis ein teures »Akutbett« frei wird, geht dann ins Spital, wird aufgenommen und zu den einzelnen Untersuchungen eingeteilt. Am Nachmittag ist meist kein Betrieb, weil viele Ärzte sich zu dieser Zeit ihrer Privatordination widmen – da darf sich die Patientin auf Kosten der Krankenkasse langweilen. Manchmal gibt es in solchen Fällen auch »Ausgang«, während der Spitalstaxameter weiterläuft.
Daß dieses System ineffizient ist und die Kosten in die Höhe treibt, ist klar. Hein Hauser und Jürg H. Sommer schreiben in ihrem 1984 erschienenen Buch »Kostendämpfung im Gesundheitswesen in den USA, in Kanada und in der BRD« dazu folgendes:
»Bei der üblichen Entschädigung pro Pflegetag sind insbesondere bei latent vorhandenen Überkapazitäten großzügigere Patientenaufnahmen und unnötig ausgedehnte Spitalsaufenthalte die Folge. Dieses unter den bestehenden finanziellen Anreizen rationale Verhalten des Spitals führt also nicht etwa zu niedrigeren, sondern zu höheren Gesamtkosten für die Volkswirtschaft.«
Kostenbewußte Patienten haben keine Chance: »Im Rahmen umfassender

Sozialversicherungssysteme werden kostenbewußte Patienten nicht mit geringeren individuellen Beiträgen belohnt, sondern sie müssen trotzdem den Mehrkonsum der anderen in Form steigender Prämien und Steuern mitbezahlen«, heißt es in dem Buch weiter. »Der Konsument hat somit keinerlei Anreize, medizinische Leistungen aus Wirtschaftlichkeitsüberlegungen nicht zu beanspruchen oder Ärzte auszuwählen, die kostengünstiger behandeln. Bei den vorherrschenden Abrechnungssystemen hat er in der Regel nicht einmal die Möglichkeit, kostengünstige Anbieter zu identifizieren.«
Das stimmt auch für Österreich. Die Spitäler werden durch die Sozialversicherung, durch die Spitalsträger – meist Länder oder Gemeinden, die den Abgang decken – und durch den 1978 gegründeten Krankenanstalten-Zusammenarbeitsfonds (Krazaf) finanziert, dem der Bund, die Bundesländer, die Städte und Gemeinden sowie die privaten Krankenversicherer angehören. Seine Mittel stammen von Bund, Ländern und Gemeinden sowie den Sozialversicherungsträgern.
Die Einzahlungen sind im wesentlichen an das Umsatzsteueraufkommen gebunden, von dem ein Teil dem Krazaf zufließt. Da dieses langsamer wächst als die Krankenhauskosten, steigt die von den Spitalserhaltern zu tragende Differenz zwischen Kosten und Einnahmen. Die Sozialversicherungsträger nämlich haben ihre Pflegegebührensätze an die Entwicklung der Beitragseinnahmen gekoppelt.
Insgesamt sind dem Fonds 1985 rund 5,6 Milliarden Schilling zur Verfügung gestanden – um 21 Prozent mehr als 1984. Im Schnitt zahlte die Sozialversicherung die Hälfte der tatsächlichen Kosten der Spitäler, je 14 Prozent entfielen auf private Krankenversicherungen und die Bundesländer. Für den Rest mußten Bund, Gemeinden und andere Spitalserhalter aufkommen.
Mit dieser Entwicklung sind vor allem die Länder unzufrieden. Laut Gesetz müßten die Krankenkassen nämlich 60 Prozent der Pflegegebühren decken. Durch die im Rahmen des Krazaf getroffenen Abkommen liegt ihr Beitrag aber darunter. Die Länder überlegten deshalb, die entsprechenden Verträge nicht mehr zu verlängern und den Krazaf 1987 ersatzlos auslaufen zu lassen.
Damit wäre auch automatisch die Vereinbarung gefallen, daß die Pflegegebührenersätze der Krankenkassen nicht stärker steigen als die Einnahmen. Die Länder könnten sich dann über die sogenannten »Schiedskommissionen« höhere Gebührenersätze der Krankenkassen »genehmigen«. Ein Versuch, diese Möglichkeit durch eine Änderung des Krankenanstaltengesetzes zu unterbinden, passierte zwar im Herbst 1986 noch den Ministerrat, gelangte aber wegen der Auflösung des Parlaments nicht mehr ins Plenum.
Am Problem der Kosten würde sich durch eine Änderung der Finanzie-

rungsformen allerdings wenig ändern. Entscheidend wären deshalb kostenorientierte Verhaltensweisen aller Betroffenen, von den Spitalserhaltern und -leitern über die Ärzte bis zu den Patienten. Zumindest letztere würden dabei durchaus mitspielen, gäbe man ihnen die Gelegenheit dazu. Das haben Untersuchungen der österreichischen Privatversicherungen bewiesen. »Bei der Betrachtung der durchschnittlichen Aufenthaltskosten im Krankenhaus fällt auf, daß die Kosten bei jenen Tarifen, die den Versicherten eine 100prozentige Deckung gewähren, doch deutlich höher sind als bei jenen Versicherungsverträgen, bei denen der Versicherte nach Einzelleistungen versichert ist und nicht grundsätzlich davon ausgehen kann, daß er die gesamten Ausgaben vom Versicherer refundiert erhält«, hat der Generaldirektor der »Austria«-Versicherungen und Präsidiumsmitglied des Versicherungsverbandes, Herbert Schimetschek, im Sommer 1986 bei seinem Vortrag über »Fehlsteuerungen des Gesundheitswesens« in Alpbach erklärt. Und weiter: »Dies spricht dafür, daß in jenen Fällen, in denen der Versicherte ein Interesse hat, auf die Kostengestaltung einzuwirken, doch eine Verkürzung des Krankenhausaufenthalts erfolgt beziehungsweise auf größere Sparsamkeit bei erbrachten Leistungen und maßvollere Honorargestaltung geachtet wird.«

In seinem Referat ist Schimetschek auch auf die durchschnittliche Verweildauer in Krankenhäusern eingegangen: Im Jahr 1985 hat die von ihm geleitete Versicherung 40 700 Krankenhauskostenfälle abgerechnet. Knapp mehr als ein Fünftel davon betrafen eine Aufenthaltsdauer im Spital von ein bis drei Tagen, wobei 3 Prozent der Patienten nicht einmal über Nacht und etwas mehr als 9 Prozent nur eine Nacht im Krankenhaus verblieben. Andererseits wurden fast 12 Prozent mehr als drei Wochen und 6,5 Prozent länger als vier Wochen stationär behandelt.

Ähnliche Ergebnisse hat eine vom Sozialministerium des deutschen Bundeslandes Baden-Württemberg vorgenommene Analyse gebracht: 20 Prozent der Krankenhausfälle entfielen auf eine Verweildauer von ein bis drei Tagen, 8,8 Prozent der Patienten blieben nur eine Nacht im Krankenhaus. Die Schlußfolgerungen dürften für Österreich und Deutschland ähnlich sein: Ein erheblicher Teil der Kurzzeitpatienten könnte auch ambulant versorgt werden, und andererseits dürften Akutbetten in erheblichem Ausmaß für die Behandlung von Pflegefällen herangezogen werden. Beides kommt zu teuer und könnte geändert werden, ohne daß sich dadurch die ärztliche Versorgung der österreichischen Bevölkerung verschlechtern würde.

Im Gegenteil: Es ist einfach unvertretbar und unverständlich, daß es in Österreich insgesamt zu viele Spitalsbetten gibt, daß aber Patienten dennoch oft stunden- und tagelang auf eine »Einweisung« warten müssen und dann womöglich notdürftig auf dem Gang untergebracht werden. Schuld

daran ist die Tatsache, daß oft die »Falschen« im Spitalsbett liegen und für Akutfälle dann kein Platz ist.
Solange das Gesundheitssystem finanziell so organisiert ist, daß kostenintensive Behandlungsformen belohnt, restriktivere und stärker auf das Wirtschaftlichkeitsprinzip ausgerichtete aber »bestraft« werden, wird eine Kostendämpfung kaum erreicht werden können.

Vorsorgeuntersuchung hat sich nicht bewährt

Mitte der siebziger Jahre wurden in Österreich die sogenannten Vorsorgeuntersuchungen eingeführt. Sie waren kompliziert organisiert und wurden deshalb nur von einem verschwindend kleinen Teil der Bevölkerung in Anspruch genommen. Die staatliche Krankenversicherung reagierte darauf mit »Abschaffen«, indem sie einfach monatelang keinen Kostenersatz leistete; schließlich wurden die Gesundenuntersuchungen in reduzierter Form wieder eingeführt.
Diese Unterbewertung der Vorsorgemedizin ist um so bedauerlicher, als die Früherkennung von Krankheiten enorme Bedeutung hat. Abgesehen von der menschlichen und sozialen Komponente, trifft das in ganz besonderem Ausmaß auch auf die finanzielle Seite zu: Die Behandlungskosten eines zu spät erkannten Krebsgeschwürs sind beispielsweise sechsmal so hoch wie die eines rechtzeitig entdeckten.
Gezielte Aktionen wie die Früherkennungsaktion für Zuckerkrankheit oder die im vergangenen Herbst durchgeführte Kampagne zur Vermeidung von Herz- und Kreislaufkrankheiten können nur teilweise Hilfe bieten. Vor allem fehlt das für die Gesundheitsinformation und Gesundheitsberatung wichtige Gespräch zwischen Arzt und Patienten.
Für dieses hat allerdings auch die staatliche Krankenversicherung kein Verständnis oder jedenfalls kein Geld. Wir leiden unter einer Medizinerschwemme und gleichzeitig unter einem Ärztemangel. Wer die übervollen Wartezimmer fast aller praktischen und vieler Fachärzte einmal selbst erlebt hat, wird das Schlagwort von der Medizinerschwemme nicht verstehen. Wenn aber das Honorierungssystem der Krankenkassen nicht geändert wird, verschärft die allmählich steigende Zahl der Ärzte das Finanzierungsproblem, und zwar neuerlich auf eine Weise, die keineswegs zur Verbesserung der ärztlichen Versorgung beiträgt.
In dem bereits erwähnten Buch über die Kostendämpfung im Gesundheitswesen heißt es dazu: »Mit rapide wachsender Ärztedichte kommt geradezu ein wirtschaftlicher Zwang nach ansteigender Behandlungsintensität. Bei gegebener Bevölkerungszahl kann eine steigende Zahl von Ärzten ihr Aus-

kommen nur finden, wenn die Leistungen pro Kopf erhöht werden. Ein Arzt, der individuell diesem Zwang ausweichen will, hat Mühe, wirtschaftlich zu überleben. Er wird die Anzahl an Patienten kaum genügend steigern können, um die tiefere Behandlungsintensität pro Kopf auszugleichen. Der Markteintritt neuer Ärzte führt nicht zu dem in anderen Sektoren üblichen Preiswettbewerb, weil die Krankenkassen den Ärzten in ausgehandelten Tarifverträgen feste Preise für alle erbrachten Leistungen garantieren. Trotzdem werden sich neu niederlassende Ärzte den bereits etablierten Anbietern tendenziell Patienten entziehen, was sich mangels Preissignalen in einem kostensteigernden Ausrüstungswettbewerb niederschlagen kann.«

Konkret heißt das, daß die niedergelassenen Ärzte nicht in einem längeren Gespräch die Ursachen der Krankheit (oder des Krankheitsempfindens) des Patienten zu ergründen versuchen können, sondern in kostspielige technische Untersuchungen flüchten müssen, für die sie entsprechend hohe Kostenersätze von den Krankenkassen erhalten. Diese Form der Untersuchung und später Behandlung ist weder kostensparend noch patientenfreundlich, aber eben systembedingt.

Mehrere Ansatzpunkte zum Sparen

Es gibt mehrere Ansatzpunkte, um die Effizienz des Gesundheitswesens zu steigern und sparsamer zu wirtschaften. Da sich eine weitere Anhebung der von der Bevölkerung für das Gesundheitswesen aufzubringenden Steuern und Sozialversicherungsbeiträge wegen der schon deutlich erkennbaren Grenzen der Gesamtbelastbarkeit verbietet, müssen die vorhandenen Gelder sinnvoller ausgegeben werden. Ein Verzicht auf sparsames Wirtschaften ginge entweder zu Lasten der Effizienz des Gesundheitswesens, oder es müßten andere staatliche Ausgabenpositionen entsprechend stärker gekürzt werden.

Gespart werden kann zunächst einmal durch effiziente Behandlung. Das Spital ist die teuerste Form der »Gesundheitspflege«. Sie sollte letzter Ausweg sein – auch deshalb, weil in der Regel der Gesundungsprozeß des Patienten in der gewohnten Umgebung nicht nur billiger kommt, sondern auch schneller vor sich geht als im Krankenhaus.

Viele Menschen werden in Krankenhäuser, Anstalten oder Heime abgeschoben, weil der behandelnde Arzt sich wegen des veralteten und überholten Honorierungssystems der Krankenkassen nicht die Zeit nehmen kann, sie von seiner Praxis aus entsprechend zu betreuen. Wenn keine Angehörigen oder Verwandten da sind, die die Hauskrankenpflege übernehmen können, bleibt gleichfalls nur der Weg ins Spital. Die Krankenkassen weigern sich, für »bezahlte Hauskrankenpflege« Kostenzuschüsse oder gar Kostenersatz zu leisten, obwohl sie sich dadurch mittel- und langfristig viel Geld ersparen könnten.

Dasselbe gilt auch für die Altersversorgung. »Im Urlaub kommt der Hund ins Tierheim und die Oma ins Spital«, hat die Sozialversicherungsexpertin der »Presse«, Herta Scharsach, einmal geschrieben – und sie hat damit nicht unrecht. Zu Weihnachten, zu Ostern und in der Ferienzeit im Sommer sind die Spitäler voll mit alten Patienten, denen eigentlich nichts fehlt. Sie brauchen nur Pflege. Normalerweise sorgen die Angehörigen dafür; die aber wollen eben auch einmal Urlaub machen. Eine medizinische Indikation für einen Krankenhausaufenthalt ist bei diesen pflegebedürftigen alten Menschen meist schnell gestellt, und die Spitäler gehen just zu jener Zeit über, in der urlaubsbedingt auch Ärzte- und Schwesternmangel herrscht.

Eigeninitiative, Nachbarschaftshilfe und der koordinierte, vom Staat finanziell geförderte Einsatz privater Sozial- und Gesundheitsarbeit könnten beachtliche Mittel sparen und würden zudem die Versorgung der alten Menschen verbessern helfen.

Spitäler sind die mit großem Abstand personal- und kapitalintensivste Form der medizinischen Betreuung. Der derzeitige Trend der Verlagerung medizinischer Aufgaben in die Spitäler löst also zwangsläufig eine progressive Kostenentwicklung aus.

Das läßt sich anhand der seit dem Jahr 1970 eingetretenen Kostensteigerungen leicht nachweisen. Während das Bruttoinlandsprodukt von 1970 bis 1984 um 242 Prozent gewachsen ist, war bei den Ausgaben der Krankenversicherung eine Steigerung um 327 Prozent festzustellen. Der Anteil der Spitalsausgaben ist in diesem Zeitraum kräftig von 22 auf 28 Prozent der Einnahmen der staatlichen Krankenversicherung angestiegen, der für Ärzte ist mit 25 Prozent ungefähr gleichgeblieben und der für Medikamente von 17 auf 12 Prozent zurückgegangen.

Schuld daran ist nicht zuletzt die Personalintensität der Spitalsbehandlung. Ungefähr 70 Prozent der Krankenhauskosten entfallen auf die Entlohnung des Personals. Hier wäre durch eine Verlagerung zur Heimkrankenpflege beziehungsweise zu anderen Formen der Altenversorgung nur beschränkt zu sparen. Sehr wohl aber könnte man zu einer effizienteren Spitalspolitik kommen.

Was das bedeutet, läßt sich leicht an Österreichs prominentestem Spital zeigen, dem Neubau des Allgemeinen Krankenhauses. Die Gesamtbaukosten dürften sich bis zur Fertigstellung in die gigantische Höhe von 50 Milliarden Schilling schrauben. Das ist aber gar nicht das Hauptproblem. Viel gravierender sind die Betriebskosten, die auf jährlich acht bis zwölf Milliarden Schilling veranschlagt werden. Hier drohen in den nächsten Jahren ein Fi-

nanzkollaps und Belastungen des ganzen Krankenfürsorgesystems, deren Folgen auf das gesamte Gesundheitswesen Österreichs noch gar nicht absehbar sind.
Die Sektion Krankenversicherungen im Versicherungsverband fordert seit Jahren ein neues Gesundheitskonzept, das unter anderem auf einem Ausbau der Hauskrankenpflege basieren sollte. Bisher ist in diesem Bereich so gut wie nichts geschehen: 1985 hat die staatliche Pflichtkrankenversicherung als »Verpflegungskostenersatz« für die stationäre Behandlung der 7,54 Millionen Versicherten – bei insgesamt 7,56 Millionen Einwohnern, aber nur 4,85 Millionen Beitragszahlern – den Spitälern mehr als 13,7 Milliarden Schilling überwiesen. Dazu kamen 2,1 Milliarden Schilling, die an den Krankenanstalten-Zusammenarbeitsfonds abgeführt wurden. Für »ärztliche Hilfe« wurden 13,8 Milliarden Schilling ausgegeben, für die Hauskrankenpflege aber ganze 16 Millionen Schilling.
Experten schätzen, daß der Einsatz von 1500 Hauskrankenschwestern in ganz Österreich – eine auf jeweils 5 000 Einwohner – jährlich ungefähr 350 Millionen Schilling kosten würde. Gleichzeitig könnte man aber 2 500 Spitalsbetten einsparen und die Kosten auf dem Spitalssektor um 1,2 Milliarden Schilling jährlich senken.
Auf regionaler Ebene existieren bereits erste Ansätze einer Umstrukturierung. Als Vorreiter gilt Vorarlberg, wo schon vor 20 Jahren ein »integriertes Gesundheitssystem« formuliert wurde. Ziel ist die landesweite Nahraumversorgung mit ambulanten Diensten: »Hausarzt, Hauskrankenpflege, sozialmedizinischer Dienst, Familienhilfe und erst am Schluß kommt das Spital« lautet dort die Rangordnung. Für die 60 im Sozial- und Gesundheitssektor tätigen privaten Vereine werden in Vorarlberg jährlich acht Millionen Schilling aufgewendet.
Dazu kommt ein ausgebautes System der Vorsorge- und Arbeitsmedizin, dessen wirtschaftliche Effizienz nicht meßbar ist. Immerhin: Die medizinische Prophylaxe aller rund 40 000 Pflichtschüler kostet das Land Vorarlberg nicht mehr, als vom Steuerzahler für einen einzigen Frühpensionisten aufzuwenden ist.
In Tirol gibt es sieben die Gemeindegrenzen überschreitende »Sozial- und Gesundheitssprengel« für jeweils 10 000 Einwohner, fünf sind im Aufbau, für weitere vier liegen Anfragen beim »Verein zur Errichtung und Förderung von Gesundheits- und Sozialsprengeln« vor.
Auch in Niederösterreich gibt es vom Landes-Hilfswerk betriebene Sozialstationen mit mobilen Krankenschwestern. Seit ihrem Aufbau konnte die Zahl der Akutbetten in den Spitälern um ungefähr ein Fünftel vermindert werden, betont das Land. Dazu beigetragen haben auch das ÖVP-nahe »Hilfswerk«, das SPÖ-nahe »Volkswerk« und die Caritas.

Die »mobilen Schwestern«, für deren Hilfe der Patient einen nach seinem Einkommen gestaffelten Beitrag von höchstens 170 Schilling zu bezahlen hat, leisteten 1984 ungefähr 36 000 Einsatzstunden; 94 000 Stunden wurden in Alten-, Heim- und Familienhilfe geleistet und 108 500 Stunden waren freiwillige Helfer im Einsatz.
In Wien konkurrieren die »sozialen Stützpunkte« der Gemeinde mit der Alten- und Familienhilfe der Caritas, den Aktionen der sozialistischen Volkshilfe und die Nachbarschaftshilfe-Zentren der ÖVP. Laut Schätzung der Experten kann dadurch 30 000 Wienern jährlich die Spitalseinweisung erspart werden. 1984 hat die Krankenkasse erstmals in den elf Jahren des Bestehens des mobilen Schwesterndienstes – er umfaßt mehr als 80 Helferinnen in acht über ganz Wien verteilten Stationen – einen Zuschuß von 3,5 Millionen Schilling zu den Gesamtkosten von 18 Millionen Schilling geleistet.

Mehr Wettbewerb im Gesundheitswesen

Abgesehen von der Verlagerung der Gesundheitsfürsorge vom Spital zu billigeren, deshalb aber nicht weniger wirksamen Behandlungsmethoden müssen auch die Krankenhäuser dazu gebracht werden, kostenbewußt zu wirtschaften. Derzeit erhalten die Spitäler, wie erwähnt, einen bestimmten Kostenersatz pro Verpflegstag, das verbleibende Defizit wird automatisch von der öffentlichen Hand abgedeckt. Der Spitalsleiter hat also kaum einen Anreiz zu sparsamerem Agieren.
Eine Verstärkung des gesunden Wetteiferns – und zwar nicht im Sinn einer Konkurrenzierung auf der Leistungsebene, sondern im Sinn eines Ideen- und Leistungswettbewerbs – könnte zu einer Verbesserung der Kostenstrukturen führen. Es gibt dazu eine interessante Umfrage des Fessel-Instituts aus dem Jahr 1985. Es wurden dabei die Leistungen öffentlicher und privater Spitäler in Wien verglichen.
Die privaten Spitäler schnitten hinsichtlich Größe und Ausstattung der Zimmer, Verpflegung und Essen sowie bei den Besuchszeiten deutlich, hinsichtlich der Pflege durch die Schwestern etwas besser als die öffentlichen ab. Hingegen war die Mehrheit der Befragten der Ansicht, daß die ärztliche Betreuung in beiden Spitalsgruppen gleich gut ist. Die öffentlichen Spitäler schnitten allerdings in keinem Punkt besser ab als die privaten.
Die Patienten sind bereit, sich das bessere Service direkt oder durch den Abschluß privater Zusatzversicherungen einiges kosten zu lassen. Untersuchungen haben ergeben, daß die Betriebskosten pro Verpflegungstag in vergleichbaren öffentlichen und privaten Spitälern nicht wesentlich differie-

ren. Die Privatspitäler haben aber im Tagesdurchschnitt einen wesentlich geringeren Betriebsabgang, weil sie von den Privatpatienten höhere Tagessätze kassieren.

Es kann also durchaus im Interesse einer defizitmindernden Spitalspolitik liegen, Anreize für die Inanspruchnahme der Sonderklasse zu geben. Derzeit werden dem Privatpatienten bei Spitalsaufenthalten auch jene Leistungen gesondert in Rechnung gestellt, für die eigentlich die gesetzliche Sozialversicherung aufzukommen hätte. Bis zu 50 Prozent der Honorare, die für ärztliche Betreuung extra verrechnet werden, fließen an das Krankenhaus oder an Ärzte, die mit dem Patienten nichts zu tun hatten.

Sinnvoller wäre die Festlegung eines Zuschlags auf die normalen Pflegegebühren für die Mehrleistungen in der Sonderklasse, also für den höheren Komfort und für Sonderhonorare der behandelnden Ärzte. Derzeit wird die Eigenvorsorge bestraft, weil die Patienten der Sonderklasse das Defizit der allgemeinen Gebührenklasse mitfinanzieren müssen.

In den Spitälern müßte ein modernes, kostenorientiertes Klinikmanagement eingeführt werden. Die pauschalierten Tagessätze bedeuten für die Spitäler einen Einnahmenverlust bei jedem leeren Bett. Würde nach einem Punktesystem für die Erbringung medizinischer Leistungen gezahlt, könnten die Kosten wahrscheinlich reduziert werden, ohne daß dadurch eine Verschlechterung der ärztlichen Versorgung eintritt.

Nicht zuletzt wäre natürlich auch die innerbetriebliche Organisation der Spitäler professionell zu durchleuchten. Josef A. Kaufmann, Delegierter des Schweizer Krankenhaus-Beratungs-Instituts, schätzt, daß allein durch die Beseitigung von Leerläufen auf Anhieb 5 Prozent der Spitalskosten eingespart werden könnten. Auf Österreich umgelegt, würde allein das eine Kostenreduktion um fast eine Milliarde Schilling jährlich bedeuten.

Zu dieser Einsparung an Betriebskosten müßte aber noch vieles kommen, was ohne grundsätzliche Veränderung der Strukturen nicht zu bewältigen ist. Ein gesamtösterreichisches Spitalskonzept ist notwendig, das die sinnvolle Ausstattung mit teuren medizinischen Geräten regelt und auch deren Auslastung berücksichtigt; Gesundheitsinformation und Vorsorgemedizin müßten verstärkt eingesetzt werden; und ganz allgemein müßte im Bewußtsein von Patienten und Ärzten die »Gesundheitserhaltung« gegenüber der »Gesundheitsreparatur« an Gewicht gewinnen.

Wir werden dank der medizinischen Kunst immer älter. Wenn uns die Kosten für die nicht zuletzt daraus resultierenden Probleme des Gesundheitswesens nicht über den Kopf wachsen sollen, muß der Umdenkprozeß schleunigst beginnen.

Die unsinkbaren Schiffe haben Schlagseite

Sichere Arbeitsplätze gibt es nur bei Gewinnen

Es ist noch keine zwanzig Jahre her, da galten sie als unsinkbare Schiffe: die großen, bekannten Privatbetriebe wie Eumig oder Funder und vor allem natürlich die verstaatlichten Unternehmen. Wer einen Arbeitsplatz bei der VOEST, bei Böhler, bei Elin oder Simmering-Graz-Pauker (SGP), aber auch bei Tochterbetrieben der teilverstaatlichten Banken wie bei Semperit oder Steyr hatte, wurde trotz allgemeiner Überbeschäftigung beneidet.

Die dort Beschäftigten waren nicht nur so gut wie pragmatisiert, sie durften sich auch zahlreicher in der übrigen Wirtschaft nicht üblicher Sozialleistungen erfreuen. Die Palette reichte vom verbilligten Urlaub im Werkshotel über generöse Zuschüsse für die Sportausübung bis zu besonders großzügigen Pensions- und Abfertigungsregelungen.

Man beneidete die VOESTler und die Steyr-Arbeiter als Privilegierte, und als solche fühlten sie sich auch. Prominente Politiker hatten ihnen ja immer wieder versichert, daß ihre Betriebe das industrielle Rückgrat des Landes darstellten und daß ihnen eine Vorreiterrolle bei der Verwirklichung sozialer Errungenschaften zukomme.

Da durfte es nicht überraschen, daß die ersten Krisensymptome von den Beschäftigten der Staatsbetriebe auch dann noch ignoriert wurden, als zumindest ebenso prominente Privatunternehmen vom Rang einer Eumig oder der Funder-Gruppe schon sang- und klanglos untergegangen waren, obwohl auch sie als »unsinkbare Schiffe« gegolten hatten.

Als Aufträge ausblieben und man einige Mitarbeiter ein paar Kilometer weiter ins nächste, noch besser ausgelastete Werk desselben Staatsbetriebes »pendeln« lassen wollte, probten die Betriebsräte den Aufstand. Das sei unzumutbar, ließen sie den damaligen Bundeskanzler Kreisky wissen, und der gab ihnen über die Köpfe des Managements hinweg recht.

Aus dieser Zeit stammt die zynische, aber leider nicht ganz falsche Behauptung, daß in Österreichs Wirtschaft damals eine ungewöhnliche Arbeitsteilung geherrscht habe: VOEST-Generaldirektor Heribert Apfalter habe in Wirklichkeit den heimlichen Außenhandelsminister des Landes gespielt – eine Funktion, die von Josef Staribacher (»happy Pepi«) tatsächlich kaum wahrgenommen wurde, weil sich dieser fast ausschließlich dem Konsumentenschutz und dem Fremdenverkehr widmete; Betriebsratsobmann Franz Ruhaltinger habe indessen die VOEST geführt, beschreibt heute ein politisch sehr hochrangiger Insider die damalige Wirtschaftsszene – und Bundeskanzler Bruno Kreisky habe die Funktion eines Betriebsratsobmanns des staatlichen Stahlkonzerns wahrgenommen.

Diese Charakterisierung der Zustände zeichnet ein recht wahrheitsgetreues Bild. Jedenfalls wurde den Mitarbeitern damals jede Belastung erspart. Niemand brauchte täglich ein paar Kilometer weiter als gewohnt ins nächste, besser beschäftigte Werk zu fahren, was im bequemen Werksbus wirklich kein Problem gewesen wäre; die Arbeitsplätze blieben zumindest auf dem Papier erhalten. Ein paar Milliarden Staatschulden mehr waren Bundeskanzler Kreisky ja allemal lieber als eine höhere Arbeitslosenrate.
Was der Altkanzler geflissentlich übersah, war die Unfinanzierbarkeit dieser Strategie, die uns mit Riesenschritten dem Staatsbankrott näher trieb. Heute haben wir die Staatsschulden, die uns Kreisky eingebrockt hat, wir haben aber auch Arbeitslose (oder zumindest Frühpensionisten, was aber finanziell auf dasselbe hinausläuft), und wir haben vor allem eine Industriestruktur, mit der wir international nicht reüssieren können. Es dominiert in einem für einen Industriestaat ungewöhnlichen Ausmaß der Export von Roh- und Halbfertigprodukten statt von know-how-intensiven Fertigwaren, für die auf den Weltmärkten fast jeder Preis zu erzielen ist.

Sehenden Auges ins VOEST-Debakel

Heute kann und will man nicht verstehen, wie eine VOEST-Alpine mit einem keineswegs unfähigen Management auf allen denkbaren Ebenen so tief ins Debakel geschlittert ist, daß nur Milliardenspritzen aus Steuergeldern sie vor dem sonst unvermeidbaren Konkurs retten konnten.
Die Erklärung ist relativ einfach. Bereits im Juli 1975 hatte der damalige VOEST-Generaldirektor Herbert Koller gewußt, daß das Unternehmen 4 000 Mitarbeiter zuviel hatte. Als ihm die Regierung unter Bundeskanzler Kreisky als Eigentümervertreter jeden Personalabbau verbot, zog er die Konsequenzen: Am 28. September 1976 schrieb er Kreisky einen Brief, in dem er seinen Rücktritt für das kommende Jahr ankündigte. Koller übt seither die Funktion eines Vizepräsidenten der Oesterreichischen Nationalbank aus.
Seinem Nachfolger Heribert Apfalter ging es um nichts besser. Bei seinem Antrittsbesuch gab ihm Bundeskanzler Kreisky 1977 zu verstehen, daß er sich einen Personalabbau gleich von vornherein aus dem Kopf schlagen solle. Als er 1979 einen weiteren Anlauf nahm, zog er wieder den kürzeren. Apfalter hat diese Niederlage offenbar keineswegs auf die leichte Schulter genommen. Ein schwerer Herzinfarkt im Herbst desselben Jahres war wohl nicht zuletzt die Folge der psychischen Belastungen.
Apfalter aber nahm damals nicht den Hut. Er trat die Flucht nach vorne an und ließ sich in abenteuerlichste Geschäfte ein. Da wurden Industrieanla-

gen in Ländern angeboten, von denen man ahnen konnte, daß sie zu guter Letzt die Rechnungen nicht würden zahlen können; man ließ sich in neue, noch nicht völlig beherrschte Techniken ein und büßte dafür mit Milliardenverlusten durch Gewährleistungsansprüche.
Die VOEST-Manager versuchten sich in Sparten, bei denen sie weder vom Produkt noch vom Markt eine Ahnung hatten, nämlich in der Elektronik. Die Folge war die Abhängigkeit von ausländischen Know-how-Gebern, die beim ersten Anzeichen von Mißerfolgen absprangen.
Erst ganz zuletzt, als das Debakel schon mit Händen zu greifen war, gab Apfalter grünes Licht für die Ölspekulation. Wenn schon mit den Erzeugnissen des Konzerns nichts mehr zu verdienen war, sollten Gewinne aus dem hochspekulativen Ölhandel wenigstens das notwendige Geld ins Haus bringen, das zum Halten der unproduktiven Arbeitsplätze notwendig war. Daß auch diese Strategie nicht aufging, war fast ein Segen für die VOEST-Alpine und für uns Steuerzahler. Erst die Milliardenpleite der Handelstochter »Intertrading« machte den Weg frei für eine Strukturanalyse des Stahlkonzerns. Das neue Management deckte die Fehler schon im eigenen Interesse schonungslos auf, wollte man doch quasi bei Null zu arbeiten beginnen und sich nicht die von den Vorgängern eingebrockten Hypotheken später vorhalten lassen müssen.
Der im Frühjahr 1986 neubestellte VOEST-Generaldirektor Herbert Lewinsky nahm sich am 14. Oktober dieses Jahres in einem Vortrag anläßlich der »Betriebswirtschaftlichen Woche« in Wien kein Blatt vor den Mund, als er seine Vorgänger kritisierte. Eine »behäbige, zentralistisch gelenkte Organisation, die produktions- statt absatzorientiert« war, das »Anfangen neuer Projekte ohne ausreichendes Know-how und falsche Investitionen im Ausland« – gemeint war das VOEST-Stahlwerk Bayou in den USA – sowie die »überstürzte Flucht aus dem Stahlbereich in die Elektronik und den Anlagenbau« seien am Debakel schuld gewesen.
Im VOEST-Konzept (»VOEST-Alpine neu«) ist von gewaltig überhöhten Personalständen im Verwaltungsbereich die Rede, von überholten (und nur mit dem Zwang zur Aufrechterhaltung der Beschäftigung begründbaren) Konzepten mit Hochöfen und LD-Stahlwerk in der Hütte Donawitz, von hohem Ausschuß durch »nicht einwandfreie Beherrschung der Anlagen«. Ein Armutszeugnis für ein Unternehmen, das einst mit dem LD-Stahlverfahren Weltgeltung erlangt hatte.
In den letzten Jahren – also lange vor den Ölspekulationen, die schließlich zur Ablösung des Managements führen sollten – agierte der Stahlkonzern gelinde gesagt glücklos. »Nichts ging«, die meisten Projekte liefen schief; bei den Größenordnungen, in die sich die VOEST eingelassen hatte, bedeutete das meist Milliardenpleiten.

Ein Musterbeispiel dafür ist das Stahlwerk Bayou, das verlustreichste Projekt des Industrieanlagenbaus dieses Konzerns. Es wurde im September 1986 um knapp eine Milliarde Schilling an die amerikanische Gruppe RSR verkauft. Der VOEST verblieb ein Verlust von umgerechnet ungefähr sechs Milliarden Schilling.
Begonnen hatte alles im Jahr 1975. Damals sollte der VOEST-Vorstand für eine Gruppe internationaler Stahlhändler in Houston (Texas) ein sogenanntes »Ministahlwerk« bauen, das Knüppelhalbzeug produzieren sollte. Errichtet wurde das Werk mit einer VOEST-Minderheitsbeteiligung dann nahe New Orleans (Louisiana). Die Absatzerwartungen erfüllten sich nicht, das Projekt wurde daraufhin durch den Bau einer zusätzlichen Profilstraße erweitert. Dort sollte ein Großteil des Halbzeugs weiterverarbeitet werden. Von 1975 bis 1977 schnellten die Baukosten von 25 auf 140 Millionen Dollar hoch, also auf das 5,6fache. Die VOEST wurde immer tiefer in die Probleme hineingezogen und mußte ihre Beteiligung kräftig ausweiten. Das fertige Stahlwerk produzierte horrende Defizite. Ende 1985 hatten sich die Verluste auf nicht weniger als 7,5 Milliarden Schilling summiert.
Dem Aufsichtsrat hat der VOEST-Vorstand das Ausmaß des Debakels verschwiegen. In einigen Fällen wurde das Kontrollorgan sogar direkt angelogen, hat der Rechnungshof später ermittelt. Trotzdem hat der Aufsichtsrat schon im Herbst 1983 auf einen Verkauf gedrängt. Der Buntmetallkonzern RSR trat als erster Interessent im Jahr 1985 auf den Plan und bot zunächst 140 Millionen Dollar. Als er die prekäre Lage des Stahlwerks Bayou einerseits und des VOEST-Vorstandes andererseits erkannte, reduzierte er das Angebot auf 110 Millionen Dollar. Ende November 1985 akzeptierte der Aufsichtsrat diesen Preis, doch RSR lizitierte weiter hinunter. Eine mit Jahresende 1985 ausgelaufene Steuerbegünstigung für Verlustvorträge in den USA wurde von RSR zum Anlaß genommen, den Preis neuerlich zu drükken. Nachdem die VOEST im März 1986 ein Angebot von 60 Millionen Dollar ablehnte, einigte man sich im September auf (inzwischen wegen der Kursverluste der US-Währung stark verminderte) 76 Millionen Dollar.
Eine ähnliche Entwicklung nahm das Zellstoffwerk Pöls. Seit den späten siebziger Jahren drängte die VOEST auf den Neubau einer solchen Fabrik als »Referenzanlage«; sie sollte in aller Welt hergezeigt werden und andere Interessenten zum Kauf animieren.
Deshalb setzten die VOEST-Manager auch ihre ganze Überzeugungskraft ein, um österreichische Politiker zur Unterstützung der Pläne des italienischen Konzerns Cartiere Burgo zu bewegen, der in Pöls in der Steiermark ein altes Zellstoffwerk betrieb. Die Umweltschutzauflagen waren den Italienern zu teuer, sie wollten eine neue Fabrik bauen – aber das Risiko sollten andere tragen.

Die VOEST fiel auf das Spiel herein. Sie beteiligte sich 1981 mit 60 Millionen Schilling an dem neuen Werk, das Land Steiermark brachte 110 Millionen ein, der Bund gar 200 Millionen. Es gab Kredite des staatlichen Wasserwirtschaftsfonds, die staatliche Finanzierungsgarantiegesellschaft übernahm Haftungen, dem Unternehmen wurde ein Bahnanschluß im Wert von ungefähr 80 Millionen Schilling geschenkt.
Cartiere Burgo allerdings war bald nicht mehr willens oder in der Lage, die notwendigen Kapitalerhöhungen mitzutragen: Das Werk wurde nämlich von der VOEST um 2,5 Milliarden Schilling angeboten, kostete dann aber 3,3 Milliarden Schilling – ein beachtlicher Betrag für insgesamt 500 Arbeitsplätze.
Die VOEST, die die Anlage errichtet hatte und ohne deren Engagement das Projekt niemals verwirklicht worden wäre, durfte (oder mußte) im April 1986 ihren Anteil am Kapital von 15 auf 47,18 Prozent aufstocken, die »Verstaatlichten«-Holding ÖIAG hielt seit Jahresanfang 1985 den ursprünglichen Bundesanteil und kam auf 16,95 Prozent, das Land Steiermark auf 11,03 Prozent und der italienische Burgo-Konzern auf 24,84 Prozent.
Die Fabrik verursacht weiter hohe Verluste, die letztlich vom Steuerzahler abgedeckt werden müssen. Insgesamt mußten schon ungefähr fünf Milliarden Schilling in den Rauchfang geschrieben werden. Der neue ÖIAG-Generaldirektor Hugo Sekyra schlug dann im September 1986 eine Lösung à la Bayou vor: Das Zellstoffwerk wird um 150 Millionen Schilling umgebaut, damit es mit der internationalen Konkurrenz mithalten kann.
Dann soll die ganze Fabrik in Bausch und Bogen verkauft werden. Vorher wird der Steuerzahler allerdings noch einmal in die Tasche greifen dürfen. Das Unternehmen muß »entschuldet« werden; eine Milliarde Kredit des Wasserwirtschaftsfonds und eine Milliarde Bankschulden müssen verschwinden. Sekyra dazu trocken: »Sonst nimmt niemand die Braut.«

Die Manager sind nicht allein schuld

Das Management unter Koller und Apfalter ist für diese und andere Debakel sicher verantwortlich, aber es ist nicht allein schuldig: Der Hauptfehler bestand darin, den unerfüllbaren Wünschen der sozialistischen Politiker kein klares Nein entgegengehalten zu haben, sondern bis zur Selbstaufgabe weitergewurstelt zu haben.
Ein Spitzenmanager vom Rang eines Heribert Apfalter hätte nicht am Hungertuch nagen müssen, wenn er Kreisky seinen Posten hingeschmissen hätte, als dieser ihm betriebswirtschaftlich notwendige Maßnahmen verbot.

Apfalter zog es aber vor, der Partei zu gehorchen, die ihn zum Chef des größten Industriebetriebes des Landes gemacht hatte – und ging mit diesem unter.
Heute gelten der frühere VOEST-Generaldirektor Heribert Apfalter als schlechter Manager und das Unternehmen selbst als konkursreif. Es ist schwer zu sagen, ob die Angst vor dem Verlust materieller Ansprüche oder der Gehorsam gegenüber Partei- und Regierungschef Kreisky schwerer gewogen haben, als Apfalter notwenige Maßnahmen unterlassen hat. Ein paar Jahre früher hätten jedenfalls dieselben Aktionen, um die man heute nicht herumkommt, uns Steuerzahler viele Milliarden Schilling erspart, und die Gesundung des Unternehmens wäre wesentlich leichter einzuleiten gewesen.
Dabei ist die Aufregung, die um die VOEST-Sanierung entstanden ist, objektiv nicht ganz verständlich. Die VOEST-Alpine AG beschäftigt etwa 38 000 Menschen – etwas mehr als 1 Prozent der unselbständig Erwerbstätigen unseres Landes. Bedroht sind die Arbeitsplätze von ungefähr 9 000 Menschen; ein Drittel bis die Hälfte der Abbaukandidaten wird durch natürlichen Abgang (darunter auch Frühpensionierungen) ausscheiden. Es bleiben 5 000 bis 6 000 Kündigungen, verteilt auf drei bis vier Jahre.
Arbeitsmarktexperten schätzen, daß in Österreich alljährlich ungefähr 160 000 Menschen den Arbeitsplatz wechseln. Die drohenden Kündigungen machen davon nicht einmal 1,5 Prozent aus. Die Aufregung darüber ist also nur erklärbar, wenn man die unhaltbaren Versprechen von Politikern à la Kreisky mit der bitteren Realität vergleicht, die die heute agierenden Politiker bewältigen müssen, wenn sie uns den Staatsbankrott ersparen wollen.

Die Bankrotterklärung vom November 1985

Die offizielle Bankrotterklärung der bisherigen Verstaatlichtenpolitik erfolgte am 19. November 1985. An diesem Tag löste der damalige »Verstaatlichten«-Minister Ferdinand Lacina den kompletten Vorstand der VOEST-Alpine ab. Die Handelstochter der VOEST-Alpine hatte in der Ölspekulation etliche Milliarden Schilling verloren, und der VOEST-Vorstand hatte entweder davon nichts gewußt oder den zuständigen Minister über das Ausmaß des drohenden Verlusts im unklaren gelassen. Als Lacina mit immer größer werdenden Horrordefiziten konfrontiert wurde, zog er schlagartig die Konsequenzen und feuerte den gesamten Vorstand.
Diese Entscheidung ist später aus mehreren Gründen kritisiert worden. Zum ersten hätte man die Ölspekulationen nicht von einem Tag auf den an-

deren stoppen dürfen, weil dies die Verluste noch vergrößert habe; zum zweiten aber sei es unverantwortlich gewesen, den gesamten Vorstand vor die Tür zu setzen. Im Interesse einer kontinuierlichen Betriebsführung hätte man entweder ausschließlich Apfalter oder mit ihm nur die für das Intertrading-Debakel zuständigen Vorstandsmitglieder ihrer Ämter entheben sollen.

Beide Argumente haben einiges für sich. Im nachhinein ist man aber immer klüger als an dem Tag, an dem die Katastrophe hereinbricht und zwischen »Ende mit Schrecken« oder Schadensminimierung zu entscheiden ist. Faktum ist jedenfalls, daß am 19. November nicht abzusehen war, ob der sofortige Ausstieg aus den Ölspekulationen der VOEST-Alpine (und vor allem den Steuerzahlern, die ja für den Verlust aufzukommen haben) Geld kosten oder ersparen würde. Hätte man den grundsätzlich vernünftigeren Weg des allmählichen Aussteigens aus den Spekulationsgeschäften gewählt, und wären dabei weitere Verluste aufgetreten, hätte man die Politiker zu Recht der Saumseligkeit, Ängstlichkeit und Feigheit geziehen.

Schwieriger zu werten ist schon die Ablöse des Gesamtvorstandes. »Verstaatlichten«-Minister Lacina mußte damals immerhin mit gutem Grund fürchten, von einzelnen Direktoren angelogen zu werden. Als wenige Tage später bei der Handelstochter der Chemie Linz AG, der Merx, ähnliche Spekulationsgeschäfte aufflogen, hatten die Organe dieser Firma bis zuletzt noch treuherzig versichert, daß sie derartige Risken nie eingegangen wären. Weiß man dazu noch, daß VOEST-Generaldirektor Apfalter sowohl dem Chef der »Verstaatlichten«-Holding ÖIAG, dem inzwischen zum gewöhnlichen Vorstandsmitglied degradierten Oskar Grünwald, wie auch Minister Lacina mehrfach völlige Unkenntnis unternehmerischer Notwendigkeiten vorgeworfen hatte – mehrfach belegtes Zitat: »Die sollen erst einmal selber auch nur eine Tonne Stahl verkaufen, bevor sie mir dreinreden!« –, wird die Angst der Politiker und der Holdingdirektoren vor den Betriebsfürsten in Linz verständlich.

Die Entscheidung vom 19. November war aber nur der Schlußstrich unter eine 40jährige Entwicklung, in der die verstaatlichte Industrie bei beiden Großparteien als sakrosankt galt. Ob sie gleichzeitig das Startzeichen in eine erfolgreichere Zukunft war, wird sich erst erweisen müssen.

Solange nicht den schönen Worten und den vielen Milliarden aus Steuergeldern eine echte Sanierung folgt, solange also nicht endlich einmal die derzeit schwer defizitären Staatsbetriebe wieder Geld abwerfen, solange wird man skeptisch bleiben müssen. Zu oft ist schon versprochen worden, daß die jeweilige Subventionsmilliarde auch wirklich der letzte Schilling sei, der in dieses Faß ohne Boden fließen werde.

Es galten immer die falschen Spielregeln

Die gesetzlichen Spielregeln für die Staatsunternehmen wurden 1946 mit dem ersten Verstaatlichungsgesetz geschaffen. »Die Verstaatlichung an sich hatte damals durchaus ihre Berechtigung«, schrieb dazu kürzlich die »Verstaatlichten«-Expertin der »Presse«, Margarete Freisinger. Die meisten Betriebe befanden sich im »Deutschen Eigentum«, die Groß- und Schwerindustrie war durch Krieg und Demontage geschwächt. Es galt, sie wieder flottzumachen, vor sowjetischem Zugriff zu sichern und zu einer schlagkräftigen, den wirtschaftlichen Fortschritt tragenden Gruppe zu machen.
Eben dies aber ist niemals gelungen. Die Kompetenz für die verstaatlichte Industrie wechselte je nach Wahlausgang zwischen SPÖ und ÖVP; jede Partei hat nach Belieben reorganisiert, was den Betrieben ebensowenig genützt hat wie die 1956 erfolgte gesetzliche Verankerung des politischen Proporzes in den Organen der Betriebe. »Der Postenschacher begann, die Parteien entsandten nicht ihre besten Kräfte, sondern die politisch Genehmen in die Unternehmungen, und von betriebswirtschaftlicher Führung war keine Rede«, schrieb Freisinger.
Der Anteil der verstaatlichten Industrie ist in Österreich jedenfalls weit größer als in anderen Ländern. Der Industrieexperte des Wirtschaftsforschungsinstituts, Dr. Karl Aiginger, schätzt, daß die Banken und Versicherungen zu 72 Prozent in staatlicher Hand sind, der Bereich Verkehr und Nachrichten zu 63 Prozent, der industriell-gewerbliche Sektor inklusive des Bergbaus zu 25 Prozent und selbst die Sparten Realitäten, Rechts- und Wirtschaftsdienste (wozu unter anderem die Wirtschaftsberater zählen) immerhin noch zu 25 Prozent. Im Durchschnitt aller Sektoren der Wirtschaft kommt man laut Aiginger auf einen Staatsanteil von 37 Prozent.
Nimmt man allein den industriell-gewerblichen Bereich, so liegt Frankreich mit einem Staatsanteil von 20 Prozent international an der Spitze; für Österreich werden ebenso wie für Schweden 14 Prozent ausgewiesen, wenn man nur die direkt verstaatlichte Industrie zum Vergleich hernimmt; einschließlich der Konzernbetriebe der zu 60 Prozent verstattlichten Großbanken kommt man aber auf die eben erwähnten 25 Prozent, die Österreich in diesem internationalen Vergleich an die Spitze katapultieren. Italien beispielsweise liegt mit etwa 12 Prozent deutlich darunter.
Die Tatsache der Verstaatlichung allein wäre noch kein Maßstab für die Effizienz von Betrieben. Ausschlaggebend ist der Filz aus parteipolitischen Interessen, der nicht nur in Österreich Sachentscheidungen in Staatsbetrieben überlagert.
Der Keim für die wirtschaftliche Pleite, die sich für den aufmerksamen Beobachter bereits in den sechziger Jahren abzeichnete, wurde bald nach dem

Staatsvertrag gelegt. Damals wurden die kaputten Betriebe des »Deutschen Eigentums« den relativ gesunden verstaatlichten Unternehmen angegliedert, ohne daß gleichzeitig Kapital zugeführt oder Reorganisationsmaßnahmen in Angriff genommen worden wären. Dasselbe Drama spielte sich dann 1973 ab, als die marode Alpine mit der damals florierenden VOEST fusioniert wurde.

Spätestens seit damals kämpft die »Verstaatlichte« um ihr Überleben. Zum bisher letzten Mal hat die Gruppe im Jahr 1979 Gewinne gemacht. Seit damals summierten sich die Verluste bis zum Beginn des vergangenen Jahres auf 28 Milliarden Schilling. Im selben Zeitraum mußten Zuschüsse von mehr als 27 Milliarden Schilling gewährt werden, und mehr als 17 000 Arbeitsplätze sind verlorengegangen.

1986 kam es dann noch härter. Hatte man noch zur Jahresmitte auf einen Verlust von »nur« vier Milliarden Schilling gehofft, so stellte sich im Spätherbst heraus, daß die »Verstaatlichten«-Gruppe insgesamt nicht weniger als acht Milliarden Schilling Defizit machen würde. Allein die VOEST kam auf einen Betriebsverlust von vier Milliarden und auf einen Abschreibungsbedarf für alte Anlageprojekte in Höhe von zwei bis drei Milliarden; der Edelstahlkonzern VEW machte 1,5 Milliarden, die Chemie Linz 600 Millionen Schilling Verlust.

Einziger Lichtblick war der Ölkonzern ÖMV AG, bei dem trotz des Verfalls der Rohölpreise mit einer Milliarde Gewinn zu rechnen war. Der Aluminiumkonzern Austria Metall AG, das Elektrounternehmen Elin, der Anlagenbauer SGP sowie Eumig und die im Dezember 1986 an die private Manfred-Swarovski-Gruppe verkauften Futurit-Werke rechneten im großen und ganzen mit ausgeglichenen Bilanzen.

Schon seit dem Sommer 1986 diskutierten Politiker und Manager nur noch über die Höhe der notwendigen Zuschüsse. »Verstaatlichten«-Minister Rudolf Streicher wollte im Herbst 1986 »weniger als 30 Milliarden Schilling« gewähren, der neue Generaldirektor der »Verstaatlichten«-Holding ÖIAG verlangte in einer Pressekonferenz kurz darauf mehr als diesen Betrag.

In Wirklichkeit geht es aber längst nicht um die Frage, ob die Sanierung der verstaatlichten Industrie einige Milliarden mehr oder weniger an Steuermitteln kostet. Immerhin machte diese Gruppe im Jahr 1985 noch fast 217 Milliarden Schilling Umsatz; am Höhepunkt ihrer Nachkriegsgeschichte beschäftigte sie 1961 mehr als 130 000 Mitarbeiter, und 1985 waren es immerhin noch knapp mehr als 100 000.

Bei diesen Größenordnungen würde ein einziges bescheidenes Prozent Gewinn vom Umsatz bereits zwei Milliarden Schilling in die Staatskassen fließen lassen. Könnte man sicher sein, daß mit entsprechenden Investitionen eine Sanierung gelingt, wären dafür gegebene Zuschüsse sehr rentabel angelegte Steuergelder; auf die eine oder andere Milliarde auf oder ab käme es dabei nicht an. Aber leider, statt der durchaus möglichen Gewinne werden nur Verluste gemacht.

Die VOEST-Alpine ist keine Ausnahme

Die VOEST-Alpine ist keineswegs der einzige Verlustbringer innerhalb der verstaatlichten Industrie. Schon für 1985 zahlten nur die ÖMV und die teilverstaatlichte Siemens sowie die Wolfsegg-Traunthaler Kohlenwerks AG (WTK) und Futurit Dividenden; von den insgesamt 41 Tochter- und Enkelfirmen der ÖIAG wiesen nur 21 ein positives ordentliches Ergebnis auf.
Allein die Mitte 1986 erhobenen Forderungen der verstaatlichten Unternehmen sprechen Bände: Neben den Stahlfirmen VOEST-Alpine und ihrer Edelstahltochter VEW forderte die Chemie Linz 940 Millionen Schilling, die SGP 620 Millionen Schilling und die Bleiberger Bergwerksunion 700 Millionen. Die Austria Metall AG will einen Staatszuschuß für den Neubau der fünf Milliarden Schilling teuren Elektrolyse.
»Verstaatlichten«-Minister Rudolf Streicher machte dann klar, daß nur die Stahlfirmen mit weiteren Subventionen rechnen dürfen. Für sein Lieblingsprojekt, den Neubau der Elektrolyse in Ranshofen, sollte es allerdings doch Geld geben. Statt direkter Staatszuschüsse sollte der Umweltfonds tief in die Tasche greifen, und außerdem sollte der Strompreis von den bisher verrechneten 37 Groschen entweder auf 25 Groschen je Kilowattstunde gesenkt oder auf 10 Jahre eingefroren werden.
Gegen diese Forderungen liefen allerdings die Industrieexperten des Wirtschaftsforschungsinstituts ebenso Sturm wie die des Umweltfonds. Die Investition sei unrentabel, in Japan habe man der Aluminiumindustrie im Gegenteil sogar Stillegungsprämien gezahlt, und die österreichische Volkswirtschaft könne es sich nicht leisten, Strom in solchem Ausmaß zu subventionieren. Im Wahlkampf leistete dann Bundeskanzler Vranitzky seinem Regierungskollegen Schützenhilfe, und auch VP-Industriesprecher Josef Taus plädierte eher für den Neubau. Nur der (sozialistische) Generaldirektor des Verbundkonzerns, Walter Fremuth, legte sich entschieden quer. Er verweigerte jede Strompreissubvention zu Lasten der übrigen Abnehmergruppen und verhinderte damit eine Entscheidung vor den Neuwahlen.
Symptomatisch für die Situation in der verstaatlichten Industrie ist hier wie in vielen anderen Fällen die Vermischung von Politik und Wirtschaft und die Entscheidungsunlust der Verantwortlichen. Das gilt nicht unbedingt für die Geschäftsführungen selbst, sondern in noch viel stärkerem Ausmaß für die Konzernleitung und für die Politiker.

Dafür gibt es mehrere Beispiele aus jüngster Zeit, die für sich selbst sprechen. So wollte beispielsweise Elin die deutsche Felten von Philips kaufen, um den Nachbarmarkt besser bearbeiten zu können. Die »Verstaatlichten«-Holding ÖIAG stimmte diesem Projekt weder zu, noch lehnte sie es dezidiert ab; sie ließ sich vom Elin-Vorstand ein Konzept nach dem anderen vorlegen und hielt diesen und Philips damit so lange hin, bis der Elektromulti es sich nach Ablauf aller Verhandlungsfristen anders überlegte.
Philips zog sein Angebot zurück und verkaufte die Felten-Beteiligung über die Börse. Dabei erlöste der Konzern 125 Millionen DM – beträchtlich mehr als die von Elin gebotenen 107 Millionen DM. Symptomatisch ist dabei auch, daß Elin zunächst geradezu selbstverständlich wenigstens einen Teil des Kaufpreises vom Staat zugeschossen erhalten wollte.
Diese Haltung der Elin-Manager hat sicher nicht zur Beschleunigung der Entscheidungen beigetragen und ihnen außerdem den Unmut der Eigentümer eingetragen. Niemand hätte sich deshalb gewundert, wären die Anfang Juli 1986 ausgelaufenen Vorstandsverträge nicht verlängert worden.
In einem professionell geführten Konzern einigt man sich in einem solchen Fall im Aufsichtsrat über die notwendig werdenden Umbesetzungen, sucht neue Manager und führt eine reibungslose Übergabe durch. Voraussetzung dafür ist allerdings, daß all diese Maßnahmen nicht unter Zeitdruck erfolgen müssen.
In der »Verstaatlichten« gehen derartige Prozesse anders vor sich. Da läßt man die abzulösenden Manager durch gezielte Indiskretionen via Medien wissen, daß sie nicht mehr mit einer Vertragsverlängerung rechnen dürfen. Wenn sie daraufhin bei den Eigentümervertretern um einen Termin bitten, um Klarheit über ihr weiteres berufliches Schicksal zu erhalten, haben die Konzernchefs entweder gerade absolut keine Zeit, oder sie wiegeln ab: »Da haben sich die Zeitungen wieder etwas aus den Fingern gesogen, regen Sie sich nicht auf«, bekam schon so mancher Direktor zu hören.
Das klingt sehr schön, stimmt aber selten. Die Berichte der Medien basieren – von wenigen, nicht zu leugnenden Ausnahmen abgesehen – meist sehr wohl auf kompetenten Aussagen, die freilich stets mit dem Zusatz versehen werden: »Aber zitieren Sie mich bitte nicht.« Die Politiker oder Eigentümervertreter in der ÖIAG haben nicht den Mut, ihren Managern die bittere Wahrheit ins Gesicht zu sagen, sondern verschanzen sich hinter Journalisten, denen sie unter dem Siegel des Nichtzitiertwerdens, aber keineswegs der Verschwiegenheit, ihre wahren Absichten anvertrauen.
Wäre das allein schon problematisch genug, kommt bei so einer Personalpolitik aber noch eines hinzu: Die Zeitungen werden ja nicht nur von den Managern selbst gelesen, die abgelöst werden sollten, sondern auch von den Kunden der entsprechenden Unternehmen und von der Konkurrenz.

Konkret hat das bei Elin dazu geführt, daß nach dem Auftauchen der ersten Ablösungsgerüchte Kunden und Lieferanten bereits ausgemachte Termine mit dem alten Vorstand storniert haben. Schließlich wäre es ja eine glatte Zeitverschwendung, mit Herren Abmachungen zu treffen, die womöglich 14 Tage später nicht mehr im Amt sind.
Bei Elin freilich gab es dann im Juli einen doppelten Betriebsunfall. Nicht nur, daß der Vorstand aus den Zeitungen von seiner bevorstehenden Ablöse erfuhr, auch der Aufsichtsrat probte den Aufstand. Die Verlängerung oder Neubestellung des Vorstands ist nämlich laut österreichischem Aktienrecht Sache des Aufsichtsrats. Da dieser in der Hauptversammlung vom Eigentümer bestellt wird und daher im allgemeinen sein Vertrauen genießt, gibt es dabei allerdings kaum je Pannen.
Anders bei Elin: Der Aufsichtsrat kannte zwar die Wünsche des damaligen »Verstaatlichten«-Ministers Ferdinand Lacina, er wußte aber auch, daß im Zuge einer angeblichen Entpolitisierung der Aufsichtsrat neu gebildet werden sollte und die Vorstandsbestellung seine letzte Aufgabe sein würde. In einem sozialpartnerschaftlich abgesprochenen »Putsch« wurde der alte Vorstand gegen den ausdrücklichen Willen des damaligen »Verstaatlichten«-Ministers Lacina bis Ende 1988 wiederbestellt.
Lacina trat daraufhin zurück und übernahm bei der folgenden Regierungsumbildung das Amt des Finanzministers. Die Folgen aber waren nicht mehr zu ändern. Elin behielt einen Vorstand, der das Unternehmen alles andere als erfolgreich geführt hatte – und die Herren Direktoren profitierten dadurch mehrfach: sie bekamen nicht nur ihre Vorstandsgagen auf zweieinhalb Jahre garantiert, sondern sammelten auch zusätzliche zeitliche Anwartschaften für die Firmenpension an und werden sich dank der überraschend verlängerten Dienstzeit auch noch im Ruhestand über höhere Bezüge freuen dürfen.
Ähnlich chaotisch ging es bei einer anderen Personalentscheidung in der »Verstaatlichten«-Holding ÖIAG zu. Der inzwischen abgelöste Generaldirektor Oskar Grünwald bekam in Person des Lacina-Sekretärs Anton Schneider einen Generalsekretär, dessen Funktion man im Haus richtigerweise als die eines »Aufpassers« definierte. Schneider agierte in Sitzungen auch entsprechend und machte sich ungeachtet seiner unbestrittenen fachlichen Qualifikationen schnell und gründlich Feinde.
Als Minister Lacina dann zurücktrat, nahm auch Schneider seinen Hut – und bekam prompt die Rache der ÖIAG zu spüren. Von einem Tag auf den anderen saß er ohne Schreibtisch da, bekam keine Zeitungen mehr, mußte aber seine noch verbleibende Dienstzeit brav »absitzen«. Nach Ablauf der Kündigungsfrist wechselte er zur Betriebsberatungsfirma Boston Consultants nach München.

Die Mängel in der Personalpolitik sind generell sehr schwerwiegende Schwächen verstaatlichter Betriebe. Als im Zuge der »Entpolitisierung« im August 1986 der »rote« Generaldirektor der »Verstaatlichten«-Holding ÖIAG, Oskar Grünwald, durch Hugo Sekyra ersetzt und zu einem gewöhnlichen Vorstandsmitglied »degradiert« wurde, sollte nach schlechter alter Proporzsitte auch der »schwarze« Direktor Kurt Engleitner aus dem Vorstand der Holding ausgebootet werden.
Seine Parteifreunde hatten daraufhin nichts Eiligeres zu tun, als für ihn einen neuen Posten zu suchen. Man meinte bei der gewinnträchtigen staatlichen ÖMV fündig zu werden; zunächst sollte der Ölkonzern Engleitner als zusätzliches sechstes Vorstandsmitglied aufgepfropft erhalten, dann wollte man die erfahrene Finanzchefin Maria Schaumayer durch Engleitner ersetzen.
Zwar liefen die Vorstandsverträge damals noch gut ein Jahr, nämlich bis Mitte September 1987; mit ganz ungewöhnlicher Eile wurde aber daraufhin im September 1986 der Gesamtvorstand neu ausgeschrieben, Engleitner bewarb sich und sollte das Vorstandsmandat Schaumayers bekommen. Diese wäre zwar nach Auslaufen ihres Vertrags pensionsberechtigt, war aber noch keineswegs amtsmüde.
Die entscheidende Aufsichtsratssitzung zur Neubestellung des Vorstands wurde für die Woche nach den vorverlegten Nationalratswahlen angesetzt. Wer dahinter politische Absichten vermutet, wird zweifellos ein empörtes Dementi auch jener ÖVP-Politiker zu hören bekommen, die für Engleitner um jeden Preis einen neuen, gutdotierten Posten suchten.
Nur naive Gemüter können sich wundern, daß hier plötzlich die Notwendigkeit einer anderen Personalpolitik erkannt wurde, wo doch sonst manchmal neue Vorstandsverträge erst am Tag des Auslaufens der alten unterschrieben werden. Hier ging es ja um die Notwendigkeit, jemanden »unterzubringen«, und für solche hehre Ziele denkt man auch ein Jahr voraus.
Nicht wundern darf man sich aber auch darüber, daß »Verstaatlichten«-Minister Rudolf Streicher dem Coup prompt zustimmte. Dabei mochte das schlechte Gewissen des Ministers eine Rolle gespielt haben; Streicher wußte ja, daß Engleitner vor allem aus Proporzgründen gemeinsam mit dem »roten« Grünwald geopfert werden mußte. Ausschlaggebend war aber wohl die Möglichkeit des politischen Ausschlachtens der Aktion.
Die ÖVP, die noch immer auf Entpolitisierung und sachliche Personalpolitik pochte, bewies ja mit ihrer Aktion nur allzu deutlich, daß sie ihre Prinzipien im Ernstfall leichtfertig über Bord zu werfen bereit war, wenn es um die Versorgung altgedienter Parteisoldaten ging. Man ließ ihr gerne ihren Willen und sorgte nur dafür, daß möglichst viele Journalisten von den Plänen Wind bekamen.

Die Aktion fand auch prompt in den Medien einen keinesfalls ÖVP-freundlichen Niederschlag, erschütterte die Glaubwürdigkeit einer »schwarzen« Wirtschaftspolitik und machte auch innerhalb der ÖVP viel böses Blut. Unter solchen Umständen tut ein »roter« Minister dem politischen Gegner schon gern einmal einen Gefallen.

Eine derartige Politik schadet aber nicht nur dem Ansehen der Politiker in der Öffentlichkeit, sondern auch den Unternehmen selbst. Kein Geschäftsmann arbeitet gerne mit einem Unternehmen zusammen, dessen Vorstand womöglich aus politischen Gründen von heute auf morgen ausgewechselt wird, bei dem wichtige Entscheidungen – wie beispielsweise der Kauf einer Beteiligung – monatelang von den Eigentümern verschleppt werden und schließlich nicht unbedingt nach ausschließlich sachlichen Gesichtspunkten getroffen werden.

Und wenn schon ein solches Unternehmen als Lieferant in Betracht gezogen wird, wird bei den Preisverhandlungen allemal eine »Risikoprämie« mit einkalkuliert. Der Kunde weiß ja, daß sein Vertragspartner um jeden Preis einen Abschluß braucht, um Umsatz zu machen und das Personal halten zu können. Verluste werden vom Steuerzahler abgedeckt, also verhandeln verstaatlichte Unternehmen auch nicht immer so hart um jeden Schilling wie privatwirtschaftlich geführte.

Das Ergebnis können wir am Subventionsbedarf der »Verstaatlichten« ablesen. Staatszuschüsse von fast 30 Milliarden Schilling von 1981 bis 1985 bei gleichzeitiger Abnahme der Beschäftigtenzahlen sprechen eine deutliche Sprache. Sie stellen ein Armutszeugnis für die Manager dar, aber auch für die Politiker, die sie bestellt und – offenbar unzureichend – kontrolliert haben. Eine solche Wirtschafts- und Industriepolitik können wir uns einfach nicht leisten.

»Umgekehrte Pragmatisierung« durch Vorstandsverträge

An der Feigheit mancher Manager gegenüber ihren Eigentümern ist im übrigen eine Besonderheit der Vorstandsverträge mit schuld. Ein Vorstandsdirektor, der von sich aus kündigt oder sich vor Eintritt des Pensionsalters nicht um eine Vertragsverlängerung bemüht, geht seiner Ansprüche auf betriebliche Zusatzpension verlustig.

Konkret bedeutet das eine »umgekehrte Pragmatisierung«. Jeder Vorstandsdirektor muß auf Gedeih und Verderb im Amt bleiben, wenn er die vom Unternehmen zugesagten Pensionszuschüsse genießen will. Ab einem bestimmten Alter werden die Spitzenmanager unserer Unternehmen – und das gilt im übrigen keineswegs nur für die verstaatlichten – geradezu zwangsläufig zu Sesselklebern. Sie können ihre Ansprüche im Gegensatz beispielsweise zur amerikanischen Regelung nicht in den nächsten Job mitnehmen; die Anwartschaften erlöschen mit dem (freiwilligen) Ausscheiden aus dem Unternehmen.

Wenn Eigentümer oder Aufsichtsrat von sich aus die Verträge nicht verlängern oder sie kündigen, sieht die Sache anders aus. Dann laufen die Ansprüche weiter, und spätestens beim Eintritt des vereinbarten Pensionsalters werden die Firmenzuschüsse fällig. Nur sehr wohlhabende oder sehr wagemutige Manager verzichten auf diese Pensionszusage; lieber nehmen sie eine noch so unwürdige Behandlung durch den Eigentümer in Kauf, als freiwillig Pensions- oder Abfertigungsmillionen fahren zu lassen.

Der Eigentümer hat »seine« Manager dadurch fest in der Hand. Von der Alleinverantwortung des Vorstands, die im Aktiengesetz ausdrücklich festgehalten ist, ist in der Praxis auch dann keine Rede, wenn nicht die Treue zur Partei über die Verantwortung für Unternehmen und Steuergeld gestellt wird.

Sinnvoll wäre daher eine Neuregelung der Pensionsbestimmungen nach amerikanischem Muster. Dort zahlt das Unternehmen alljährlich in einen Pensionsfonds ein, den der betreffende Spitzenmanager bei seinem Ausscheiden – aus welchem Grund immer dieses auch erfolgen mag – mitnehmen kann. Dadurch fällt die Abhängigkeit vom Eigentümer weg, und der jeweilige Manager muß seine Entscheidungen nicht mit einem ständigen Seitenblick auf seine Pensionsansprüche treffen.

Am wichtigsten aber wäre es, würde sich auch in Österreich allmählich die Erkenntnis durchsetzen, daß nicht »Arbeitsplatzerhaltung« an sich ein Wert ist; sobald Bevölkerung und Politiker akzeptieren, daß nur gewinnbringende Arbeitsplätze sicher sind, werden auch die Manager entsprechend agieren. Sie werden sich weder wegen positiver Bilanzergebnisse genieren, noch diese vor diversen Neidern verstecken müssen. Und wenn unbelehrbare Politiker von ihnen verlangen, betriebswirtschaftliche Überlegungen hintanzustellen, werden sie nicht gleich »umfallen«.

Sie werden auch nicht voller Angst um ihren Ruf in der Öffentlichkeit und um ihren Arbeitsplatz panikartig in unverantwortbare Abenteuer flüchten, wie das Apfalter und sein Vorstandsteam getan haben. Kurz, sie werden uns nicht Milliarden um Milliarden kosten, sondern – hoffentlich – Gewinne bringen und den Staatshaushalt dadurch entlasten helfen.

Der hätte es auch dringend notwenig. Das »Verstaatlichten«-Debakel wird uns Steuerzahler noch viele Jahre belasten. Die notwenigen Zuschüsse wurden mit Rücksicht auf die »Budgetoptik« nämlich durch Kreditaufnahmen der »Verstaatlichten«-Holding ÖIAG finanziert, und der Bund zahlt »nur« Zinsen und Tilgungsraten.

Die Erträge der gewinnbringenden verstaatlichten Unternehmen reichen nicht zur Abdeckung der Kosten der Verlustbringer aus. Die aufgenommenen Kredite aber laufen eben noch Jahre und Jahrzehnte, und solange werden wir auch an die Wirtschaftsphilosophie von Altbundeskanzler Kreisky erinnert werden, dem Schulden lieber waren als Arbeitslose.
Dabei wurde nur leider stets übersehen, daß Schulden immer die Vorreiter von Arbeitslosigkeit sind. Kreisky hat Beschäftigte wie Bevölkerung in einer falschen Sicherheit gewiegt. Das Erwachen war um so böser, als dann die vermeintlich »unsinkbaren Schiffe« Schlagseite bekamen, unterzugehen drohten und nur durch neuerliche Milliardenspritzen und den gleichzeitigen Abbau vieler tausend Arbeitsplätze über Wasser gehalten werden konnten. Ob sie gerettet sind, werden wir erst sehen.

Auch die Banken wankten

Staatszuschüsse ermöglichten die Sanierung

Nicht nur die staatlichen Industriebetriebe, sondern auch einige Geldinstitute des Landes gerieten in den letzten Jahren in beträchtliche Schwierigkeiten. So manche kleinere Bank segelt seither zwar noch unter dem eigenen traditionsreichen Namen, gehört aber in Wirklichkeit längst der vermeintlichen »Konkurrenz«. Die Probleme, die meist durch größere Kreditausfälle entstanden sind, wurden im Zuge stiller Hilfs- und Sanierungsaktionen durch Beteiligungen und entsprechende Kapitalzuschüsse gelöst.

Bei den großen, zu jeweils 60 Prozent in Staatsbesitz befindlichen Banken, Creditanstalt und Länderbank, war das nicht möglich. Sie bekamen Staatshilfe, und zwar gar nicht so wenig: Die Länderbank darf mit insgesamt drei Milliarden Schilling rechnen, die Creditanstalt für ihre Industriebeteiligungen sogar mit insgesamt sieben Milliarden Schilling.

Diese Beträge werden vom Staat freilich nicht auf einmal berappt, sondern in Raten, die sich über Jahre und Jahrzehnte hinziehen. Immerhin aber schlägt die Belastung allein im Bundesvoranschlag 1987 mit 747 Millionen Schilling für die Creditanstalt und mit 255 Millionen Schilling für die Länderbank zu Buch.

Notwendig wurden diese Staatszuschüsse aus ganz unterschiedlichen Gründen. Die Länderbank hat in den späten siebziger und frühen achtziger Jahren maroden Betrieben so große Kredite gegeben, daß sie die drohenden Ausfälle nicht verkraften konnte. Der Bund mußte einspringen und für Zinsenzahlungen sowie Tilgungen aufkommen.

Bei der Creditanstalt war die Lage anders. Die Bank selbst war immer gesund, laborierte aber an einem riesigen Kapitalbedarf für ihre Industriebeteiligungen. Zum Teil war es ein historisches Erbe an Beteiligungsfirmen, zum Teil mußten notleidend gewordene Kredite in Eigenkapital umgewandelt werden. Die Unternehmen waren jedenfalls schlecht geführt und litten zudem seit der Wirtschaftskrise der siebziger Jahre unter akuter Auszehrung. Um sie zunächst zu sanieren und dann umzustrukturieren, reichten die Mittel der Bank nicht aus, und der Steuerzahler mußte einspringen.

Doch davon später. Bleiben wir bei der chronologischen Reihenfolge und bei dem Märchen, der später zum Finanzminister und noch später zum Bundeskanzler avancierte Generaldirektor Franz Vranitzky habe die Länderbank saniert. Das klingt schön, ist aber leider nicht wahr. Wenn sich überhaupt jemand das Federl auf den Hut stecken darf, die Länderbank vor dem Zusammenbruch bewahrt zu haben, ist es – wie immer in solchen Fällen – der österreichische Steuerzahler.

Der wurde zwar im Jahr 1982 nicht gefragt, ob er der Länderbank Milliardenhilfe gewähren wolle, die Entscheidung war aber trotzdem richtig. Kein Industriestaat der Welt kann es sich leisten, die Kreditwirtschaft auch nur ins Gerede kommen zu lassen. Sobald sich erste Anzeichen von existenzbedrohenden Problemen zeigen, haben die übrigen Geldinstitute oder der Staat einzuspringen.

Das hat zweierlei Gründe: Zum ersten führt das Auftauchen ernster Gerüchte über die Bonität eines Geldinstitutes sofort zum »Sturm auf die Schalter«. Jeder Sparer, Einleger oder Besitzer von Wertpapieren würde sofort laufen und sein Geld zurückhaben wollen. Banken haben das Geld, das ihnen ihre Kunden zur Verfügung stellen, aber naturgemäß nicht im Tresor liegen. Sie müssen die Einlagen ja verzinsen und diese Zinsen (samt einer entsprechenden Spanne zur Abdeckung ihrer Kosten, zur Bildung von Rücklagen und zur Bezahlung von Dividenden auf das Eigenkapital) selber verdienen.

Sie verleihen die Einlagen also weiter und lassen nur einen bestimmten Prozentsatz als jederzeit verfügbare Liquidität in den Kassen. Dieser Prozentsatz wird aufgrund von Erfahrungswerten festgelegt und schwankt um die 10 Prozent (»Barliquidität«) beziehungsweise 35 Prozent (»Gesamtliquidität« einschließlich kurzfristig verfügbarer Guthaben).

Damit sind wir bei Punkt zwei: Kein Geldinstitut kann eine ungewöhnliche, weit über das übliche Maß hinausgehende Abhebungswelle ohne weiteres verkraften. Sie muß Notenbankhilfe in Anspruch nehmen oder die Schalter zumindest vorübergehend schließen. Damit wäre aber die Katastrophe perfekt. Selbst jene Kunden, die von den Gerüchten noch nichts gehört haben, würden in Panik versetzt werden und sofort nach Wiedereröffnung gleichfalls die Schalter stürmen. Womit der Kreislauf neuerlich in Gang käme.

In der Praxis allerdings würden die ausländischen Banken schon beim Auftauchen der ersten Gerüchte ihre Guthaben abziehen und das betreffende Institut damit vom internationalen Geschäft abschneiden. Gleichzeitig gäbe es Alarmstufe eins auch für die Staatsfinanzierung und das Land als Ganzes. Ein Staat, der ein bedeutendes Geldinstitut in Schwierigkeiten kommen läßt, gilt nicht als kreditwürdig. Die Auswirkungen eines »Bankenkrachs« wären also unabsehbar, wie gerade die Österreicher im Jahr 1929 schmerzlich erfahren mußten.

Es blieb also der Regierung gar keine andere Entscheidung, als beim ersten Auftauchen existenzbedrohender Probleme sofort zu handeln oder zumindest in einem ersten Schritt klarzustellen, daß die Kreditausfälle der Länderbank keinen einzigen anderen Kunden auch nur einen Groschen kosten würden.

Derartige Maßnahmen sind im übrigen nicht nur in Österreich, sondern auch im Musterland des Kapitalismus, in den USA, üblich. 1986 wurden dort zwar nicht weniger als 150 Banken zahlungsunfähig, und weitere 1400 werden als »gefährdet« geführt, doch betreffen diese Insolvenzen immer nur kleine Institute von bloß regionaler Bedeutung.
Bei den großen wacht die Aufsichtsbehörde mit Argusaugen darüber, daß Anleger und Kunden nicht zu Schaden kommen. Gegebenenfalls wird auch großzügig Staatshilfe gegeben, oder man unterstützt die Suche nach Kooperationspartnern. Jüngster Fall war im Herbst 1986 die Bank of America, die durch ihre großen Kreditgewährungen an zahlungsunfähige südamerikanische Länder und an die gleichfalls unter hohen Verlusten leidende US-Agrarwirtschaft selbst in Schwierigkeiten gekommen war. Niemand auf der Welt hegte auch nur den geringsten Zweifel, daß die Bank of America gegebenenfalls ebenso »aufgefangen« werden würde, wie dies einige Jahre zuvor bei der Continental Illinois geschehen war.

Eumig, Funder und ÖKG brachten die Länderbank ins Schleudern

Die Länderbank mußte also »gerettet« werden, ehe sie noch wirklich ins Wanken gekommen war. Woraus resultierten aber ihre Schwierigkeiten?
Auslösendes Moment für die Probleme der Bank war ein Großkunde, um den man die Länderbank jahrelang beneidet hatte: Eumig. Das Unternehmen galt als Paradepferd moderner österreichischer Industriegesinnung, Altbundeskanzler Kreisky zitierte bei allen passenden und weniger passenden Gelegenheiten zur Untermauerung seines Wirtschaftsverständnisses Worte seines Vertrauten Karl Vockenhuber, dem die Fabrik gemeinsam mit dem unauffälliger agierenden Raimund Hauser gehörte.
Was niemand ahnte, war die triste finanzielle Situation des Unternehmens. Sein Sturz ist so symptomatisch für den Untergang vieler ähnlicher Konzerne, daß es sich lohnt, ein wenig in den Annalen zu blättern. Letztlich ist – abgesehen vom Ende – auch die Geschichte der VOEST-Alpine zum Verwechseln ähnlich. Die Flucht in die Expansion, die Ankündigung von Gewinnbilanzen innerhalb weniger Jahre, und dann der plötzliche Zusammenbruch; nach diesem Muster sind fast alle großen »Pleiten« gestrickt.
Gegründet worden war die Firma Eumig im Jahr 1910. Produziert wurden zunächst einmal aus alten Patronenhülsen primitive Feuerzeuge. Karl Vokkenhuber senior machte dann aber 1924 den großen Technologiesprung. Er begann Radioapparate zu bauen. 1951 übergab Vockenhuber die Firma seinem Sohn, der sie seither gemeinsam mit Raimund Hauser führte. Sechs Jahre später wurde das Werk in Wiener Neudorf, 1965 eine Niederlassung

in Fürstenfeld, 1974 eine Fabrik in Deutsch-Altenburg und 1976 eine in Fohnsdorf gegründet. Eumig konzentrierte sich auf Schmalfilmprojektoren, die qualitativ zur Weltklasse gehörten.
Im Jahr 1970 erzeugten 3 400 Mitarbeiter mehr als 300 000 Geräte, 1975 dann schon 5 100 Beschäftigte rund 700 000 Stück. Die rasche Expansion basierte auf hervorragender Technik, mit der die Kostenrechnung, die Kalkulation und das Controlling nicht Schritt hielten.
Spätestens ab 1979 ging es bergab. Damals wurde die Offene Handelsgesellschaft, in der die beiden Großgesellschafter Vockenhuber und Hauser persönlich hafteten, in eine Gesellschaft mit beschränkter Haftung mit einem Stammkapital von 300 Millionen Schilling umgewandelt. Aufsichtsratsvorsitzender wurde der Vizepräsident des Länderbank-Aufsichtsrats, Arthur Mussil; zu seinem Stellvertreter wurde der Geschäftsführer der Steuerberatungskanzlei von Hannes Androsch, Franz Bauer, bestellt.
Mitte November desselben Jahres wurden von der Länderbank zwei zusätzliche Vorstandsmitglieder eingesetzt, die Vockenhuber und Hauser kontrollieren sollten. Einen Monat später sprach man von 300 bevorstehenden Kündigungen, am 18. Dezember schon von 1 200.
Dann ging es Schlag auf Schlag: Im Jänner 1980 wurde bekannt, daß Eumig bei der Länderbank schon 1,5 Milliarden Schilling Kredit ausstehen hatte, mehr als drei Viertel des Aktienkapitals der Bank. Es war der Fall eingetreten, daß die Eumig-Eigentümer bei einer Insolvenz weniger zu verlieren hatten als die Länderbank.
Bundeskanzler Kreisky griff ein und versprach den Betriebsräten von Eumig, »persönliche Gespräche über die weitere Existenz dieses Betriebs mit seinen 4 500 Mitarbeitern zu führen«.
Eumig erzielte damals einen Pro-Kopf-Umsatz von rund 200 000 Schilling, während in der Branche 300 000 bis 400 000 Schilling als Minimum und 600 000 Schilling in einem gutgeführten Unternehmen als durchaus möglich galten.
Im Juli 1980 wurde ein Sanierungskonzept vorgelegt, das die Konzentration auf die Filmgeräteproduktion, auf das Industriegeschäft und auf Hi-Fi-Geräte vorsah; kein Zweig sollte ganz aufgelöst werden. Man versprach für Ende 1981 einen ausgeglichenen Cash-flow und für Ende 1982 eine »ausgeglichene Ertragslage«.
Im April 1981 spitzte sich die Situation zu. Finanzminister und Vizekanzler Hannes Androsch forderte »radikale und rasche Entscheidungen«. Im Juni 1981 übernahm die Länderbank sämtliche Geschäftsanteile von Eumig und setzte einen neuen Finanzchef ein. Gleichzeitig wurde der Bank durch die Übernahme einer Staatshaftung die Möglichkeit geboten, ihre drei Milliarden Schilling an Forderungen gegen Eumig über 25 Jahre abzuschreiben.

»Der Staat übernimmt nur die Haftung«, hieß es damals, »dem Steuerzahler entstehen daraus keine Kosten.«
Weitere Kündigungen folgten, bis dann am 14. August Bundeskanzler Kreisky seinen Kuraufenthalt in Bad Wörishofen unterbrach und zu einem »Eumig-Gipfel« ins Kanzleramt eilte. Die Gespräche, an denen unter anderem die Landeshauptleute Krainer (Steiermark), Ratzenböck (Oberösterreich) und Ludwig (Niederösterreich), der Generaldirektor der »Verstaatlichten«-Holding ÖIAG, Oskar Grünwald, und VOEST-Generaldirektor Heribert Apfalter teilnahmen, führten zu keinem Ergebnis. Am Dienstag, dem 18. August 1981, meldete Eumig den Konkurs an.
Ob Kreisky jemals persönlich auf die Entscheidung der Bankdirektoren Einfluß genommen hat – beispielsweise durch eines seiner berühmten, in brummigem Ton geführten Telefonate –, ist bis heute nicht bekannt. Der damalige Finanzminister Herbert Salcher erklärte jedenfalls später großspurig: »Manager, die schon ein eventuelles Telefongespräch als politischen Druck sehen, gehören sofort abberufen.« Möglicherweise kamen die Finanzierungen auch nur aufgrund jenes »vorauseilenden Gehorsams« zustande, wie er ja in Österreich oft zur Erfüllung auch unausgesprochener Wünsche von Politikern und anderen Mächtigen führt.
Der damalige Länderbank-Generaldirektor Wolfgang Erndl und seine Kollegen haben zur Frage politischer Interventionen jedenfalls stets geschwiegen; soweit sie noch am Leben sind, genießen sie bis heute ungeachtet der Milliardenverluste, die sie ihrem Institut und in weiterer Folge dem Steuerzahler beschert haben, ihre Firmenpensionen in Millionenhöhe. Haftbar gemacht wurden sie für den Schaden nie.
Immerhin: Als Anfang 1981 mit dem vollen Ausmaß des Debakels auch klar wurde, daß Eumig nicht mehr zu retten wäre, mußte das Länderbank-Management geschlossen den Hut nehmen. Es war, wie üblich, proporzmäßig besetzt: neben den beiden Sozialisten Wolfgang Erndl (Generaldirektor) und Bruno Tichy gehörten ihm die VP-Mitglieder Josef Koliander (Vize-Generaldirektor) und Wolfgang Strnad an.
An die Spitze der Länderbank rückte damals ein Mann, der auch heute noch im Mittelpunkt des Interesses steht: Franz Vranitzky.
Der frühere Androsch-Sekretär hatte das Finanzministerium schon 1976 verlassen und war als Generaldirektorstellvertreter in die Creditanstalt übersiedelt. Als im Frühjahr 1981 der Krach zwischen Bundeskanzler Kreisky und seinem Vizekanzler Androsch eskalierte, kam es zu einem großen Revirement.
Androsch ging als Generaldirektor in die Creditanstalt, wo bis dahin der »schwarze« Heinrich Treichl residiert hatte. Daß der bis dahin von der SPÖ besetzte Posten eines Vizegeneraldirektors nun von einem VP-Mann

eingenommen werden mußte – die Funktion fiel Guido Schmidt-Chiari zu –, traf sich gut. Vranitzky räumte das Feld und wurde Generaldirektor der Länderbank.
Damit war es freilich nicht getan. Es mußte die finanzielle Sanierung folgen. Fast ein Jahr später, am 24. März 1982, einigten sich ÖVP und SPÖ auf ein »Paket«, das dann später einstimmig den Nationalrat passieren konnte. Man wollte der Welt demonstrieren, daß beide »staatstragenden« Parteien des Landes hinter der Länderbank-Sanierung standen und die Bonität des österreichischen Kreditapparats außer Streit gestellt wurde.
Zur Eumig-Pleite hatten sich in der Zwischenzeit noch zwei andere schwerwiegende Kreditausfälle gesellt, die bei dieser Gelegenheit gleich mitbereinigt wurden: Funder und die ÖKG, die Österreichische Klimatechnik. Insgesamt wurde der Länderbank zugesagt, daß »der Bund die Verpflichtung zum Ersatz des Zinsenentgangs bis zur Höhe von insgesamt 2,97 Milliarden Schilling sowie zur Leistung der zur Wertberichtigung dieser Forderung notwendigen Tilgungsraten übernimmt«.
In diesem Paket wurde auch eine Eigenleistung vorgeschrieben. Wenn die Erträge der Bank einen bestimmten Betrag übersteigen, vermindern sich die Staatszuschüsse; dasselbe gilt, sobald die uneinbringlich gewordenen Eumig-, Funder- und ÖKG-Forderungen 1,5 Prozent der ertragbringenden Aktiven der Bank unterschreiten. Das wird allerdings noch lange dauern. Wie es derzeit aussieht, wird der jeweilige Finanzminister noch bis ins Jahr 2006 – also insgesamt 25 Jahre lang – Sanierungszuschüsse an die Länderbank einplanen müssen.
Weil aber eine Hand die andere wäscht, hatte die ÖVP damals bei den Verhandlungen mit dem politischen Gegner auch Hilfszahlungen für Klein- und Mittelbetriebe sowie für die Landwirtschaft herausgeholt. Für Insolvenzhilfen an das Gewerbe wurden 170 Millionen Schilling, für landwirtschaftliche Förderungsmaßnahmen 110 Millionen Schilling zur Verfügung gestellt. »Wenn Mittel für Großbetriebe gegeben werden, dann sollen sie in ähnlicher Höhe auch Klein- und Mittelbetrieben zur Verfügung stehen«, begründete VP-Wirtschaftssprecher Robert Graf seine Forderungen.
Erst diese Staatshilfe setzte Generaldirektor Vranitzky in die Lage, mit der materiellen Sanierung der Länderbank zu beginnen. Der frühere Kreditchef Wolfgang Erndl hatte als Generaldirektor nicht nur auf seinem ureigensten Gebiet versagt, sondern auch in anderen Bereichen ein Chaos hinterlassen. So verfügte die Länderbank damals als einziges Großinstitut über keine EDV-Anlage, die den Anschluß von Terminals in den Zweigstellen gestattet hätte.
Erndl versuchte aus diesem Mangel gar noch eine Tugend zu machen: »Wenn die Abfertigung der Kunden am Schalter dadurch länger als in an-

deren Banken dauert, haben wir wenigstens Gelegenheit zu ausführlichen Werbegesprächen«, soll er im Aufsichtsrat die rückständige EDV-Ausstattung begründet haben.

Es fehlte aber auch ein schlagkräftiges Mittelmanagement, dessen Qualität in jedem Unternehmen für Erfolg oder Mißerfolg ausschlaggebend ist. »Wenn die Bürodiener, die uns nach Sitzungen in die Mäntel helfen, für sechs Monate mit dem Vorstand Platz tauschen, dürfte man es in einem gutgeführten Institut nicht merken; danach allerdings sollte der Unterschied um so deutlicher spürbar werden«, hat der große alte Mann des deutschen Bankwesens, Hermann Josef Abs, die Funktion von Top- und Mittelmanagement einmal definiert. Bei der Länderbank mangelte es an beiden.

Franz Vranitzky, der als »Sanierer« gefeiert und sogar von einer Zeitschrift zum »Mann des Jahres« gekürt wurde, streifte für die Bank das Geld des Steuerzahlers ein und begann mit den dringendsten Reorganisationsmaßnahmen. Er erfreute sich dabei eines Startvorteils, um den ihn viele Konkurrenten beneideten. Kreditausfälle hatten, wenngleich nicht in diesem Ausmaß, ja auch andere Banken zu beklagen; diese erhielten allerdings keine Subventionen, sondern mußten die Ausfälle aus eigenem verkraften.

Lange durfte (oder mußte?) Vranitzky allerdings seine Qualitäten als Bank-Generaldirektor nicht beweisen. Bereits am 3. September 1984 wechselte er nach achtjähriger Abwesenheit vom Finanzministerium wieder zurück und löste den glück- und erfolglosen Finanzminister Herbert Salcher ab.

Daß er in seiner doch relativ kurzen Bankkarriere gleich zweimal insgesamt 3,8 Millionen Schilling an Abfertigungen kassierte, machte im übrigen einiges böses Blut und zeigt die enge Verflechtung von Politik und Wirtschaft in Österreich. Wer nicht auf einen zugegebenermaßen schlechtbezahlten Ministersessel wechselt, wird wohl kaum mit solcher Großzügigkeit staatlicher Dienstgeber rechnen dürfen wie Vranitzky, der nach fünf Dienstjahren in der CA vier Monatsgehälter oder rund 800 000 Schilling und nach weiteren knapp 40 Monaten als Generaldirektor der Länderbank ein Jahresgehalt in Höhe von ungefähr drei Millionen Schilling als Abfertigung kassieren durfte.

Die CA laboriert an ihren Industriebeteiligungen

Drohte die Länderbank von uneinbringlich gewordenen Krediten in den Abgrund gerissen zu werden, so erwiesen sich bei der Creditanstalt die Industriebeteiligungen als Klotz am Bein; ohne Fremdhilfe hätten die kranken Unternehmen entweder zugesperrt werden müssen, oder die CA hätte zu Lasten ihrer Substanz weitere Milliarden hineinpumpen müssen.

Immerhin mußte sie von 1981 bis 1986 den »ihr nahestehenden Industrieunternehmen« – so lautet die offiziell gerne verwendete Bezeichnung – fast drei Milliarden Schilling an Kapitalerhöhungen zuführen. Zinsen (in Form von Dividenden) gibt es dafür kaum. Allerdings muß man fairerweise auch betonen, daß die Beteiligungsfirmen der CA in früheren Jahren satte Gewinne gebracht haben.
Die Beteiligungen der Creditanstalt repräsentieren ungefähr 10 Prozent der gesamten österreichischen Industrie. Die CA-Betriebe sind überdurchschnittlich exportintensiv, beschäftigen etwas mehr als 40 000 Menschen, sind aber in den letzten Jahren nicht gerade erfolgreich gewesen.
Das Entstehen dieser Unternehmensgruppe ist nur historisch zu erklären. Die Creditanstalt verwahrt sich im übrigen stets entschieden gegen den Begriff eines »Industriekonzerns«, weil die Betriebe selbständig seien und eigene Identität hätten »und somit dem Begriff eines Konzerns weder im rechtlichen noch im technischen Begriff entsprechen«, wie immer wieder ausdrücklich betont wird.
Die ersten Unternehmen wurden »im vorigen Jahrhundert noch im Rahmen des industriellen Gründergeschäfts erworben«, heißt es dazu in einem Bericht der Creditanstalt zur Lage des Konzerns. Der Interessenbereich der Bank habe später »durch den Untergang der Monarchie und die damit verbundene Notwendigkeit, die Strukturen der Unternehmen an die Verhältnisse eines kleinen Binnenmarktes anzupassen, eine erhebliche Ausweitung erfahren«.
Und weiter heißt es: »Einerseits entstand durch Kapitalerhöhungen und durch Umwandlung eingefrorener Kredite in Beteiligungen aus Gläubiger-Schuldner-Verhältnissen ein vielfach unfreiwilliges Beteiligungsverhältnis, andererseits wurden durch die im gesamtwirtschaftlichen Interesse erfolgten Übernahmen anderer Kreditinstitute – insbesondere der Boden-Credit-Anstalt und des Wiener Bankvereins – weitere Beteiligungen der Elektro-, Textil-, Gummi- und Nahrungsmittelindustrie erworben.«
Den Grundstein für die Probleme, die das heutige CA-Management mit tatkräftiger Unterstützung des österreichischen Steuerzahlers bewältigen muß, haben die Vorgänger von Generaldirektor Androsch gelegt: Die Industriemanager entsprachen offenbar nicht den Anforderungen, die man an sie stellen mußte, veraltete Strukturen wurden mitgeschleppt, falsche Entscheidungen getroffen und politische Rücksichten genommen, wo Personalabbau am Platz gewesen wäre.
Lange Jahre wurden die Industrieunternehmen in Wahrheit überhaupt von der »Konzernabteilung« der Creditanstalt aus ferngesteuert. Die Manager mußten sich jede Entscheidung genehmigen lassen (und nahmen diese Gelegenheit zur Delegation von Verantwortung auch teilweise gerne wahr);

die Bankdirektoren, die in letzter Konsequenz entschieden, waren aber keine Industriemanager, und dementsprechend chaotisch ging es auch zu. Das Ergebnis dieser Politik wurde der Öffentlichkeit am 26. September 1985 präsentiert: »CA-Gesetz im Parlament eingebracht«, hieß damals die Schlagzeile in den Medien. Der Finanzminister wurde mit diesem Gesetz ermächtigt, der Creditanstalt zur Weiterleitung an drei namentlich genannte Industriebetriebe insgesamt Zuschüsse von 7,275 Milliarden Schilling zu gewähren.

Der Großteil davon war für die Grazer Maschinenfabrik Andritz bestimmt, die 3,875 Milliarden Schilling bekommen sollte; für Steyr-Daimler-Puch waren 2,638 Milliarden und für die Maschinenfabrik Heid 550 Millionen bestimmt. Der Rest entfiel auf »Finanzierungskosten«.

CA-Generaldirektor Hannes Androsch hatte damit gleichzeitig einen Sieg errungen und eine Niederlage erlitten. Die Beträge, die er seinem inzwischen vom Länderbank-Chef zum Finanzminister avancierten Freund Franz Vranitzky »herausgerissen« hatte, lagen zwar unter den ursprünglichen Forderungen, waren aber dennoch großzügig bemessen und gereichten dem Verhandlungsgeschick des CA-Chefs zur Ehre.

Erfolglos gekämpft hatte Androsch allerdings an einer Nebenfront. Der CA-Chef wollte, daß die Zuschüsse direkt an die betroffenen Unternehmen gehen sollten. Die Creditanstalt selbst sollte gar nicht in den Geruch kommen, staatliche Subventionen zu benötigen. Dabei spielte die Regierung aber nicht mit. Bundeskanzler Sinowatz und der damalige Finanzminister Vranitzky wollten ganz bewußt die Bank in die Verantwortung für die Verwendung der Mittel und für die Sanierung der Industriebeteiligungen einbinden. Die verantwortlichen Bankmanager mußten deshalb auch quasi mit die Hand ins Feuer legen und mit Brief und Siegel bestätigen, daß sie die Sanierungskonzepte guthießen und für realistisch hielten.

Die Finanzierung dieser insgesamt sieben Milliarden Schilling erfolgte »budgetschonend«. Ebenso wie bei der Länderbank konnte es sich der Bund nicht leisten, die benötigten Beträge auf einmal zu überweisen. Die Creditanstalt übernahm deshalb die Vorfinanzierung. Sie gewährte dem Bund Kredite in Höhe der zugesagten Subventionen. In einem Abstattungszeitraum von 10 bis 15 Jahren – er ist vom jeweiligen Zinsniveau abhängig – stottert der Bund seine Schulden mit »Jahreshöchstbelastungen von zunächst 800 Millionen Schilling« ab, wie es in der Regierungsvorlage aus dem Jahr 1985 heißt. In den Folgejahren erhöht sich die Belastung um jeweils 5 Prozent.

In der Regierungsvorlage war auch von einer Eigenleistung die Rede. Die an die CA zu leistenden Zahlungen sollten sich jeweils um 50 Prozent jener Beträge vermindern, die die Bank im Lauf des Berechnungsjahres von den

subventionierten Tochtergesellschaften als Dividende erhält. Außerdem hat sich der Bund einen Anteil an eventuellen Buchgewinnen aus dem Verkauf von Anteilen der Unternehmen zusichern lassen.
Die Zuschüsse befreien die Creditanstalt von einer gewaltigen finanziellen Bürde. Gelöst sind die Probleme damit allerdings noch lange nicht. Vor allem die Steyr-Daimler-Puch AG ist nach wie vor ein Problembetrieb, von dessen Sanierbarkeit selbst der Betriebsrat nicht immer überzeugt ist.
Die unternehmerische Strategie der CA ist jedenfalls klar. Die Unternehmen werden zunächst in Einzelbereiche aufgesplittert, dann saniert und in der nächsten Phase, wenn möglich, an in- oder ausländische Interessenten verkauft.
Paradebeispiel dafür ist Semperit. Das Unternehmen war 1973 unter dem frankophilen CA-Generaldirektor Heinrich Treichl mit der französischen Kléber-Colombes-Gruppe fusioniert worden. Diese Entscheidung brachte allerdings dem Reifenkonzern keine Sanierung, sondern immer höhere Verluste. Der Kooperationsvertrag wurde daraufhin 1979 wieder aufgelöst.
Aber erst sechs Jahre später – 1985 – konnte ein Schlußstrich unter das Drama gezogen werden. Nachdem der Bund für 1982 einen »Überlebenszuschuß« von 600 Millionen Schilling gewährt und für 1983 bis 1986 für die Verwirklichung eines 1,32 Milliarden Schilling teuren »Strukturkonzepts« weitere 1,2 Milliarden Schilling Finanzhilfe leistete, fand sich ein Partner für die »herausgeputzte Braut«. Die deutsche Continental Gummi-Werke AG, Hannover, kaufte um 330 Millionen Schilling 75 Prozent der Anteile an der »Semperit Reifen Gesellschaft m.b.H.«, die 1984 erstmals seit Jahren wieder ein positives Ergebnis erwirtschaftet hatte.
Zuvor war die Unternehmensgruppe in selbständig agierende Tochtergesellschaften zersplittert worden. Neben der Reifen Ges.m.b.H. gab es die Technische Produkte Ges.m.b.H., die Schaum- und Kunststoff Ges.m.b.H. und die Interplastic Werk Ges.m.b.H. Die Sparte Polster und Schaum ist bereits 1982 an die Firma Greiner verkauft worden, die Firma Semperdur 1984 an Hochleutner. Überraschenderweise entpuppten sich nach diesen Transaktionen so manche Defizitbringer als durchaus profitable Firmen.
Die Ursachen dafür sind mannigfaltig. Zum einen fiel durch den Verkauf die Verantwortungsanonymität weg, die im Rahmen von Großbetrieben fast immer gegeben ist. Der zuständige Werksleiter darf größere Entscheidungen nicht selbständig treffen, sondern muß konzernintern die Zustimmung seiner Vorgesetzten einholen. Die wiederum sind mit der Materie selbst nicht im Detail befaßt und müssen sich die Argumente der Werksdirektoren zu eigen machen. Per Saldo werden die entsprechenden Akten dann zwar von einer Reihe von Unterschriften geziert, wirklich verantwortlich fühlt sich aber niemand.

Ähnlich ist es auf der personellen Ebene. Die Mitarbeiter eines Großbetriebs haben zu ihrem Arbeitgeber nicht immer dasselbe innige Verhältnis wie die Beschäftigten in einem Klein- und Mittelbetrieb. Da merkt jeder gleich, wenn Aufträge ausbleiben oder umgekehrt eine große Bestellung rasch, pünktlich und ordentlich ausgeführt werden muß. Die Krankenstandszeiten steigen mit der Betriebsgröße – es trifft ja nur den »anonymen Unternehmer«, der im konkreten Fall noch dazu eine »reiche Bank« ist –, und die Arbeitsqualität genügt auch nicht immer höchsten Ansprüchen.
Nach der Ausgliederung ändert sich das schnell. Da gibt es dann keine Ausreden mehr, wenn der Betrieb Verluste macht; die Verantwortungen sind klar festgelegt, und gegebenenfalls notwendige Abbaumaßnahmen stoßen auf größeres Verständnis. Es fällt auch das gegenseitige Hochlizitieren seitens der Betriebsräte weg, die glauben, »ihren Standort« gegen die Interessen der Konkurrenz im eigenen Haus verteidigen zu müssen.
Die Aufsplitterung in eigenverantwortliche Teilbereiche sorgt aber nicht nur für klarere Verantwortungsbereiche, sondern auch für bessere Verkäuflichkeit. Ein einheitlicher Semperit-Konzern, wie er bis zur Aufgliederung bestanden hatte, wäre unmöglich zu verkaufen gewesen. Allein aber hätte der Reifenbereich trotz seiner führenden Rolle vor allem im Bereich der Lkw-Reifenentwicklung nicht bestehen können.
Die Entwicklung einer neuen Reifengeneration, wie sie alle paar Jahre notwendig wird; übersteigt die finanziellen Möglichkeiten selbst relativ großer Unternehmen. Experten glauben, daß es in einigen Jahren weltweit nur noch einige wenige selbständige Mammutkonzerne geben wird, die diese Kosten allein tragen können.
Durch den Verkauf der Mehrheit an Conti kann sich Semperit die Kosten nun teilen. Die Lkw-Forschung wurde in Traiskirchen konzentriert, die Pkw-Entwicklung wird vor allem in Deutschland durchgeführt. Außerdem kann die Fertigung der einzelnen Reifendimensionen an den einzelnen Standorten konzentriert und dadurch rationalisiert werden.
Daß Österreich im internationalen Industriekonzert bei einiger Anstrengung keineswegs immer die zweite Geige spielen muß, hat sich bei der Semperit-Fusion übrigens auch herausgestellt. Die Deutschen zeigten sich überrascht, wie gut Einkauf und Rechnungswesen bei der kleinen österreichischen Semperit-Reifengesellschaft funktionierten, und nützten das hiesige Know-how.
War Semperit ein strukturell krankes Unternehmen, das vor allem an überalterten Fertigungsanlagen und überhöhten Kosten litt, so lag die Situation bei der Andritz-Gruppe völlig anders. Deren Probleme lassen sich kurz mit dem Begriff »Großmannssucht« umschreiben. Das Management schloß im wahrsten Sinn des Wortes »ohne Rücksicht auf Verluste« Exportverträge

ab und lieferte unter anderem Wasseraufbereitungsanlagen in den Irak, eine Zellstoffabrik nach Paskov (ČSSR) und ein Hefeprojekt nach Syrien. Diese überwiegend in den Jahren 1977 bis 1980 hereingenommenen Großaufträge führten zu Milliardenverlusten, die ohne staatliche Hilfe nicht zu bewältigen gewesen wären.
Als die ersten Verlustzahlen bekannt wurden, glaubte noch niemand an ein unabsehbares Debakel. Aber die Defizite stiegen und stiegen bei jeder Prüfung weiter, bis sie die fast unvorstellbare Höhe von drei Milliarden Schilling (bei einem Jahresumsatz in ungefähr derselben Größenordnung) überschritten.
Die Frage war nun, ob Andritz zugesperrt oder saniert werden sollte. Seit der Insolvenz von Eumig waren ja die Tochtergesellschaften verstaatlichter Banken keine »unsinkbaren Schiffe«, und ein Konkurs wäre durchaus nicht unvorstellbar gewesen. Aus Rücksicht auf die Reputation des österreichischen Anlagenbaus und im Hinblick auf die beträchtlichen Stillegungskosten, die die Creditanstalt letztlich doch hätte tragen müssen, entschloß man sich zum Weitermachen.
Es wurde ein »Konzept zur strategischen Neuausrichtung« erarbeitet, welches eine starke Rücknahme der Kapazitäten (sprich: Arbeitskräfteabbau) bei Konzentration auf die Kern- und Wachstumsbereiche des Unternehmens (Turbinen, Hauptkühlmittelpumpen, Papiermaschinen, Stahlbau, Zellstoffanlagen, Entwässerungstechnik) und die Aufgabe verlustbringender Bereiche (Wasseraufbereitungs- und Müllverwertungsanlagen) vorsah.
Von wesentlicher Bedeutung sind angesichts derartiger Verluste stets auch Änderungen im Management. Es entspricht dem Stil der Creditanstalt, erfolglosen Direktoren einen ehrenvollen Abschied zu ermöglichen. Spektakuläre »Hinausschmisse« werden vermieden. So schieden denn die verantwortlichen Vorstandsmitglieder der Andritz-Ruthner Industrieanlagen AG anläßlich der Fusion mit der Muttergesellschaft, der Maschinenfabrik Andritz AG, unauffällig aus.
Gleichzeitig gab es einen Wechsel im Vorsitz des Vorstands der Maschinenfabrik Andritz, und es wurde ein für das Controlling zuständiger Vorstandsdirektor ernannt. Damit waren die notwendigen personellen Konsequenzen gezogen. Irgendwelche Kommentare zu diesem Thema sind dem CA-Management zumindest offiziell nicht zu entlocken.
Während die Creditanstalt das redimensionierte Andritz vorerst offenbar behalten wird, liest sich die Liste der in den letzten Jahren abgegebenen Firmen wie ein Industrie- und Handels-Gotha. Ein gutes Dutzend größerer Werke wurde abgestoßen beziehungsweise der Bankanteil wesentlich reduziert. Unter anderem wurde 1982 die Spinnerei der Pottendorfer Textilwerke an die Linz Textil AG und die Pottendorfer Weberei an einen Einzel-

unternehmer verkauft; 1983 wurde der 26prozentige Anteil der Maschinenfabrik Andritz an den Jenbacher Werken an Georg Zundel abgegeben. Die Papierfabrik von Leykam in Niklasdorf wurde an die Industriellen Pabst und Prinzhorn abgegeben und der 37prozentige Anteil an der Gerngroß-Gruppe an Konsum und Spar verkauft.
Im darauffolgenden Jahr folgte der Verkauf des Leykam-Werks Frohnleiten an den Papierindustriellen Roman Bauernfeind; die Hutter und Schrantz Bautechnik Ges.m.b.H. wurde an die Unternehmensgruppe Assmann abgegeben. 1986 wurde das schwer defizitäre Werk Pöchlarn von Stölzle Oberglas an das Schweizer Unternehmen Vetropack verkauft und der CA-Anteil an Wertheim deutlich reduziert; im Herbst erwarb dann der britische Weltkonzern Imperial Chemical Industries (ICI) die Welser »Interplastic« von Semperit.
Über die Höhe des Verkaufspreises wird in den meisten Fällen ungern gesprochen. Das liegt nicht nur an der im Bankgewerbe üblichen Verschwiegenheit, sondern soll auch die Kritik am »Ausverkauf der österreichischen Industrie« dämpfen. Tatsache ist jedenfalls, daß die ausländischen Konzerne die herausgeputzten österreichischen Betriebe meist zu einem – gelinde gesagt – relativ günstigen Preis bekommen. Manchmal könnte man, wie beispielsweise im Fall der Glasfabrik in Pöchlarn, sogar von einem Geschenk sprechen.
Die Creditanstalt argumentiert in diesen Fällen mit dem Erhalt der Arbeitsplätze bei gleichzeitiger Eliminierung eines »Verlustbringers« aus den eigenen Bilanzen. Offenbar sind Banken doch nicht dazu prädestiniert, unterschiedlichste Industrieunternehmen erfolgreich zu führen. Wie wäre es sonst möglich, daß traditionell schwer defizitäre Betriebe sich nach dem Verkauf an private österreichische oder große ausländische Interessenten plötzlich zu einem Schmuckkästchen mausern?

Noch ein langer Weg für Steyr

Nach dem Verkauf oder der Sanierung der meisten verlustträchtigen Industriebetriebe bleibt die Steyr-Daimler-Puch AG das Hauptsorgenkind der Creditanstalt. Das Unternehmen ist gleichzeitig Symbol einer verfehlten Konzernpolitik wie auch Musterbeispiel für die Fehler, die Österreichs Wirtschaft im internationalen Vergleich immer wieder zurückwerfen.
Bleiben wir zunächst bei den Fehlern der Creditanstalt. In den späten sechziger Jahren war Steyr stolz darauf, eine »Bankbilanz« vorlegen zu können. Das Unternehmen hatte enorme Kassenbestände und Wertpapiervermögen und war schuldenfrei.

Die Kehrseite dieser Medaille sah man in den Bilanzen freilich nicht. Die Fertigungsanlagen waren veraltert, weil zuwenig investiert wurde, und das ganze Unternehmen war ein Gemischtwarenladen, der nur durch den damals noch für die meisten Produkte geltenden Zollschutz recht komfortabel leben konnte. Die österreichischen Bauern kauften Steyr-Traktoren, und die zum Teil schon erheblichen Verluste mancher Sparten wurden durch die Erträge aus dem Finanzvermögen bei weitem überkompensiert.
Lange Jahre konnte dann Steyr trotz immer deutlicher werdender Probleme in vielen Sparten dank des gutlaufenden Militärgeschäfts insgesamt noch schöne Gewinne vorweisen. Damit war es allerdings 1980 vorbei. Damals verhinderte Bundeskanzler Kreisky aus Rücksicht auf die »linken« Gruppen in der SPÖ in letzter Minute einen bereits zugesagten Export von 100 »Kürassier«-Panzern nach Chile. Eine Option auf weitere 100 Stück konnte nicht ausgenützt werden; zahlreiche Länder zogen sich aus den Verhandlungen zurück, weil sie nicht in Österreich wegen ihrer Kaufwünsche »in der Zeitung stehen« wollten.
In der Folge konnten nur noch 54 »Kürassiere« nach Argentinien und etliche Dutzend an das österreichische Bundesheer geliefert werden. Die Halden wurden immer größer. Unter klimatisierten Plastikzelten zum Schutz der empfindlichen Elektronik und in Bundesheerkasernen – wo sie für den »Ernstfall« eines doch noch zustandekommenden Verkaufs konserviert wurden – lagerten solcherart Milliardenwerte, während übrigens die staatliche VOEST-Alpine munter und ohne Aufsehen Waffen in alle Welt exportierte.
Das Schlußwort hat wieder einmal der Steuerzahler, der den Retter aus letzter Finanznot spielen darf. Von den insgesamt 2,6 Milliarden Schilling, die Steyr laut Bundesgesetz an Staatszuschüssen zugesagt erhalten hat, sind 1,2 Milliarden Schilling »für die Deckung der Abwertungserfordernisse des Altpanzerlagers in der Bilanz 1985« bestimmt gewesen. Ein weiteres teures Kreisky-Erbe also.
Doch mit der Abwertung allein war es nicht getan. Der Militärbereich war schon lange die einzig wirklich gewinnbringende Sparte des ganzen Unternehmens gewesen. Mit dem Ausfall der Panzerlieferungen fehlten nicht nur die Umsätze, sondern auch die Gewinne, aus denen die Umstrukturierung des Unternehmens finanziert werden sollte.
Steyr-Generaldirektor Hans Michael Malzacher verfiel daraufhin in kaum verhohlene Panik. Er spielte »Mr. Steyr«, raste rastlos durch die einzelnen Werke und zwecks Geschäftsanbahnung durch die ganze Welt. Konzepte zur Umstrukturierung des Konzerns blieben dabei zwangsläufig auf der Strecke.
Es mutet kurios an, daß der Mann, unter dessen Leitung Steyr in Milliar-

denverluste geschlittert ist, schließlich über einen Stein stolperte, der nur unter Neidgenossen der Rede wert ist. Malzacher legte sich just am Höhepunkt der VOEST-Krise und der damit verbundenen Privilegiendiskussion im Winter 1985 einen neuen Dienstwagen zu – einen Jaguar um mehr als eine halbe Million Schilling.

Im Vergleich zu den Jahresverlusten des Unternehmens war das ein lächerlich kleiner Betrag. Dennoch brachte diese Ungeschicklichkeit das Faß zum Überlaufen, und Malzacher »durfte« nach entsprechenden Hinweisen des Großaktionärs Creditanstalt den Aufsichtsrat – allen voran als Präsidenten CA-Generaldirektor Hannes Androsch – darüber informieren, daß er »nach Auslaufen seines Vertrages Ende Juni 1986 für das Amt des Vorstandsvorsitzenden nicht mehr zur Verfügung stehen« würde.

Der Aufsichtsrat nahm es kommentarlos zur Kenntnis und hatte auch schon einen Nachfolger parat, den damaligen Generaldirektor der staatlichen Austria Metall AG, Rudolf Streicher. Dieser übernahm auch tatsächlich den Posten im Frühjahr 1986, also noch vor dem Auslaufen des Malzacher-Vertrags – allerdings nur für wenige Wochen. Dann übersiedelte er auf den Sessel des »Verstaatlichten«-Ministers. Obwohl ihm maßgebliche Kreise in der Creditanstalt diesen Wechsel als Im-Stich-Lassen von Steyr angekreidet haben, erhielt Streicher für den Fall seines Ausscheidens aus der hohen Politik im übrigen eine »Verwendungszusage« im CA-Bereich.

Man hätte Malzacher den »Jaguar« wahrscheinlich verziehen, hätte er nicht mehrfach glück- und instinktlos agiert. Er unterschätzte die Bedeutung informeller Kontakte zu Politikern, präsentierte Konzepte zum Personalabbau just vor Regierungsklausuren (wo sie ihm prompt »abgedreht« wurden) und bewies eine unglückliche Hand im Umgang mit seinen eigenen Vorstandskollegen und mit Vertragspartnern wie BMW oder Mercedes.

Der Steyr-Chef mußte allerdings auch schon früh zur Kenntnis nehmen, daß das Unternehmen nicht einfach nach betriebswirtschaftlichen Grundsätzen geführt werden konnte. CA-Generaldirektor Heinrich Treichl erinnerte sich in einem Leserbrief an die »Presse« am 11. November 1986 noch genau: »Es war der damalige Finanzminister Hannes Androsch, der den Vorstand der Steyr-Daimler-Puch AG und mich als damaligen Aufsichtsratsvorsitzenden in das Parlament gerufen hat. Die Aussprache fand am 20. Februar 1975 statt. Der unmittelbare Anlaß war der tiefe Einbruch im Zweiradgeschäft von Steyr-Daimler-Puch, auf den der Vorstand reagieren mußte.

Es war der erste Versuch eines Politikers, direkt in die Führung eines Unternehmens einzugreifen, dem viele weitere folgten. Die Folgen sind heute im verstaatlichten Bereich erschreckend deutlich geworden.« Und mit einem

Unterton von Häme fügt Treichl hinzu: »Der damalige Bundesminister für Finanzen, Hannes Androsch, hielt diesen Eingriff für richtig. Es ist daher nicht ungerecht, daß der nunmehrige Generaldirektor der CA, Hannes Androsch, mit Problemen zu ringen hat, zu deren Entstehung der Finanzminister Hannes Androsch einiges beigetragen hat.«

Letztlich hatte Malzacher allerdings auch einiges Pech. Eine durchaus vielversprechende Firmengründung im bevölkerungs- und ölreichen Nigerien litt unter dem Zusammenbruch des Ölmarkts. Das afrikanische Land mußte seine Importe drosseln, und Steyr blieb auf seinen Lastwagen sitzen.

Gescheitert ist der langjährige Steyr-Generaldirektor aber letztlich daran, daß es ihm nicht gelungen ist, die geerbten Probleme in seiner zehnjährigen Tätigkeit aufzuarbeiten. Das Unternehmen gilt in Fachkreisen weiterhin als »Gemischtwarenhandlung«. Die Sparten sind im internationalen Maßstab zu klein, die Stückkosten daher nicht in den Griff zu bekommen. Das gilt für die Autobusfertigung ebenso wie für den Traktoren- und Lkw-Bereich.

Allein die Zweiradsparte machte im letzten Jahrzehnt nicht weniger als 2,5 Milliarden Schilling Verlust. Die Steyr-Fahrräder werden in erstklassig und entsprechend teuer ausgestatteten Werkshallen von hochbezahlten Facharbeitern zusammengebaut, während die internationale Konkurrenz sie teilweise billigst von Hilfsarbeitern in Hinterhöfen und Garagen zusammenschrauben läßt.

Dazu kommt ein typisch österreichisches Problem, die Überheblichkeit des Mittelmanagements. Steyr war jahrzehntelang gewöhnt, daß die Käufer geradezu als Bittsteller kamen und auf Zuteilung warteten. Diese Mentalität ist bei Steyr immer noch nicht überwunden. Wer beispielsweise trotz des nicht gerade niedrigen Preises ein Steyr-Fahrrad kaufen will, kann sich keineswegs die Farbe aussuchen.

Auf die Frage, wann denn die Räder in einer bestimmten, gerade nicht lagernden Farbe wieder lieferbar wären, antworten Händler im allgemeinen nur mit einem Schulterzucken. Geliefert wird, was auf dem Produktionsprogramm steht – nicht, was der Kunde kaufen will. Und diese Einstellung erstreckt sich auf weite Teile des Steyr-Marketings (und leider auch auf weite Teile anderer österreichischer Industriebetriebe).

Immerhin gibt es auch einige Lichtblicke wie die Entwicklung und Fertigung von Allradgetrieben, bei der Steyr auch international einen ausgezeichneten Namen hat. Gelöst werden kann das Problem dieses Unternehmens aber wahrscheinlich nur nach dem Beispiel von Semperit: Divisionalisierung und Ausgliederung der wichtigsten Produktsparten, Sanierung und anschließend Kooperation mit potenten Partnern, um auf entsprechend große Stückzahlen und damit zur notwendigen Kostendegression in der Fertigung zu kommen.

Aus der Vergangenheit zuwenig gelernt?

Wenn österreichische Banken in den letzten Jahren ein wenig gewankt haben, ehe sie durch die finanzielle Hilfe des Steuerzahlers wieder auf solide Beine gestellt wurden, war das ausschließlich durch unerwartete Kreditausfälle beziehungsweise durch die Last der Industriebeteiligungen bedingt.
Das könnte sich allerdings ändern, wenn der ruinöse Wettbewerb anhält, den die meisten Geldinstitute betreiben. Begonnen hat es mit der Freigabe der Filialgründungen in den späten siebziger Jahren. Die bis dahin streng reglementiert gewesenen Banken und Sparkassen nützten die ungewohnte Freiheit zu einem Zweigstellenboom, der Österreich inzwischen das relativ dichteste Filialnetz der westlichen Welt beschert hat.
Um die Niederlassungen auszulasten, handelten die Geldinstitute nicht anders als Supermärkte. Sie offerierten »Sonderangebote« und überboten einander mit hohen Einlagen- und niedrigen Kreditzinsen. In gar nicht so seltenen Extremfällen führte das dazu, daß besonders geschickte Großkunden bei ihrem Kreditreferenten im 1. Stock Darlehen so billig bekamen, daß sie im Parterre am Einlagenschalter dafür mehr Zinsen erhielten und die Bank quasi mit ihren eigenen Waffen schlagen konnten.
Nationalbank und Finanzministerium beobachten das Schrumpfen der Spannen schon lange mit Sorge. Geldinstitute, die nicht aus ihren Gewinnen ausreichende Risikopolster anlegen können, um gegebenenfalls auch die Kumulierung größerer Kreditausfälle zu überstehen, leben gefährlich; da die Bank- und Sparkassendirektoren aber wissen, daß der Staat Geldinstitute nicht fallenlassen kann, ist von dieser Seite kein Druck zu besonders vorsichtigem Wirtschaften gegeben. Im Gegenteil: Wer viel riskiert und sich einen eventuellen Verlust dann vom Steuerzahler abgelten läßt, kann unter Umständen sogar einen Wettbewerbsvorteil erzielen.
Um die Geldinstitute zu einer vernünftigeren Wettbewerbspolitik zu zwingen und ruinöse Angebote zu verhindern, hat das Parlament im Jahr 1986 noch knapp vor seiner Auflösung eine Novelle zum Kreditwesengesetz beschlossen. Es sieht eine drastische Aufstockung des Eigenkapitals der Geldinstitute bis zum Jahr 1996 vor.
Experten schätzen, daß in diesen zehn Jahren 100 bis 150 Milliarden Schilling an zusätzlichen Eigenmitteln erwirtschaftet oder auf dem Kapitalmarkt aufgenommen werden müssen. Tatsächlich hat bereits relativ kurz nach dem Bekanntwerden der Eigenkapitalerfordernisse ein Boom von Kapitalaufstockungen eingesetzt. Fast jedes Institut kam mit dem Angebot von sogenannten Partizipationsscheinen auf den Markt, einer Art stimmrechtloser Vorzugsaktien, die auch von Sparkassen ausgegeben werden dürfen.
Was allerdings offenbar vielfach übersehen wird, ist die Tatsache, daß für

diese Eigenmittel in Zukunft auch Dividenden gezahlt werden müssen. Während 1985 das frühere Expansionsdenken im Kreditapparat kurzfristig verstärkter Ertragsorientierung Platz machte, herrschten Ende 1986 schon wieder die alten Zustände.

Obwohl Österreichs Geldinstitute in einer einschlägigen OECD-Statistik hinsichtlich der Eigenkapitalausstattung am unteren Ende rangieren und im Vergleich zu anderen Staaten auch extrem wenig verdienen, wurde ohne Rücksicht auf die Spannen »geschleudert«. Da die Sparneigung relativ gut, die Kreditnachfrage aber sehr schwach war – die einzige Ausnahme stellte die öffentliche Hand mit ihrem nahezu unersättlichen Finanzbedarf dar –, fielen die Kreditzinsen in den Keller.

Die Privatwirtschaft griff trotzdem nicht zu den Okkasionsausleihungen, sondern finanzierte sich dank der relativ guten Ertragslage weitgehend aus den eigenen Erträgen; die Kreditwirtschaft aber krankt neuerlich an einer Auszehrung der Gewinne. Das ist um so bedenklicher, als gleichzeitig hohe Abschreibungserfordernisse für Ausleihungen an zahlungsunfähige Länder wie Polen oder einige südamerikanische Staaten bestehen.

Zur Vernunft bringen ließ sich das Kreditgewerbe bisher weder durch die strengen Eigenmittelvorschriften des neuen Kreditwesengesetzes noch durch die sogenannten »ordnungspolitischen Vereinbarungen«, die kartellähnlich Höchstsätze für Sparzinsen und Mindestzinsen für Kredite festlegten.

Eine Lösung wird vermutlich im jetzigen stark überbesetzten Markt schwer zu finden und noch schwerer durchzusetzen sein.

Spezialisierungen, Fusionen und eine Verringerung der Zahl der Zweigstellen sind wahrscheinlich unerläßlich, um die österreichische Finanzwirtschaft gesund zu erhalten. Ein Anhalten der derzeitigen problematischen Entwicklungen bedroht nicht nur die Geldinstitute selbst – diese sind kraft ihrer Bedeutung für das internationale Image des Landes ja weitestgehend vor den Folgen jedweden Fehlverhaltens gefeit –, sondern die ganze Wirtschaft.

Nur ein gesunder Kreditapparat kann zu vernünftigen Konditionen jene zum Teil riskanten Investitionen finanzieren, die zum Gedeihen der Wirtschaft und zur Erhaltung ihrer Wettbewerbsfähigkeit notwenig sind. Statt eines Konditionenwettbewerbs wie zwischen Greißlern, die in unmittelbarer Nähe ihre Geschäfte haben und mit Preisnachlässen um jeden Kunden raufen, sollten Ideen ausschlaggebend sein: Besseres Service, eingehendere Beratung, sorgfältigere Abwicklung sind für die Wirtschaft, aber auch für den Privathaushalt viel wichtiger als das eine oder andere Zehntelprozent bei den Zinsen.

Diese Erkenntnis wird über kurz oder lang auch zur Folge haben, daß

Bankdienstleistungen nicht mehr weitgehend kostenlos angeboten werden. Derzeit werden Gebühren nur höchst verstohlen und quasi unter der Hand verlangt; das verärgert die mitunter überraschten Kunden allerdings weit mehr, als es ehrliche Worte täten. Die Abwicklung des Zahlungsverkehrs, die Evidenthaltung von Zahlungsterminen oder die Kontoführung kosten eben einen bestimmten Betrag.
In der Vergangenheit ist auch diese betriebswirtschaftliche Binsenweisheit zu kurz gekommen. Die Institute warben um den Privatkunden mit kostenlosen Gehaltskonten und allen möglichen Gratisdienstleistungen und wundern sich jetzt, daß man ihnen die Gebühren nicht »gönnt«.
Hätten sie nicht von Anfang an unter Vorspiegelung falscher Tatsachen um jedes einzelne Konto, um jedes Wertpapierdepot und um jedes Sparbuch gebuhlt, wären sie nun weniger um Argumente verlegen. So ist natürlich wirklich schwer einzusehen, warum die Kontoführung just zu dem Zeitpunkt teurer werden soll, zu dem der Kuchen verteilt ist.
Sich zuerst für dumm verkaufen zu lassen und dann auch noch dafür zahlen zu müssen – das ist eine Behandlung, die sich auch der recht gutmütige österreichische Bank- und Sparkassenkunde nicht gern gefallen läßt. Die Geldinstitute wären also gut beraten, in nächster Zeit nicht zu sehr mit Wettbewerbsschlachten an der eigenen Glaubwürdigkeit zu rütteln. Sie werden sie schon bald brauchen, um ihren Kunden die zwangsläufig notwendige Erhöhung der Spannen plausibel machen und auf diese Weise gesunden zu können.

Erntesegen, Erntefluch

Neue Strategien gegen die Überproduktion

Der österreichische Durchschnittshaushalt gibt monatlich ein Viertel bis ein Drittel seines Gesamtbudgets für Nahrungsmittel und Getränke aus. 1984 summierten sich diese Beträge auf 225 Milliarden Schilling. Man sollte meinen, daß eine Branche recht gut leben kann, die für diesen riesigen Bedarf produziert.

Das hat auch bis in die siebziger Jahre gestimmt. Die Bauern haben im Durchschnitt recht ordentlich verdient, konnten sich deshalb moderne Geräte leisten, den Boden rationeller bearbeiten und durch intensiven Einsatz von Düngemitteln den Ertrag rasch steigern.

Mit genau dieser für jeden einzelnen Bauern logischen und richtigen Strategie ist die Agrarwirtschaft aber inzwischen in ein Dilemma geschlittert, das nur noch durch radikale Schnitte zu bewältigen ist. Der Lebensmittelverbrauch steigt nämlich nur noch langsam, der übergewichtige Konsument weicht vielfach auf möglichst kalorienarme Ernährung aus und zieht den »Lustgewinn« des Essens zunehmend aus (importierten) Spezialitäten.

So ist beispielsweise der Mehlverbrauch von durchschnittlich 77,5 Kilo pro Kopf und Jahr Anfang der siebziger Jahre inzwischen auf 64,8 Kilo zurückgegangen, der Kartoffelverbrauch sank im gleichen Zeitraum von 62,2 auf 61,6 Kilo, der Rindfleischkonsum von 22,0 auf 18,9 Kilo. Der Schweinefleischkonsum stieg dagegen von 38,6 auf 47,3 Kilo.

Auch intensive Werbung kann diesen Trend nur abschwächen, aber nicht umdrehen. »Milchzeit« beispielsweise ist nur noch selten, der Konsum ist in den letzten 15 Jahren von 138,2 auf 128,7 Kilo pro Kopf und Jahr zurückgegangen; der zusätzliche Käseabsatz (Verbrauchssteigerung von 4,6 auf 6,3 Kilo) hat das Manko ebensowenig wettmachen können wie die Butter, die nur auf Plakaten »durch nichts ersetzt werden kann«. Der Konsument ist da offenbar anderer Meinung. Während der Butterverbrauch von 5,7 auf 5,2 Kilo zurückgegangen ist, stieg der Verbrauch pflanzlicher Öle von 12,5 auf 15,1 Kilo.

Am Preis liegt es offenbar nicht, daß die Ernährungsausgaben stagnieren. Kamen laut den Erhebungen des Statistischen Zentralamts Anfang der siebziger Jahre relativ teure »frische Fische« im Gewicht von nur 1,9 Kilo jährlich auf den Tisch, so waren es zuletzt immerhin 3 Kilo. Der Österreicher lebt also offenbar ernährungsbewußter, und er hat das auch notwendig. Laut Eigenangaben der Bevölkerung bei der jüngsten Mikrozensuserhebung der Statistiker gaben 1,4 Millionen Menschen – immerhin fast ein Drittel aller Erwachsenen über 20 Jahren – an, um mindestens 10 Prozent mehr zu wiegen, als es der Körpergröße entspricht.

Die Bauern sind also mit ihrer Strategie der rasanten Ausweitung der Erzeugung schnurstracks und mit Siebenmeilenstiefeln in eine Sackgasse marschiert. Im Inland bringen sie die Überproduktion nicht an, also muß exportiert werden. Auf den internationalen Märkten aber konkurrieren unsere Waren mit Produkten aus Ländern, die genau dieselben Probleme wie wir haben.

In so gut wie allen Ländern ist die Landbevölkerung eine zwar quantitativ schrumpfende, aber nach wie vor sehr mächtige Gruppe. Sie ist gut organisiert und scheut auch nicht vor spektakulären »Traktorenaufmärschen« oder Grenzblockaden zurück, die man beispielsweise streikenden Arbeitern sehr übelnehmen würde.

Um keinen »Bauernkrieg« zu riskieren, geben die Politiker den Wünschen der Agrarier meist nach. Daher zahlt »der Staat« – wir wissen, daß das in Wirklichkeit die Summe aller Steuerzahler ist – riesige Beträge für Exportsubventionen, um die Vermarktung der Überschüsse zu ermöglichen.

Das führt zu perversesten Preisrelationen. So war beispielsweise vor Jahren einmal österreichische Tafelbutter in einem chilenischen Supermarkt um einiges billiger zu erstehen als in Österreich beim Greißler ums Eck. Ähnliche Entdeckungen kann jeder machen, der sich in Staaten umsieht, die Agrarprodukte aus Überschußländern importieren.

Aber die Bauernlobby ist auch stark genug, um sich über noch so hehre politische Grundsätze hinwegzusetzen. Das zeigte sich besonders deutlich nach dem Ende 1979 erfolgten Einmarsch der Sowjets in Afghanistan. Auf dem Höhepunkt der daraus resultierenden Krise übte im Sommer 1980 US-Präsident Ronald Reagan auf die europäischen Industriestaaten massiven politischen und wirtschaftlichen Druck aus, um sie zu einem Boykott wichtiger Lieferungen in den Ostblock zu bewegen; Moskau sollte dadurch in die Knie gezwungen werden.

Vor den eigenen Bauern mußte Reagan freilich die Segel streichen. Während die amerikanische Regierung noch zum Rundumschlag ausholte und auch »befreundeten Ländern« mit Technologieboykotts und Importrestriktionen drohte, wurden riesige Weizenexporte in die Sowjetunion abgeschlossen und auch prompt abgewickelt.

Wer damals auf internationalen Pressekonferenzen amerikanische Politiker nach dem Unterschied zwischen verpönten Maschinen- und erlaubten Agrarexporten in die UdSSR fragte, wurde zunächst partout nicht verstanden; letztlich wurde lästigen Fragenstellern dann zu verstehen gegeben, daß man die beiden Dinge doch nicht vergleichen könne.

Ein wahres Wort. Die amerikanischen Bauern wußten nämlich damals dank einer guten Getreideernte nicht, was sie mit dem Erntesegen anfangen sollten. Die Anfrage der Sowjets kam ihnen also gerade recht, und sie setz-

ten dank ihres politischen Einflusses die Exportgenehmigung leicht durch. Hingegen war es ihnen (und der amerikanischen Regierung) ziemlich egal, ob europäische Maschinen- und Anlagenbauer auf ihren Erzeugnissen sitzenblieben.
Im Spätsommer 1986 war die Situation ähnlich. Die US-Regierung war damals sogar bereit, dem »Erzfeind« Weizen zu schicken, der um das Geld des amerikanischen Steuerzahlers subventioniert wurde. Daß die Sowjets die ersparten Mittel in die Rüstungsproduktion stecken und außerdem die eigene Bevölkerung durch eine ausreichende Nahrungsmittelversorgung ruhigstellen konnten, war Uncle Sam egal.
Hauptsache, die eigenen Bauern brachten ihr Getreide an. Die Sowjets haben dann das Geschäft in letzter Minute platzen lassen – vielleicht, weil sie den Weizen anderswo noch billiger bekamen. Daraufhin wurde das amerikanische Getreide den Chinesen angeboten.

Danaergeschenk an Entwicklungsländer

Immer wieder wird im Zusammenhang mit den riesigen Nahrungsmittelüberschüssen in den Industriestaaten die Frage aufgeworfen, warum man diese nicht gleich als Entwicklungshilfe in die hungernden Länder der dritten Welt schickt. Damit wäre doch allen Beteiligten geholfen (und das schlechte Gewissen von uns »Reichen« etwas beruhigt).
Solche Lieferungen wären Danaergeschenke, die wenig helfen würden, gleichzeitig aber sogar riesigen Schaden anrichten könnten. Für die Verteilung umfangreicher Lieferungen fehlt nämlich in den meisten Entwicklungsländern die Infrastruktur. Riesige Getreideberge sind schon auf Schiffen und an Kais verfault, weil die Hafenanlagen der meisten Entwicklungsländer nicht zum Anlanden solcher Produkte in großen Mengen geeignet sind.
In weiterer Folge fehlt dann die Möglichkeit, das Getreide oder andere Nahrungsmittel zur hungernden Bevölkerung zu bringen, die ja meist im Landesinneren lebt. Es gibt zuwenig Straßen, nicht ausreichend Lastwagen und kein ausgebautes Eisenbahnnetz wie in Industriestaaten. Diese Schwierigkeiten wären aber immerhin lösbar. Das wahre Problem ist jedoch ein anderes.
Selbst wenn es gelänge, die Geschenke zu den hungernden Menschen zu bringen, wäre damit nur kurzfristig geholfen. Auf die Dauer können diese Länder ja nur durch den Aufbau einer funktionierenden eigenen Agrarwirtschaft überleben. Genau diese Entwicklung wird aber durch Nahrungsmittelgeschenke verhindert. Die relativ teure Eigenproduktion, die meist inten-

sive Bewässerung und hohen Düngemitteleinsatz erfordert, kann niemals erfolgreich mit geschenktem, also kostenlosem Getreide konkurrieren.
Es ist wohl keine Frage, daß die Bevölkerung lieber die Gratisnahrungsmittel nimmt, statt die Waren teuer bei den eigenen Bauern zu kaufen. Wo immer eine Agrarwirtschaft im Aufbau ist, wird sie durch Lebensmittelgeschenke blitzartig ruiniert. Die einzige Lösung wäre der Verkauf der Hilfslieferungen an die Bevölkerung zu Preisen, mit denen auch die Kosten der Eigenproduktion konkurrieren können. Nur dadurch ist es möglich, einen Anreiz zur Selbstversorgung zu schaffen.
Diese Politik brächte aber die Geschenkgeber in Verlegenheit, weil bald der Verdacht auftauchen würde, daß mit dem Steuergeld der Bürger aus Industriestaaten in der dritten Welt dunkle Geschäfte gemacht werden. Man müßte also durch ein ausgeklügeltes Kontrollsystem dafür sorgen, daß die Verkaufserlöse zum Aufbau einer Eigenproduktion verwendet werden. Das ist aber bisher nirgends gelungen, und es gibt auch kaum praktikable Modelle, die unter den besonderen Verhältnissen von Entwicklungsländern Erfolg versprechen.
Zurück also nach Österreich. Verschenken können wir unsere Produktionsüberschüsse nicht; wir müssen sie – mit hohen Preisstützungen – exportieren. Wie groß aber ist eigentlich die Überproduktion in den einzelnen Bereichen?
Die Statistik über die »Lage der österreichischen Landwirtschaft« gibt auf diese Frage ernüchternde Antworten. Unsere Bauern erzeugen 173 Prozent des Weizenverbrauchs; auf 100 Kilo Verbrauch kommen also 173 Kilo Produktion. Bei Zucker betrug der Überschuß im Agrarjahr 1984/85 24 Prozent der Erzeugung, bei Rindfleisch 47 Prozent und bei Käse 76 Prozent.
Anders ausgedrückt mußte Österreich in den letzten Jahren ein Viertel der Milchproduktion, ein Fünftel der Getreideerzeugung und ein Drittel der Rinderproduktion auf den ohnehin überfüllten Weltmärkten unterbringen. Das geht nur mit großzügigen Exportstützungen, die längst in einen internationalen Förderungswettlauf ausgeartet sind.
Allerdings erzeugen wir keineswegs in allen Bereichen mehr, als wir eigentlich benötigen. So liegt beispielsweise die Deckungsrate, also der Selbstversorgungsgrad, bei pflanzlichen Ölen und Fetten extrem niedrig; Österreichs Bauern produzieren sage und schreibe 5 Prozent des Bedarfs, 95 Prozent müssen importiert werden. Bei Fetten kommen wir dadurch auf einen Dekkungsgrad von insgesamt nur 54 Prozent.
Nur durch die Einfuhr von Fetten und durch den zunehmenden Import von Genußmitteln wie Kaffee, Tee und Kakao sowie Zitrus- und Südfrüchten, aber auch durch den Kauf von stark gefragten Spezialitäten wie französischem Käse ist das hohe Agrarhandelsdefizit Österreichs erklärbar. Es hat

sich 1985 allein bei landwirtschaftlichen Produkten (ohne Holz) von 13,2 auf 14,6 Milliarden Schilling vergrößert. Einen Teil davon decken die Holzexporte ab, die Österreichs Agraraußenhandelsbilanz 1985 um 4,3 Milliarden Schilling entlastet haben.

Hektarerträge steigen rasant

Der Preisverfall für Agrarprodukte auf den Weltmärkten hat die Bauern in einen Teufelskreis getrieben. Um einigermaßen auf ihre Rechnung zu kommen, haben sie die Produktion möglichst stark gesteigert. Das gilt für Getreide ebenso wie für Kartoffeln, Zuckerrüben, Wein, Vieh und Milch.
Das dadurch entstandene Überangebot hat die Preise weiter gedrückt. Die Bauern erhalten für immer größere Liefermengen immer weniger Geld. Außerdem müssen sie einen wachsenden Teil der Exportsubventionen vor allem bei Milch über Absatzförderungsbeiträge selbst finanzieren.
So ist seit 1981 der durchschnittliche Hektarertrag bei Brotgetreide von 35,8 auf 46,6 Zentner und bei Futtergetreide von 44,6 auf 56,6 Zentner gestiegen. Der durchschnittliche Jahresmilchertrag pro Kuh wurde durch ausgeklügelte Fütterungsmethoden von 3 625 auf 3 848 Kilo gesteigert. Dadurch hat die gesamte Milcherzeugung innerhalb von vier Jahren von 3,53 auf 3,83 Millionen Tonnen zugenommen, obwohl die Zahl der Milchkühe gleichzeitig von 973 940 auf 944 889 zurückgegangen ist.
Auf einem Gebiet ist immerhin schon Vernunft eingekehrt. Die Düngereuphorie hat nachgelassen. Jahrelang haben viele Bauern im Bestreben nach höheren Hektarerträgen buchstäblich mit vollen Händen den Kunstdünger über ihre Felder verteilt. Dann sind sie draufgekommen, daß dieses Überdüngen langfristig weder der Qualität noch der Quantität nützt. Je Hektar landwirtschaftlicher Fläche wurden daher 1984/85 nur noch 405 Kilo Düngemittel verbraucht, während es 1980/81 noch 419 Kilo waren; im gleichen Zeitraum ist der Verbrauch an Rein-Nährstoffen je Hektar von 153,9 auf 147,2 Kilo zurückgegangen.

Schwieriger Einkommensvergleich

Ein Einkommensvergleich zwischen Industriebeschäftigten und Bauern ist relativ schwierig. Beziehen die einen ein auf Schilling und Groschen genau erfaßbares Gehalt, so überwiegen bei der Agrarbevölkerung schwer meßbare Größen. Die Selbstversorgung mit Nahrungsmitteln ist nicht ohne weiteres bewertbar, so daß jeder Vergleich hinkt.

Sicher ist aber, daß die Bauern nicht zu den Gewinnern der Aufwärtsentwicklung der österreichischen Volkswirtschaft zählen. Im Durchschnitt aller Haupterwerbsbetriebe ist das landwirtschaftliche Einkommen je Familienarbeitskraft zwischen 1970 und 1985 von 2 708 auf 8 426 Schilling, also auf das 3,11fache, gestiegen, während jenes aller Arbeitnehmer von 5 280 auf durchschnittlich 17 740 Schilling und somit auf das 3,36fache zugenommen hat.
Der Einkommensabstand zwischen Bauern und Industriearbeitern ist also in diesem Zeitraum jedenfalls nicht geringer geworden, und das trotz einer überdurchschnittlichen Produktivitätssteigerung im landwirtschaftlichen Bereich. Oder mit anderen Worten: Immer weniger Bauern produzieren insgesamt immer größere Mengen.
Die schlechten Verdienstmöglichkeiten haben die Abwanderung aus der Landwirtschaft zweifellos beschleunigt. Von 1960 bis 1970 schrumpfte die Zahl der Erwerbstätigen in der österreichischen Land- und Forstwirtschaft von 740 000 auf 450 000. Bis 1980 sank sie dann weiter unter 300 000. Erst die steigende Arbeitslosigkeit hat die Abwanderung gebremst; der Rückgang hat sich verlangsamt, so daß derzeit noch ungefähr 270 000 Menschen in der Landwirtschaft tätig sind.
In der genauen Aufgliederung der Volkszählungsdaten stellt sich die Entwicklung folgendermaßen dar: Bei der Volkszählung 1951 war die österreichische Wirtschaft mit einem Anteil von 37 Prozent an Berufstätigen in der Land- und Forstwirtschaft noch stark agrarisch dominiert. Zwischen den beiden Volkszählungen 1971 und 1981 ist die »Agrarquote« in Österreich dann von 10,6 auf 6,7 Prozent geschrumpft; läßt man Wien als Großstadt außer Betracht, zeigt sich ein Rückgang von 13,9 auf 8,2 Prozent.
Von den ungefähr 7,5 Millionen Menschen, die die Statistiker als »Wohnbevölkerung« erfassen – genau waren es 1971 7,49 und 1981 7,56 Millionen – waren Anfang der siebziger Jahre 793 800 dem Bereich der Land- und Forstwirtschaft zuzuzählen; zehn Jahre später waren es nur noch 503 312, das bedeutet eine Schrumpfung um mehr als ein Drittel.
Etwas weniger stark zurückgegangen ist die Zahl der Berufstätigen in der Land- und Forstwirtschaft, nämlich um 32,1 Prozent von 427 514 auf 290 490; die Zahl der Berufstätigen insgesamt ist im selben Zeitraum aber um 8,9 Prozent von 3,13 auf 3,41 Millionen Menschen gestiegen.
Am höchsten ist die Agrarquote unter den Berufstätigen im Burgenland mit 14,3 Prozent, dicht gefolgt von Niederösterreich mit 13,3 Prozent; am geringsten unter den nichtstädtischen Bundesländern ist sie in Vorarlberg mit nur 3,3 Prozent. Dort nähert sie sich schon dem naturgemäß atypisch niedrigen Wert von 0,7 Prozent in Wien.
Insgesamt gab es 1981 119 441 Nebenerwerbslandwirte; die Statistiker zäh-

len dazu alle Personen, die einem »gemischten Erwerb mit Schwerpunkt außerhalb des landwirtschaftlichen Betriebs« nachgehen. Die meisten davon fanden sich in der Steiermark (27 051), gefolgt von Oberösterreich (24 669) und Niederösterreich (24 104).
Im Verhältnis zur Gesamtbevölkerung dominiert allerdings das Burgenland, wo 6,7 Prozent der Erwerbstätigen als Nebenerwerbslandwirte zu bezeichnen sind. In der Steiermark kommen die Statistiker auf einen Anteil von 3,6 Prozent, in Oberösterreich auf 3,2 Prozent und in Tirol auf 2,8 Prozent.

Agrarsubventionen werden unfinanzierbar

Die finanzielle Misere, in die uns die riesigen Agrarüberschüsse bringen wäre ernst genug, würde sie nur die Bauern selbst treffen. Dann könnte man aber immerhin hoffen, daß es durch inneren Druck zu einer Strukturbereinigung käme. Die Last muß aber von allen Steuerzahlern mitgetragen werden, so daß das volle Ausmaß der Probleme verschleiert wird.
Allein für Preisausgleichsmaßnahmen und Exportstützungen für die Landwirtschaft sind 1986 rund neun Milliarden Schilling ausgegeben worden; geplant waren »nur« sieben Milliarden, doch machte der Dollarkursverfall höhere Zuschüsse zur Unterbringung der überschüssigen Getreidemengen auf den Weltmärkten notwendig.
Von diesem Betrag mußte der Bund ungefähr 6,3 Milliarden Schilling zahlen; die Bauern selbst wurden allein für Milch- und Getreidesubventionen mit 2,5 Milliarden Schilling zur Kasse gebeten. Erhöht haben sich neben den Milch- und Getreide- auch die zur Gänze vom Bund finanzierten Fleischstützungen. Sie sind binnen Jahresfrist von einer auf 1,5 Milliarden Schilling angewachsen. Pro landwirtschaftlichem Betrieb waren 1986 Gesamtaufwendungen des Bundes von 73 000 Schilling notwendig.
Der Agrarexperte des Wirtschaftsforschungsinstituts, Matthias Schneider, hat dazu ernüchternde Zahlen parat. Beim Getreide beträgt die Exportstützung bereits 85 Prozent des bäuerlichen Erzeugerpreises, bei der Milch sogar 100 Prozent. Dabei muß man allerdings berücksichtigen, daß von den Verkaufspreisen agrarischer Produkte in den Geschäften nur 33 Prozent auf Einnahmen der Bauern, aber 67 Prozent auf Erlöse des Vermarktungssektors (Handel, Transport, Lagerung, Be- und Verarbeitung sowie Steuern und Abgaben) entfallen.
Aber bleiben wir vorerst bei der Milch als besonders krassem Beispiel der Überproduktion. 1985 betrugen die Exporterlöse aus den Zahlungen ausländischer Käufer von Milch und Milchprodukten – bei letzteren fallen vor

allem Käse und Milchpulver ins Gewicht – 2,7 Milliarden Schilling. Die Bauern und der Staat mußten 3,1 Milliarden Schilling an Stützungen dazulegen. Von den insgesamt 5,8 Milliarden Schilling, die offiziell als »Exporterlös« zu Buch schlugen, stammte also rund die Hälfte aus Subventionen.
Alle von der Regierung getroffenen Maßnahmen zur Drosselung der Milchlieferung haben deren ständiges Anwachsen nicht verhindern können. Immerhin gibt es bereits seit 1978 eine Kontingentierung. Die Bauern erhielten nicht mehr für die gesamte angelieferte Milchmenge den vollen Literpreis, sondern nur für die jedem Hof zugeteilte sogenannte Richtmenge. Für darüber hinausgehende Mengen werden Abzüge vorgenommen.
Den Milchpoduktionsbetrieben wurde aber die Möglichkeit eingeräumt, sich durch »Überlieferung« in höhere Kontingente einzukaufen. Obwohl die Abzüge ständig angehoben wurden und zeitweise mehr als zwei Drittel des Erzeugermilchpreises ausmachten, zahlte es sich für die auf Milchprodukte spezialisierten Betriebe offenbar aus, durch die Inkaufnahme zeitweiliger Verluste in die Erlangung eines höheren Kontingents zu »investieren«. Diese Möglichkeit wurde später abgeschafft. Der damalige Landwirtschaftsminister Günter Haiden bot vielmehr zehnjährige »Verzichtsrenten« an. Für insgesamt 100 000 Tonnen Milch wurden gestaffelte Prämien von 50 Groschen bis 1,20 Schilling pro Kilo versprochen. Genützt hat es nicht viel. Der Inlandsverbrauch ging zurück, die Produktion aber stieg weiter.
Das kann nicht überraschen, ist doch Österreich auf dem Gebiet der Milchleistung je Kuh erst bestenfalls guter Durchschnitt: Die Milchleistung beträgt hierzulande 3 817 Kilo je Kuh und Jahr, in den Vereinigten Staaten aber 5 911 Kilo, in Dänemark 5 460 Kilo, in den Niederlanden 5 355 Kilo und in Großbritannien 4 950 Kilo. Absoluter Spitzenreiter ist Israel mit 7 389 Kilo.
Zu lösen ist das Problem offenbar weder durch die in Europa forcierten Quotenregelungen noch durch die »marktorientierte Preisgestaltung« in den USA. Überall wachsen die Überschüsse dank des starken Produktionsanstiegs pro Kuh.
Einziger denkbarer Lösungsansatz ist es, die Milchproduktion für die Bauern so unrentabel zu machen, daß sie freiwillig auf die Anlieferung verzichten. Zwingen kann man sie dazu nicht. Die Marktordnung schreibt den Molkereien vor, die ihnen angebotene Milch auch zu kaufen.
Gleichzeitig schaltet diese Marktordnung auch den Wettbewerb aus. Die Molkereien haben Versorgungsgebiete »zugeteilt« erhalten, in denen sie praktisch konkurrenzlos agieren können.
Produktinnovationen und gezieltes Marketing waren daher bis vor relativ kurzer Zeit in der Milchwirtschaft selten zu finden. Man darf sich deshalb nicht wundern, daß französische Käse in Österreich so gut ankommen, ob-

wohl es hierzulande qualitativ sicher ebenbürtige Sorten gibt. Es mangelt eben vielfach an Marketing und geschickter Werbung. Andererseits litt und leidet auch der Export unter der Einfallslosigkeit vieler Manager bei der Suche nach neuen Märkten. Ausnahmen bestätigen die Regel. Im noblen New Yorker Park Lane Hotel finden VIP-Gäste im Willkommens-Eßkorb neben frischem Obst auch von der Wiener Ömolk gelieferten »Klein-Käse«.

Inzwischen scheinen die Interessenvertreter der Landwirtschaft erkannt zu haben, daß der ständige Ruf nach Subventionen nicht genügt, um die Strukturprobleme zu lösen. Den Steuerzahlern insgesamt können keine höheren Belastungen für die Exporte von Lebensmittelüberschüssen zugemutet werden, und die Bauern selbst können sich eine weitere Anhebung der Vermarktungsbeiträge auch nicht mehr leisten.

Das gilt natürlich nicht nur für die Milch-, sondern auch für die Fleisch- und für die Getreidewirtschaft. Für Getreide waren beispielsweise im Jahr 1986 Exportsubventionen von 2,6 Milliarden Schilling budgetiert, per Saldo wurden dann weit mehr als drei Milliarden Schilling erforderlich. Die Hälfte davon zahlten die Bauern.

Die Misere wird auch hier immer größer. Die Produktion steigt, der Verbrauch in Österreich geht zurück oder stagniert bestenfalls, und im Ausland verfallen die Preise. Immer mehr Länder werden zu Selbstversorgern und fallen als Käufer aus; um die restlichen Märkte kämpfen die Produzenten mit riesigen Exportsubventionen.

Die gleiche Situation zeigt sich auf den Rinder- und Zuckermärkten, und sie ist keineswegs auf Österreich beschränkt. In der Europäischen Gemeinschaft lagerten im Spätherbst 1986 unverkäufliche Agrarprodukte im Wert von 25 Milliarden DM oder umgerechnet 175 Milliarden Schilling. Experten rechneten vor, daß es bei weitem billiger käme, die Altbutter auf den Meeresgrund zu versenken, als sie weiter liegenzulassen oder gar mit hohen Subventionen zu verkaufen.

Mehr als 16 Millionen Tonnen Getreide, fast 1,5 Millionen Tonnen Butter, über eine Million Tonnen Magermilchpulver und 590 000 Tonnen Rindfleisch blockierten die Lagerhäuser. Allein für die Lagerung fallen täglich Kosten von 280 Millionen Schilling an. Einzige Lösung auch dort: Die Produktion muß gesenkt werden.

Die Großen müssen die Erzeugung einstellen

Im industriell-gewerblichen Bereich der Wirtschaft würden in einem solchen Fall der Überproduktion die »Grenzbetriebe« ausscheiden. Der Preis-

verfall sorgt dafür, daß Kleinbetriebe, die schon bisher relativ unrentabel erzeugt haben, nicht mithalten können und aufgeben.
In der Landwirtschaft ist die Situation anders. Die bestehenden Marktordnungsregelungen gehen auf eine Zeit zurück, in der die Nahrungsmittelversorgung des Landes durch Preis- und Absatzgarantien für die Bauern gesichert werden mußte. Dieses System ist bisher nur modifiziert, aber nie geändert worden.
Die Agrarlobby weiß das und kennt auch den geradezu mystischen Stellenwert, den »der Bauer« in der Bevölkerung nach wie vor einnimmt. Die meisten Reformvorschläge der letzten Jahre sind daher auf Produktionsalternativen hinausgelaufen, für die neuerlich Absatz- und Preisgarantien erforderlich gewesen wären.
Ein Musterbeispiel dafür war der »Biosprit«. Dabei ging es um die Erzeugung von Treibstoff aus landwirtschaftlichen Rohstoffen. Die Bauern boten den Aufbau einer Erzeugung an, forderten aber gleichzeitig einen »Beimischungszwang« zu Benzin. Ohne einen derartigen Zwang hättte niemand den teuren Biosprit verwendet, dessen Produktionskosten damals auf 10 bis 14 Schilling je Liter geschätzt wurden.
Benzin kostete aber auch auf dem Höhepunkt der Energiekrise ab Raffinerie nie mehr als ungefähr sechs Schilling; der Rest entfiel auf Steuern und Transportkosten sowie auf die Handelsspanne der Tankstellen.
Ein Zuschußprodukt wäre also durch ein anderes ersetzt worden. Zum Glück behielt die Vernunft die Oberhand, und aus den geforderten Biospritprojekten wurde so lange nichts, bis der drastische Verfall der Treibstoffpreise dem Spuk ein Ende setzte.
Auch die Landwirtschaft wird sich daran gewöhnen müssen, nicht weiter unter dem Glassturz von Kontingentierungen und Absatzgarantien, von geschützten Regionalmärkten und subventionierten Exporten leben zu können. Jene Bauern, die sich den Anforderungen des Marktes nicht verschließen und daher den Anbau auf Produkte konzentrieren, für die möglichst wenig Subventionen notwendig und mit denen möglichst hohe Preise zu erzielen sind, werden künftig am besten verdienen.
Landwirtschaftsminister Erich Schmidt hat unmittelbar nach seinem Amtsantritt im vergangenen Jahr geschätzt, daß 220 000 Hektar »Überschußfläche« dem Getreideanbau entzogen werden müssen. Das kann auf mehrere Arten erfolgen.
Zum einen bietet sich der Anbau von Ölsaaten und Eiweißfuttermitteln an; hier könnte sogar der klassische Versorgungsgedanke wieder zum Tragen kommen, müssen wir doch die für den Inlandsverbrauch benötigten Mengen fast zur Gänze importieren. Zwar wird es auch in diesem Bereich nicht ohne Subventionen abgehen. Diese dürften aber wesentlich unter den

15 000 Schilling pro Hektar liegen, die für die Exportstützungen bei Getreide notwendig sind.
Eine weitere Alternative wäre der Anbau von »Energieholz«. Dem steht allerdings das derzeit geltende Forstgesetz entgegen, das eine 20- bis 25jährige Nutzung von Forsten vorschreibt. Bei »Energieholz« ist nach drei bis fünf Jahren eine Ernte möglich, die Rentabilität solcher Pflanzungen für die Bauern könnte relativ hoch sein. Ein Hektar Energiewald könnte Hackschnittgut (Holz und Rinde) in einem Ausmaß liefern, das laut Expertenberechnungen zur Beheizung von zwei Einfamilienhäusern reicht.
Die Umstellung soll durch Flächenprämien gefördert werden, die zur Hälfte aus Beiträgen des Bundes und der Landwirtschaft kommen. Die Anfangsinvestitionen sollen gleichfalls vom Staat finanziell unterstützt werden. Zwar ist keineswegs gesagt, daß angesichts des Energiepreisverfalls die Verfeuerung von Hackschnitzeln tatsächlich billiger kommt als der Einsatz von Erdöl oder Erdgas. Immerhin aber kämen die Subventionen für »Energieholz« wenigstens der österreichischen Bevölkerung zugute und nicht ausländischen Getreidekäufern.
Ohne Flächenstillegungen werden wir trotzdem nicht auskommen, sollen die Agrarsubventionen nachhaltig verringert werden. Es müssen Produktionen wegfallen – und zwar nicht die kleinen, teuren und eigentlich ohnehin unrentablen, sondern ganz im Gegenteil die großen, die für die riesigen Überschüsse verantwortlich sind.
Die Bergbauern kann und darf man nicht einfach wegrationalisieren. Erstens fällt ihre Produktion nicht so stark ins Gewicht wie die Massenanlieferungen beispielsweise aus dem Flach- und Hügelland. Zum zweiten aber brauchen wir die Bergbauern als unentbehrliche »Landschaftsgärtner«.
Man sollte die Argumente allerdings nicht vermischen. Nichtbewirtschaftete Almen führen zu einer Vergrößerung der Lawinengefahr, weil der Schnee auf dem langen Gras leicht ins Rutschen kommt. Auch für den Fremdenverkehr – Motto »Wanderbares Österreich« – sind gepflegte Bergwiesen unerläßlich. Es ist also durchaus sinnvoll, die Bergbauern zu fördern und mit Subventionen dazu zu bringen, weiter ihre harte Arbeit zu tun.
Man wird auch die Produkte, die sie liefern, vernünftigerweise verwenden; aber man muß akzeptieren, daß ihre Hauptaufgabe keine agrarpolitische und schon gar nicht die Versorgung der Bevölkerung mit Lebensmitteln ist, sondern eben eine »gärtnerische«. Deshalb wäre es auch ungerecht, die Stützungszahlungen, die sie bekommen, unter dem Titel »Agrarsubventionen« laufen zu lassen.
Die echten Agrarsubventionen müssen künftig auf die Versorgung des Inlandsmarktes abgestellt werden. Früher bedeutete das Anreize zur Produk-

tionssteigerung, heute müssen Anreize – oder besser gesagt Zwänge – zur Drosselung der Erzeugung gesetzt werden.
Wo immer Überschüsse entstehen, muß es das Ziel sein, sie ohne staatliche Subventionen zu vermarkten. So bietet sich statt des Getreide-, Rinder- oder Zuckerexports die Ausfuhr verarbeiteter Waren an. Auch dafür müssen entsprechende Voraussetzungen geschaffen werden. Erste Ansätze in diese Richtung gibt es bereits.
So dürfen die Süßwarenerzeuger für jenen Teil der Produktion, der für Lieferungen ins Ausland bestimmt ist, subventionierten inländischen »Exportzucker« verwenden. Bisher mußten sie vom Ausland gestützten Importzukker kaufen, weil die österreichischen Subventionen nur für die Ausfuhr von unverarbeitetem Zucker gezahlt wurden.
Auf dem Gebiet der weiterverarbeiteten Produkte scheint überhaupt einiges im argen zu liegen. Es ist unerklärbar, daß zwar Getreide mit Subventionen in der Höhe von mehr als drei Milliarden Schilling exportiert wird, daß aber 1985 die Importe von Bröseln um 27 Prozent, von Schnittbrot um 16 Prozent und von Dauerbackwaren um 12 Prozent zugenommen haben.
Es gibt offenbar noch etliche Marktnischen, in denen sich österreichische Produzenten niederlassen könnten. So erreichten die Importe von Zuckerwaren im Jahr 1984 72 Prozent der inländischen Produktion, bei Schokoladewaren waren es 56 Prozent, bei Teigwaren knapp 18 Prozent, bei Brot und Bröseln 10 Prozent und bei Backwaren fast 39 Prozent. Ohne Importrestriktionen das Wort reden zu wollen: Es müßte möglich sein, zumindest einen Teil der Einfuhren durch Eigenproduktion zu ersetzen.
In all diesen Bereichen gibt es ein deutliches Marketing-Defizit. Dasselbe gilt für die Käsevermarktung. Der Pro-Kopf-Verbrauch ist in Österreich deutlich niedriger als beispielsweise in der Bundesrepublik Deutschland, in Italien oder Großbritannien. Dafür ist der Importanteil relativ hoch. Es liegt also die Vermutung nahe, daß die Produzenten selber an den geringen Erfolgen der österreichischen Produkte schuld sind.
So ist ein großer Teil der insgesamt mehr als hundert in Österreich erzeugten Käsesorten nur innerhalb der jeweiligen Grenzen des Molkereiverbands erhältlich. Die in Westösterreich hergestellten hervorragenden Joghurtsorten sind gleichfalls nur in den Erzeugungsgebieten erhältlich; wer nicht gelegentlich in Salzburg oder anderen westösterreichischen Gegenden zu tun hat, kann sie nicht kaufen.
Zur Verstärkung des Wettbewerbs müssen also die Verbandsgrenzen der einzelnen Molkereien gesprengt werden. Nur dann wird es einen Anreiz zur Produktverbesserung geben, nur dann wird Marketing und Ideenreichtum sich für die Manager lohnen. Im jetzigen verkrusteten System lebt es sich ohne Eigeninitiative (fast) genausogut. Allein eine Steigerung des In-

landsabsatzes um nur 1 Prozent würde aber fast 130 Millionen Schilling Exportstützung ersparen.
Es gibt also reichlich Möglichkeiten, die Belastung der Steuerzahler und der Bauern zu reduzieren. Voraussetzung dafür ist allerdings die Abkehr vom Anspruchsdenken. »Der Staat« kann nur helfen, wenn »die Staatsbürger« die dafür notwendigen Mittel bereitstellen.
Viele der Forderungen, die beispielsweise der ÖVP-Agrarsprecher Josef Riegler nach der Vorlage des »Grünen Berichts« – des alljährlich zu erstattenden Rechenschaftsberichts des Landwirtschaftsministers – im September 1986 demonstrativ an die Regierung gerichtet hat, könnten längst durch interne Maßnahme im Agrarbereich selbst verwirklicht werden.
Natürlich ist es sinnvoll, Holz für die Möbelerzeugung im Land zu verwenden, statt es als Rohware zu exportieren. Braucht man dazu aber wirklich die geforderten »dringenden Maßnahmen durch die Bundesregierung zur Eindämmung der Holzimporte« oder wird dadurch nur wieder ein Faulbett für Unternehmen geschaffen, die mit dem freien Wettbewerb nicht zu Rande kommen?
Unbestritten ist auch, daß eine »Anpassung der Rindfleischproduktion in qualitativer und quantitativer Hinsicht an die Erfordernisse des Marktes« ein Gebot der Stunde ist. Die Regierung ist aber der falsche Adressat für diese Forderung. Sollten die Landwirtschaft und die weiterverarbeitende Industrie nicht primär schuldbewußt an die eigene Brust klopfen, wenn es hier in der Vergangenheit Versäumnisse gegeben hat?
Für den Atomunfall von Tschernobyl kann unser Agrarwesen sowenig wie für den Dollarkursverfall. Ersterer hat die Exporte wochenlang behindert (und ist von so manchem Land als willkommener Anlaß genommen worden, die Grenzen zumindest vorübergehend gegen mißliebige Konkurrenz zu schließen). Und die Wertminderung der US-Währung hat uns auch unverschuldet Hunderte Millionen gekostet, weil zusätzliche Subventionen gegen die auf den Weltmärkten billiger gewordenen Getreidelieferungen anderer Länder in die Exportschlacht geworfen werden mußten.
An diesen Mißlichkeiten waren weder die Regierung noch die Bauern schuld, und der Steuerzahler wurde zu Recht zur Kasse gebeten. Sie dürfen aber nicht zum Anlaß genommen werden, ein überholtes Marktordnungssystem noch stärker zu zementieren und womöglich in die falsche Richtung auszubauen. Politiker, die in diese Richtung marschieren, wecken nur falsche Hoffnungen bei den Bauern und verstärken die Spaltungstendenzen innerhalb der Bevölkerung.
Denn eines darf man bei der Diskussion über die Agrarsubventionen nicht übersehen. Der psychologische Graben zwischen den Zahlern und den Empfängern der Subventionen wird immer tiefer. Das gilt für die Gegen-

sätze zwischen verstaatlichter und privater Industrie ebenso wie für jene zwischen den Bauern auf der einen und Arbeitern und Angestellten auf der anderen Seite.

Der Hinweis auf die unterdurchschnittlichen Einkommen der Agrarbevölkerung wird auf die Dauer nicht ausreichen, um Verständnis für Milliardensubventionen zu wecken. Wenn man weiß, daß ein Kilo Butter auf den Weltmärkten ungefähr zehn Schilling kostet und die für die Ausfuhr bestimmte österreichische Produktion auf diesen Preis hinuntergestützt werden muß, wird man nur zähneknirschend beim Greißler den achtfachen Preis bezahlen.

Hier werden Gräben aufgeworfen, die später nur schwer wieder zuzuschütten sind. Das müssen die Interessenvertreter der Bauern zur Kenntnis nehmen, wenn sie immer neue Forderungen erheben, um das bestehende und für viele Großbetriebe der Land- und Forstwirtschaft recht bequeme Marktordnungssystem finanziell abzusichern. Ohne grundlegende Reformen dieses von den Raiffeisen-Genossenschaften dominierten Systems, ohne Rationalisierung und österreichweite Umstrukturierung werden die Konsumenten in unserem Land weiterhin in vielen Fällen höhere Preise als in den Nachbarstaaten zahlen, obwohl die Bauern weniger bekommen.

Zum Glück merken die Bauern selbst schon, daß die derzeitige Art der Exportstützung auf die Dauer nicht mehr zu bezahlen ist. Nur durch Druck von innen und eine rasche Neuorientierung der Produktionsanreize ist eine Umstellung zu erreichen, die zu größerer Effizienz bei geringerem Mitteleinsatz und gleichzeitig zu höheren Erträgen für die einzelnen Bauern führt.

ÖBB und DDSG dampfen im Defizit

Staatsbetriebe dürfen nicht wie Ämter geführt werden

Jahrzehntelang sind die Bundesbahnen wie ein Amt geführt worden. Der jeweilige ÖBB-Generaldirektor hat mehr oder weniger gemacht, was ihm die mächtige Eisenbahnergewerkschaft vorgeschrieben, pardon: empfohlen hat, und gemeinsam waren Management und Personalvertretung überhaupt unschlagbar. Keine Regierung hat es gewagt, sich dem Diktat von mehr als 70 000 Bundesbahnern und ihren Familienangehörigen zu widersetzen.

So sah dann auch der Betrieb aus. Zwar kam es in Österreich nie zu Exzessen wie in England, wo die Gewerkschaft aus Angst um Arbeitsplätze durchgesetzt hat, daß auch auf Elektroloks Heizer mitfahren. Personalabbau aber war auch hierzulande lange verpönt und Rationalisierung ein Fremdwort.

Auch am Pensionssystem der Eisenbahner ist nie ernsthaft gerüttelt worden. Egal, ob Gleisarbeiter oder Bahnhofsvorstand, ob Lokomotivführer oder Schaffner: 35 Dienstjahre sind genug. Dann geht es ab in die Pension, und weil Bundesbahner im durchschnittlichen Pensionsalter von 52 Jahren meist noch recht rüstige Menschen sind, wird fleißig »dazuverdient«.

Den Eisenbahnern sei es gegönnt, obwohl man die gesundheitsgefährdende Arbeit eines Heizers auf den Dampflokomotiven nicht mit der weit angenehmeren eines Lokomotivführers auf dem Führerstand einer modernen E-Lok, eines Stationsvorstands oder eines Schaffners in einem Schnellzug vergleichen kann. An den Bestimmungen, die eine generelle Pensionierung nach 35 Dienstjahren vorsehen, wurde trotzdem nichts geändert – weder für die schon Beschäftigten noch für die neu Eintretenden.

So kommt es, daß die Bundesbahnen Ende 1985 genau 68 364 aktive Beschäftigte hatten, aber gleichzeitig 75 244 Pensionisten bezahlen mußten. Um nicht ungerecht zu sein: von letzteren waren 32 991 »Versorgungsgenußempfänger«, also Witwen und Waisen nach Bundesbahnern.

Insgesamt aber standen einem »Aktivitätsaufwand« von 15,4 Milliarden Schilling Pensionskosten von insgesamt 12,3 Milliarden Schilling gegenüber. Die ÖBB selbst mußten für Personalkosten einschließlich der Sozialabgaben (aber abzüglich der dem Bund weiterverrechneten Pensionslasten) rund 18 Milliarden Schilling ausgeben. Eingenommen haben sie an »Tariferträgen« aus dem Personen-, Gepäck- und Güterverkehr ganze 14,5 Milliarden Schilling.

Die Transporteinnahmen haben also nicht einmal die Personalkosten gedeckt, geschweige denn den Sachaufwand für Betrieb und Erhaltung in Höhe von weiteren drei Milliarden Schilling.

Und wieder einmal ist es der Steuerzahler, der für die Differenz aufkommen muß: Für 1987 ist ein Betriebsabgang von fast acht Milliarden Schilling – also 8 000 Millionen Schilling – budgetiert; das macht 2 500 Schilling pro erwerbstätigem Österreicher.
An dieser Misere ist vielerlei und sicher nicht allein die Personalvertretung schuld, die sich lange gegen Rationalisierungsmaßnahmen gewehrt hat. Die Bundesbahnen müssen diverse Tarifermäßigungen im Personen- und Güterverkehr gewähren, die sie nicht vollständig abgegolten erhalten; sie müssen im Gegensatz zu normalen Betrieben die Pensionslast für ihre Mitarbeiter selber tragen; und sie werden gezwungen, ein Nebenbahnnetz aufrechtzuerhalten, das Milliarden verschlingt.
Die Bahn erzielt nämlich auf der Hälfte der Schienenstrecken nicht weniger als 92 Prozent ihrer Gesamteinnahmen. Auf der zweiten, insgesamt ebenso personalintensiven Hälfte des Netzes werden kümmerliche 8 Prozent der Einnahmen erzielt. Insgesamt gibt es in Österreich 62 solche Nebenbahnen. Auf der Hälfte davon erzielen die ÖBB einen »Deckungsbeitrag« von weniger als 10 Prozent.
Anders ausgedrückt: Auf 100 Schilling Kosten entfallen maximal 10 Schilling Einnahmen. Die restlichen 90 Schilling sind Defizit, für das der Steuerzahler geradestehen muß. Es gibt aber auch Nebenbahnen, bei denen auf 100 Schilling Kosten nicht einmal ganz ein Schilling hereinkommt.
Die Manager der Bundesbahnen würden diese Nebenbahnen gerne einstellen. Sie stoßen dabei aber auf den erbitterten Widerstand von Regionalpolitikern, »die eine Bahnanbindung offenkundig als elementares Menschenrecht betrachten, das es mit Zähnen und Klauen zu verteidigen gilt«, wie der Verkehrsexperte der »Presse«, Josef Urschitz, einmal in einem Kommentar geschrieben hat. Auf Dutzenden Strecken verkehren Post- oder sogar ÖBB-Busse parallel zu Eisenbahnzügen, aber der Schienenverkehr kann (oder darf) trotzdem nicht stillgelegt werden.
Es gäbe ein einfaches Mittel, um die Regionalpolitiker rasch zur Vernunft zu bringen: man müßte sie am Defizit beteiligen. Würden die Steuergelder nicht aus dem anonymen Bundestopf, sondern aus dem jeweiligen Landesbudget kommen, wäre die Bereitschaft zum Verzicht auf unrentable Bahnstrecken wahrscheinlich viel größer.
Damit allein wäre es freilich nicht getan. Die Bahn muß auch personell gesundschrumpfen. Die Experten des Instituts für Wirtschaftsforschung haben dazu recht interessante Vergleichszahlen mit den Deutschen Bundesbahnen errechnet.
Dort sind die Personalkosten in den letzten Jahren nur um 3 Prozent gestiegen, bei den ÖBB aber um 70 Prozent. Fazit: 1975 hatten die Österreichischen Bundesbahnen noch um 3 Prozent mehr eingenommen, als sie

fürs Personal ausgeben mußten. 1985 aber hat der Personalaufwand die Tarifeinnahmen bereits um 3 Prozent übertroffen. Die Tarifeinnahmen der Deutschen Bundesbahnen lagen dagegen 1975 um 12 Prozent und 1985 sogar um 45 Prozent über den Personalkosten.

Die Deutschen haben dieses Ergebnis durch einen forcierten Personalabbau erreicht. Sie haben die Zahl ihrer Beschäftigten zwischen 1975 und 1985 um 28 Prozent vermindert, die ÖBB aber nur um 5 Prozent. Daher lag die Produktivität der deutschen Eisenbahner 1985 im Personenverkehr um 49 Prozent und im Güterverkehr um 46 Prozent über der ihrer österreichischen Kollegen.

Daß die Nachbarn pro Beschäftigtem um die Hälfte mehr Einnahmen erwirtschaftet haben als unsere Eisenbahner, ist sicher nicht zuletzt auf das dichte Nebenbahnnetz in Österreich zurückzuführen, das ja pro Schienenkilometer ebensoviel Personalaufwand erfordert wie eine rentable Strecke. Deshalb wird dort jetzt auch rationalisiert: Bahnhöfe werden aufgelassen beziehungsweise »personallos« als reine Ein- und Aussteigestellen geführt. Die Lokomotiven bekommen Zugfunk, so daß die Strecken mit weniger Beschäftigten bedient werden können.

Durch den Bau des Zentralverschiebebahnhofs in Wien-Kledering und des Großverschiebebahnhofs Villach Süd kann gleichfalls teure menschliche Arbeitskraft eingespart werden. Die Verminderung der »Standzeiten« – also jener Stunden und Tage, in denen die Waggons unproduktiv umherstehen oder leer durch die Gegend rollen – reduziert außerdem den Investitionsaufwand. Die Beschleunigung der Abwicklung trägt dazu bei, daß auf Jahre hinaus praktisch kein Bedarf an »rollendem Material«, also vor allem an Güterwaggons, besteht.

Immerhin verfügten die Bundesbahnen Ende 1985 über 915 Elektrolokomotiven, über 577 Dieselloks und über 18 Dampflokomotiven für Schmalspurbahnen. Dazu kamen 3 359 Personen- sowie 588 Gepäckwagen und 33 063 Güterwagen. Eine auch nur geringfügige Beschleunigung des Umlaufs dieser Fahrzeuge hat den gleichen Effekt wie die Anschaffung zusätzlichen Materials und kann Milliarden einsparen helfen.

Dazu kommt aber noch ein zweites. Die Bundesbahnen sind derzeit deshalb für viele Aufgaben so unattraktiv, weil sie zu langsam sind. Das gilt nicht für den »Stundentakt« im Personenfernverkehr auf der West- und der Südbahnstrecke; diese Züge sind ja auch recht beliebt.

Ganz anders aber sieht es im Güterverkehr aus. In einer von der Verkehrssektion der Bundeswirtschaftskammer erarbeiteten Studie wurde ermittelt, wie lange Güterzüge im Durchschnitt unterwegs sind. Dabei ist herausgekommen, daß eine Fracht zwischen dem Güterbahnhof Wien-Matzleinsdorf und Augsburg im Schnitt 34 Stunden, von Wien nach Hamburg 35 bis

39 Stunden, von Hallein nach Cuxhaven sogar 48 Stunden braucht. Dazu kommt noch die Verladefrist.
»Setzt man diese Lieferfristen zu der durchmessenen Entfernung ins Verhältnis, so kommt man auf durchschnittliche Transportgeschwindigkeiten, die zwischen 13 und 17 Stundenkilometern liegen«, heißt es in der Studie. Dabei wurden zur Ermittlung der Fahrzeiten die schnellen sogenannten TEEM-Züge herangezogen. Eilsendungen verderblicher Güter brauchen von Bremerhaven nach Wien, Salzburg oder Villach 42 Stunden, Kesselwagen von Hamburg in den Wiener Raum drei bis vier Tage.
Bei diesen Transportzeiten fällt der Wirtschaft die Entscheidung zwischen Schiene oder Straße nicht schwer. Auf der Straße wird oft nicht einmal die halbe Zeit benötigt, und außerdem muß nicht auf feste Abfahrtszeiten Rücksicht genommen werden.
Diese Präferenz für die Straße ist nicht nur aus Umweltschutzgründen bedauerlich, sondern auch wegen der hohen Defizite, die die Eisenbahn aufgrund dieser Mißstände einfährt. Daß es auch anders geht, beweist die internationale Seeschiffahrt.
Der Seetransport von Gütern zwischen den Vereinigten Staaten und den deutschen Nordseehäfen kommt heute in der Regel billiger als der Landtransport von diesen Häfen nach Österreich. Die billigen Seefrachttarife sind nur durch perfekte Organisation möglich.
Ein Containerschiff von 60 000 Bruttoregistertonnen verschlingt pro Tag mehr als 1,4 Millionen Schilling an Kosten. Es liegt deshalb im Durchschnitt nicht länger als elf Stunden im jeweiligen Hafen. Mit Computerhilfe werden die Daten für die Trimmung des Schiffes, die Stauung nach Bestimmungsort, die Organisation der Beistellung und für die Umsetzung der Container bereits lange vor Ankunft der Ware berechnet.
Ähnliches sollten doch auch die Bundesbahnen schaffen. Tatsächlich bemüht sich die Bahn seit einigen Jahren schon erkennbar mehr als früher. Eine konsequente Fortsetzung dieser Strategie aber erfordert auch eine Änderung der Investitionspolitik. Wenn der Waggonumlauf beschleunigt wird, braucht man beispielsweise weniger Waggons, dafür aber mehr Lokomotiven.
Das sind wichtige, aber nicht sehr spektakuläre Entscheidungen. Der geplante Bau von Hochleistungsstrecken für die West- und Südbahn hingegen macht immer wieder Schlagzeilen, obwohl deren Bedeutung sicher nicht größer ist als die einer Umkrempelung der innerbetrieblichen Organisation. Da ist von 90 Milliarden Schilling die Rede, die in eine völlig neue Trassenführung zwischen Wien und St. Pölten entlang der Donau, in einen Semmering-Basistunnel und einen neuen Zentralbahnhof im zweiten Wiener Gemeindebezirk in der Nähe des Praters investiert werden sollen. Verkehrsmi-

nister Streicher träumte immer wieder von einer neuen Südroute der Bahn durchs Burgenland, die Fahrzeiten von nur wenig mehr als einer Stunde zwischen Wien und Graz ermöglichen würde, aber leider unrentabel wäre. Eine weitblickende und über regionale Interessen hinausgehende Verkehrspolitik hätte den Bau einer solchen Linie im Zusammenhang mit der Anbindung der steirischen Landeshauptstadt ans internationale Flugnetz sehen müssen. Eine Stunde Fahrzeit von Graz zum Flughafen Wien-Schwechat wäre wohl eine attraktive Alternative zum Ausbau des Grazer Flughafens gewesen, und die steirischen Umweltschützer könnten auch zufrieden sein. Derartig weitgreifende Überlegungen aber sind in Österreich die Ausnahme, und die Verkehrspolitik bleibt deshalb teures Stückwerk.

Donauschiffahrt ist auf Grund gelaufen

Fast ärger noch als den Bundesbahnen ist es in den letzten Jahren der gleichfalls staatlichen Donaudampfschiffahrtsgesellschaft DDSG ergangen. Der – nach österreichischer Sitte selbstverständlich im Parteiproporz besetzte – Vorstand hat es geschafft, Verluste in halber Höhe des Jahresumsatzes einzufahren.

Auf den ersten Blick hat es allerdings fast den Anschein, als hätten die Manager recht erfolgreich gewirtschaftet. 1985 wurde in der Bilanz sogar ein kleiner Jahresgewinn von etwas mehr als 220 000 Schilling ausgewiesen. Der Bund mußte freilich vorbilanzlich einen Staatszuschuß von 246 Millionen Schilling leisten, und das bei einem Gesamtumsatz von 561,6 Millionen Schilling.

Auf jeden der 1 000 Mitarbeiter entfiel also ein überaus bescheidener Jahresumsatz von 562 000 Schilling – und ein Bundeszuschuß zu Lasten der Steuerzahler von 246 000 Schilling.

Insgesamt hat der Bund allein seit 1981 rund eine Milliarde Schilling als verlorene Subventionen in das Unternehmen hineinstecken müssen. Trotzdem schiebt die DDSG aus den Zeiten, als der Fehlbetrag noch nicht automatisch durch außerordentliche Zuwendungen abgedeckt worden ist, einen Verlustberg von genau 144,8 Millionen Schilling vor sich her.

Jetzt sollen endlich ein neues Personen- und Frachtverkehrskonzept realisiert, verbesserte Marketingmethoden angewendet und Rationalisierungsmaßnahmen gesetzt werden, die allerdings 150 bis 200 Beschäftigten den Arbeitsplatz kosten werden. Wenn DDSG-Sprecher immer wieder darauf hinweisen, daß der Personalstand seit 1971 ohnehin schon um 25 Prozent reduziert wurde, mag das stimmen; jedenfalls war es offenbar zuwenig, um aus den tiefroten Zahlen zu dampfen.

Zu der negativen Entwicklung haben auch offenkundige Fehlentscheidungen im Investitionsbereich beigetragen. So wurde beispielsweise in Großbritannien ein Tragflügelboot für den lukrativen Liniendienst nach Budapest erstanden und auf den schönen Namen »Donaupfeil« getauft.
Der Pfeil aber blieb allzuoft im Köcher. Das im Frühjahr 1986 in Dienst gestellte Schiff mußte allein im Sommer desselben Jahres nicht weniger als 31mal wegen ein und desselben Fehlers in die Werft.
Das Geschäft machten indessen die Ungarn mit einem gleich schnellen, aber zu günstigeren Fahrpreisen verkehrenden Tragflügelboot. Und weil sie mit der eigenen Kapazität die Nachfrage nicht befriedigen konnten, charterten die Ungarn tschechoslowakische Boote dazu. Der DDSG blieb die wenig ertragreiche Aufgabe, die Tickets für die Konkurrenz zu verkaufen, während das eigene Schiff in der Werft lag.
Auch im Frachtbereich – er brachte 1985 Umsätze von 460 Millionen Schilling – liegt vieles im argen. Die DDSG muß ihren völlig veralteten Schiffspark erneuern und die Kapazitäten ausweiten. Derzeit könnte die österreichische Gesellschaft den ihr vertraglich zustehenden Hälfteanteil an den Donautransporten von und nach Österreich aus Schiffsmangel gar nicht nützen. Es ist also recht sinnlos, wenn sie über die Dumpingangebote der Oststaaten jammert, die nicht kostendeckende Tarife anbieten.
Das Finanzministerium als Leidtragender der Misere hat einmal errechnet, daß nur rund 30 Prozent des Frachtvolumens auf die DDSG, der Rest aber auf sowjetische Schiffe entfällt. Mit der Inbetriebnahme des Rhein-Main-Donau-Kanals wird die heimische Schiffahrt unter zusätzlichen Druck westlicher Anbieter geraten. Man kann sich ausrechnen, was dann passiert, wenn inzwischen nichts geschieht.
Die ausländische Konkurrenz hat aber auch schon bisher nicht geschlafen. Eine Passauer Reederei hat im Sommer 1986 ein Bombengeschäft auf der österreichischen Donau gemacht. Sie hat die Zahl der zwischen Passau und Linz beförderten Passagiere binnen Jahresfrist von 39 500 auf 50 700 gesteigert, 246 300 statt 227 500 Passagiere auf Ausflugsfahrten mitgenommen und 16 500 Jugendliche jeden Samstag auf ihr »Tanzschiff« gelockt.
Die Bayern haben das sicher nicht aus Liebe zum österreichischen Fremdenverkehr getan, sondern aus kommerziellen Überlegungen. Sie wollten Gewinne machen, und das ist ihnen mit einem geschickten, an Kundenwünschen orientierten Konzept auch gelungen. Die an der Donau liegenden Gemeinden sollten deshalb auch nicht bloß an die Fremdenverkehrsgesinnung der Regierung appellieren, wenn wieder einmal die Einstellung oder Reduktion der heimischen Donauschiffahrt zur Diskussion steht. Sie sollten sich überlegen, was sie selbst zur Attraktivität beitragen könnten.

Jetzt hat die DDSG jedenfalls den Auftrag erhalten, bis 1989/90 aus den roten Zahlen zu kommen. Ob das mit einem Schrumpfungs- oder mit einem Expansionskonzept geschieht, wird maßgeblich vom neuen Vorstand abhängen, der die österreichische Donauschiffahrt aus dem Trockendock herausführen soll.
Attraktive Angebote ziehen jedenfalls sehr wohl auch Käufer (oder im konkreten Fall besser: Passagiere) an. Benötigt werden nur Phantasie und gutes Marketing statt Amtsstubenmentalität, Interventionismus und staatlich garantierter Verlustabdeckung.

Die Beamten werden unbezahlbar

Bürokratieabbau statt Verwaltungsexplosion

In Ihrem Haus wohnen zufällig gerade 25 Menschen, Kinder und Pensionisten eingeschlossen? Dann befindet sich – rein statistisch gesehen – auch ein Bundesbediensteter darunter. Nimmt man aber die Zahl der Erwerbstätigen Österreichs als Basis, so ist gar schon jeder neunte im »öffentlichen Dienst« tätig. Die übrigen acht müssen ihn bezahlen.

In dieser Rechnung steckt natürlich wie in jeder derartigen Auflistung eine gehörige Portion Demagogie. Von den insgesamt knapp 300 000 Bundesbeamten (einschließlich Vertragsbediensteter und Arbeiter) sind allein 70 000 bei den Bundesbahnen, 57 000 bei der Post- und Telegraphenverwaltung tätig. Würden diese Unternehmen als Privatbetriebe geführt, müßten sie gleichfalls erklecklich Personal beschäftigen – wenn auch mit Sicherheit weniger als jetzt –, nur wären das dann eben keine Beamten.

Auch die 33 000 Beamten des »Sicherheitswesens« wären nicht ohne weiteres einzusparen, desgleichen nicht die 11 000 Mitarbeiter der Gerichtsbarkeit und des gerichtlichen Strafvollzugs. Auch die 53 000 im Unterrichtswesen sowie in Kultur und Forschung tätigen Beamten würden uns zumindest teilweise abgehen, und das gilt wohl auch für die 75 000 Landeslehrer, für die der Bund finanziell aufzukommen hat.

Mehr Beamte als Industriebeschäftigte

Immerhin arbeiten aber allein in den Zentralstellen des Bundes mehr als 7 000 Menschen, und in der »allgemeinen Verwaltung« sind es insgesamt knapp 38 000. Die letzte Mikrozensuserhebung aus dem Jahr 1984 kommt auf 418 000 im »öffentlichen Dienst« tätige Menschen. Diese Zahl ist bereits beträchtlich größer als die der 392 417 Industriebeschäftigten in Österreich.

Die rasante Entwicklung zum Verwaltungsstaat hat schon in der Zeit um die Jahrhundertwende ihren Anfang genommen. Im Jahr 1870 kam die österreichische Reichshälfte von Österreich-Ungarn (»Cisleithanien«) noch mit 80 000 Staatsdienern (einschließlich Bahn und Post) aus; das waren vier Beamte auf jeweils 1 000 Einwohner. 1910 waren dann schon 400 000 Beamte bei 29 Millionen Einwohnern im Einsatz. Damit kamen 14 Beamte auf jeweils 1 000 Menschen.

Heute sind wir schon soweit, daß der Bund mehr als ein Viertel seiner Einnahmen – also unserer Steuerleistung – für die Besoldung der aktiven

Staatsbeamten sowie der Landeslehrer ausgeben muß. Dazu kommen dann noch die Gehälter der übrigen Landes- und Gemeindebediensteten. Einschließlich der Pensionszahlungen fließen fast 40 Prozent der Gesamteinnahmen in die Bezahlung des Beamtenheeres.

Das ist ein auf die Dauer untragbarer Zustand. Wir verwalten uns sonst zu Tode. Zwar hieße es den Staatsdienern unrecht tun, würde man ihnen generell mangelnde Einsatzbereitschaft und geringe Effizienz verworfen. In seiner Budgetrede für 1986 hat der damalige Finanzminister Franz Vranitzky aber schon am 23. Oktober 1985 im Parlament offiziell zugegeben, daß »jede große Organisation von Ineffizienz bedroht« ist. Für die Staatsverwaltung, in der Kostendenken zumindest auf der Beamtenebene ja keinesfalls vorrangige Bedeutung hat, gilt das erst recht.

So ist es doch zumindest fraglich, ob es wirklich notwendig gewesen ist, das Heer der Staatsdiener in den letzten zehn Jahren allein um 13 000 Bundesbeamte aufzustocken, während die Zahl der Industriebeschäftigten um ungefähr den doppelten Wert geschrumpft ist. Dazu aber kommt noch ein Zweites: Es werden immer mehr teure A- und B-Beamte (mit Matura oder sogar Universitätsabschluß) eingestellt, während die Zahl der C-Beamten schrumpft.

Im Interesse einer effizienten Verwaltung wäre diese Entwicklung grundsätzlich begrüßenswert. Sie führt aber andererseits zu einer Kostenexplosion – und von verbesserter, freundlicherer oder »kundengerechterer« Verwaltung verspürt der einzelne dennoch recht wenig.

Man hat eher den Eindruck, daß sich die alten, bereits 1958 veröffentlichten Parkinsonschen Gesetze vom selbstzweckhaften Wuchern aller Bürokratien bewahrheiten. C. Northcote Parkinson ging davon aus, daß sich ein Beamtenapparat nach einer unerbittlichen Wachstumsregel erweitert – und zwar unabhängig von der Arbeit, die getan werden muß.

Parkinson zitierte dabei die Zustände im britischen Marineministerium im Zeitraum von 1914 bis 1918. Damals ist die Zahl der Offiziere und Mannschaften der Royal Navy um 27 Prozent zurückgegangen, die Zahl der Beamten und des Büropersonals im Ministerium aber um 77 Prozent gestiegen. Von 1938 bis 1967 ist die Zahl der Offiziere und Mannschaften nur noch um 6 Prozent gesunken – die der Beamten im Ministerium aber hat sich verdreifacht.

Österreich hat schon lange kein Marineministerium mehr, aber die Entwicklung ist ähnlich verlaufen. Ein unverdächtiger Zeuge hat daraus schon 1978 folgende Forderung abgeleitet:

»Gleichzeitig ist selbstverständlich, daß eine effiziente Verwaltung auch besonders wachsam gegenüber bürokratischen Auswüchsen sein muß. Entscheidend ist, welche Bedürfnisse der Gemeinschaft in welchem Ausmaß

gedeckt werden sollen und ob die Verwaltung die ihr übertragenen Aufgaben nach strengsten wirtschaftlichen Maßstäben erfüllt.«
Und weiter: »Die Forderung nach Verwaltungsreform muß daher eine Forderung nach einer leistungsstarken, modernen, unbürokratischen und anpassungsfähigen öffentlichen Verwaltung sein. Eine so verstandene Verwaltungsreform zu verwirklichen heißt aber, daß modernste Managementmethoden in der Verwaltung ebenso Anwendung finden müssen, wie es zweckmäßig ist, sich der bestmöglichen technologischen Einrichtungen zu bedienen.«
Der Mann, der diese Worte geschrieben hat, wußte nicht nur genau, wovon er sprach, er hätte es auch in der Hand gehabt, die entsprechenden Änderungen vorzunehmen. Es war der damalige Finanzminister Hannes Androsch in seinem Buch »Staat, Steuern, Gesellschaft – Wirtschaftspolitik als Gesellschaftspolitik in der Welt von morgen« (Verlag ORAC). Die Richtigkeit der Analyse steht außer Zweifel; an den notwendigen Maßnahmen aber ist auch er gescheitert.
Tatsächlich entgleitet die Bürokratie immer wieder allen Versuchen, sie in den Griff zu bekommen. So wurde beispielsweise vor einiger Zeit die Automatik bei der Nachbesetzung von Posten gebremst, die durch Pensionierung, Austritt oder Tod von Beamten vakant werden. In diesen Fällen muß das Bundeskanzleramt den Dienstposten formell freigeben, ehe er wieder besetzt werden darf.
Früher wurde darum schon zwei bis drei Monate vor dem absehbaren Freiwerden angesucht. Jetzt darf das erst mit dem Zeitpunkt des Ausscheidens geschehen, und dann vergehen je nach Diensteifer der Beamten im Bundeskanzleramt zwei, drei oder manchmal auch sechs Monate, bis ein neuer Beamter den Posten einnehmen darf. Diese Regel darf nur in wirklich dringenden Fällen durchbrochen werden.
Die jeweiligen Kollegen des Exbeamten jammern natürlich, wenn sie plötzlich Mehrarbeit leisten müssen. Die Verwaltung ist durch diese neue Praxis aber bisher nicht zusammengebrochen, und der Bund hat immerhin etwas Geld eingespart. Sicher hat man auch gehofft, daß der eine oder andere Dienstposten sich während der Vakanz als durchaus entbehrlich erweisen könnte – insgesamt hat sich an der Anzahl der Beamten aber wenig geändert.
Besonders kraß zeigt sich das Ausufern der Beamtenzahlen in einem Bereich, in dem »Besteller« und »Zahler« auseinanderklaffen: bei den Landeslehrern. Diese werden, wie schon der Name sagt, von den einzelnen Bundesländern eingestellt, aber vom Bund bezahlt. Jeder Landespolitiker ist da gern großzügig, weil die Rechnung ja ein anderer zahlt.
Das Ergebnis sieht so aus: In den letzten zehn Jahren ist die Zahl der Lan-

deslehrer (ohne Pensionisten) um fast ein Viertel von 60 915 auf 75 093 gestiegen; die Bezüge dieser Lehrer (und damit die Belastung des Bundesbudgets) sind um fast 75 Prozent von 11,2 auf 19,3 Milliarden Schilling angewachsen.
Der Schulbereich ist überhaupt ein Musterbeispiel für großzügigen Umgang mit Steuergeldern. Die 7. und 8. Schulorganisationsgesetz-Novelle haben unter anderem die Herabsetzung der Klassenschülerhöchstzahl an Pflichtschulen und der Unterstufe der allgemeinbildenden höheren Schulen (AHS) zum Ziel gehabt. Die aufgrund des »Pillenknicks« sinkenden Schülerzahlen führen daher zu keiner Senkung der Klassenzahlen, im Gegenteil. Künftige Budgets werden mit Milliardenkosten belastet, die bei der Beschlußfassung der Gesetze im Parlament offenbar zuwenig beachtet worden sind.
Offiziell sind die Sozialisten stolz darauf, daß seit 1970 die Zahl der Lehrer in den allgemeinbildenden Pflichtschulen um 58 Prozent, in den berufsbildenden Pflichtschulen um 39 Prozent, in den allgemeinbildenden höheren Schulen um 88 Prozent und in den berufsbildenden höheren Schulen um 139 Prozent gestiegen ist.
Sie verweisen in Erfolgsbilanzen auch gern darauf, daß die durchschnittliche Schülerzahl je Klasse in diesem Zeitraum in den Volksschulen von 32 auf 19, in den Hauptschulen von 31 auf 22, in den Sonderschulen von 15 auf 8 und in den allgemeinbildenden höheren Schulen von 30 auf 26 gesenkt worden ist.
Unter vier Augen geben sie aber zu, daß die »Bildungsexplosion« zu weit gegangen und finanziell kaum noch zu bewältigen ist. Dazu hat auch die Tatsache beigetragen, daß die Gesamtzahl der Studenten in diesen anderthalb Jahrzehnten in Österreich von 53 152 auf 160 904 gestiegen ist.
Die Kosten der öffentlichen Verwaltung explodieren aber nicht nur wegen der ständigen Zunahme der Zahl der Beamten, sondern auch durch Gehaltserhöhungen, Vorrückungen und Zulagen. Um noch einmal Hannes Androsch zu zitieren – wohlgemerkt aus dem Jahr 1978: »Man muß den in der Verwaltung Tätigen zugestehen, daß sie von der allgemeinen Einkommensentwicklung nicht ausgeschlossen werden: Nicht weniger – aber auch nicht mehr.«
Schöne und richtige Worte, aber leider sind auch sie Theorie geblieben. Die Beamten haben es immer verstanden, bei ihren Lohnverhandlungen recht gute Abschlüsse herauszuholen. Sie haben diese Erfolge mit den Angestellten anderer »geschützter« Bereiche gemeinsam. Bank- oder Versicherungsangestellte erzielen regelmäßig höhere Abschlüsse als Beschäftigte in Branchen, denen der frische Wind des internationalen Wettbewerbs um die Ohren pfeift.

Wenn ein vor ausländischer Konkurrenz »geschützter Sektor« seinen Mitarbeitern kräftige Lohnerhöhungen genehmigt, werden die Produkte (wie beispielsweise Bankdienstleistungen oder Versicherungsprämien) zwar teurer, an der Wettbewerbsposition des einzelnen Unternehmens ändert sich dadurch aber nichts. In einer besonders angenehmen Situation sind da die Versicherungen, die die großzügigen Lohnabschlüsse gleich als Kostenfaktor in die Kalkulation der Kfz-Haftpflichtprämien einsetzen können und sie automatisch abgegolten bekommen.
Doch zurück zu den Beamten. Der Kostendruck ist im Staatswesen gering. Die meisten Finanzminister riskieren lieber ein etwas höheres Budgetdefizit als einen wirklich ernsten Konflikt mit den Beamten. Im Zweifelsfall werden dann eben keine Gehaltserhöhungen versprochen, sondern unauffälliger zu verbuchende Zulagen.
Diese Übung führt zu den skurrilsten Auswüchsen. So sieht beispielsweise der Zulagenkatalog des Amtes der Salzburger Landesregierung 197 Positionen vor. Da gibt es unter anderem eine Gefahrenzulage für Fensterputzer, Hausmaler, Baumsteiger, Sozialarbeiter sowie Beamte in der Alkoholikerbetreuung und der Nachbetreuung psychisch erkrankter Personen. Förster, Fürsorger, Maurer oder Umweltschutzbedienstete dürfen sich einer Bekleidungszulage erfreuen, und sogar für die Bedienung von Kopierautomaten gibt es eine Erschwerniszulage in Höhe von monatlich 510 Schilling.
Ähnlich sieht es auch in anderen Bundesländern und natürlich beim Bund selbst aus. Letzterer dürfte allerdings vergleichsweise knausrig sein. Der für die Beamten zuständige Kanzleramtsminister Franz Löschnak hat den Anteil der Zulagen am gesamten Personalaufwand einmal auf »nicht ganz 10 Prozent« geschätzt. Bei Gesamtausgaben von mehr als 90 Milliarden Schilling für die Aktivbezüge der Bundesbeamten summiert sich das aber immerhin auch auf satte neun Milliarden Schilling jährlich.

Lösung durch Aufnahmestopp und Bürokratieabbau

Gelöst werden kann das Poblem der überbordenden Verwaltungskosten des Bundes nur durch einen Aufnahmestopp; Hand in Hand damit muß ein Bürokratieabbau gehen. Je mehr »verwaltet« wird, desto mehr Beamte sind auch zur Abwicklung und Kontrolle notwendig. So sind allein im Jahr 1985 nicht weniger als 3 741 Seiten Bundesgesetzblätter erschienen, fast doppelt soviel wie die 2 022 Seiten des Jahres 1965. Nicht weniger als 551 Bundesgesetze wurden erlassen, die unser Leben regeln sollen. Unser Parlament hat also täglich, Samstage, Sonn- und Feiertage eingeschlossen, eineinhalb Gesetze verabschiedet.

Und diese Gesetze sind noch dazu überwiegend weder verständlich noch kurz: Kam die Unabhängigkeitserklärung der Vereinigten Staaten noch mit 300 Wörter aus, so umfaßt beispielsweise allein das Landesabgabengesetz eines durchschnittlichen österreichischen Bundeslandes etwa 25 000 Wörter.

Reglementiert ist in Österreich alles und jedes: Die je nach Qualitätsklasse erlaubte Krümmung der auf Märkten angebotenen Gurken ist ebenso in einer Verordnung festgelegt wie die zulässige Fleckenhäufigkeit bei Erdäpfeln oder die Mindestfärbung von Äpfeln oder Birnen. Genau 62 Schattierungen werden bei diesen Obstsorten ganz ernsthaft unterschieden, und es macht einen entscheidenden Unterschied, ob drei Viertel, die Hälfte, ein Viertel oder gar nur ein Zehntel der Oberfläche einer bestimmten Apfelsorte sortentypisch rot gefärbt, gestreift oder verwaschen ist.

Dem Lebensmitteleinzelhandel wurde in einem vom Landwirtschaftsministerium im Frühjahr 1985 erarbeiteten Entwurf sogar zugemutet, 44 Erdäpfelsorten auseinanderzuhalten, darunter auch »Piroschka«, die laut Qualitätsklassengesetz »sortenrein sein sollen, keine mißgestalteten Knollen aufweisen dürfen, eine leichte Grünfärbung maximal auf einem Achtel der Knollenoberfläche aufweisen dürfen und deren oberflächliche Beschädigung höchstens ein Viertel dieser Oberfläche ausmachen darf«.

In der Bearbeitungsphase vom ersten zum zweiten Entwurf wurde übrigens eine Erleichterung eingebaut. Beschädigungen durften nun 5 Millimeter tief reichen, während es zunächst nur 3,5 (!) Millimeter waren.

Solche Verordnungen sind einerseits einfach zum Lachen. Andererseits kann man sich schon grün und blau darüber ärgern, daß gutbezahlte Beamte um unser aller Steuergeld über diese Vorschriften sicher lange nachgedacht haben, dann Schreibkräfte die Entwürfe zu Papier gebracht haben und schließlich Druck und Versand nötig waren. Wen wundert es da noch, daß uns Verwaltung und Bürokratie in jeder Beziehung über den Kopf wachsen?

Begründet werden diese Qualitätsklassenverordnungen mit der Notwendigkeit des Konsumentenschutzes. Dann müßte man uns aber auch einmal vorrechnen, was diese Art von »Schutz« und Bevormundung auf allen möglichen Gebieten kostet. Die wenigsten Menschen wären bereit, dafür Steuern zu zahlen.

Wir werden aber gar nicht gefragt. Die Politiker ersparen uns von sich aus das eigene Beurteilen, das eigene Vergleichen, das eigene Rechnen und das eigene Denken. Der Staat tut alles für uns – allerdings nach seinen Richtlinien. Genauer gesagt: nach denen der Politiker, die die entsprechenden Gesetze und Verordnungen erlassen.

Ob diese Richtlinien immer mit den persönlichen Präferenzen des »geschützten« Bürgers übereinstimmen, ist zu bezweifeln. Ein klares Nein zur staatlichen Bevormundung in allen Lebensbereichen wäre deshalb der erste und wichtigste Schritt zur Bürokratiereform, zum Abbau der aufgeblähten Verwaltung und zur Kosteneinsparung.

Kürzere Arbeitszeit, harter Schilling

Widersprüche in der Wirtschaftspolitik

Die insgesamt durchaus erfolgreiche Wirtschaftspolitik der letzten Jahrzehnte basiert vor allem auf drei Eckpfeilern: auf der Hartwährungspolitik, auf der Einkommenspolitik und auf dem »Austro-Keynesianismus«, also auf dem Versuch, durch Erhöhung der Staatsausgaben die Wirtschaft anzukurbeln. Erst in jüngster Zeit haben sich Probleme gezeigt, die vor allem auf das überbordende Budgetdefizit zurückzuführen sind.
Zur Hartwährungspolitik bekennt sich Österreich offiziell seit Juli 1976, als der damalige Finanzminister Hannes Androsch in Absprache mit der Nationalbank die D-Mark zur »Leitwährung« für den Schilling erklärte. Bereits in den Währungswirren zu Beginn der siebziger Jahre hatte sich Österreich an einer Indikatorformel orientiert, die die Kursrelation des Schillings zu den wichtigsten wertbeständigen europäischen Währungen konstant halten sollte. Im Zuge des gezielten Ausscheidens schwacher Währungen blieb dann 1976 die D-Mark als praktisch alleinige Orientierungsmarke übrig.
Diese Politik war nicht unumstritten. Eine harte Währung bedeutet einen Wettbewerbsnachteil gegenüber Weichwährungsländern im Export; letztere können billiger anbieten. Welche Bedeutung das haben kann, hat sich in den letzten Jahren am Beispiel der Vereinigten Staaten gezeigt.
Als der Dollar binnen kurzer Zeit von 13 auf 24 Schilling gestiegen ist, haben viele amerikanische Industriebetriebe im Export nicht mehr mithalten können. Ihre Abnehmer waren nicht bereit, für eine Ware im unveränderten Wert von 100 Dollar plötzlich in Landeswährung, also beispielsweise in Schilling, das Doppelte zu zahlen. Die US-Anbieter hätten den Preis um die Hälfte senken müssen, um konkurrenzfähig zu bleiben, aber das konnten sie sich nicht leisten. Sie verlagerten die Produktion daher selbst ins Ausland, um überleben zu können.
Heute versuchen die USA, durch gezielte Dollarabwertung diese Entwicklung wieder rückgängig zu machen. Das gelingt allerdings nur teilweise, weil in den letzten Jahren wichtig gewordene Handelspartner die Kurse ihrer Währungen an den Dollar gekoppelt haben. Das gilt für Kanada ebenso wie für fast ganz Südamerika sowie für Korea und Taiwan. Außerdem können abgewanderte Industrien nicht so ohne weiteres wieder zurücktransferiert und neu aufgebaut werden.
Die Entscheidung Österreichs für eine konsequente Hartwährungspolitik – die allerdings nie zu einer derart übertriebenen Aufwertung geführt hat, wie sie die USA bis September 1985 erlebt haben – war also keineswegs ungefährlich. Der sozialpartnerschaftlich besetzte Beirat für Wirtschafts- und

Sozialfragen plädierte denn auch im Juni 1978 für eine »eigenständige«, nicht ausschließlich an der D-Mark orientierte Hartwährungspolitik. Bundeskanzler Kreisky stellte sich Ende 1980 offen gegen den bedingungslosen Geleitflug des Schillings unter Führung der D-Mark und gab anläßlich der Verabschiedung von Hannes Androsch aus dem Finanzministerium zu bedenken, »daß durch die forcierte Hartwährungspolitik viele österreichische Industriebetriebe übermäßige Ertragseinbußen« erlitten. Damals waren jedoch die Weichen längst gestellt, und die enge Schilling-DM-Bindung stand außer Diskussion. Die Vorteile überwogen, wurde doch Österreichs Industrie dadurch zu Rationalisierungsmaßnahmen und zur Modernisierung gezwungen. Andernfalls hätte sie es sich zwar vorübergehend bequem(er) machen und dank des weichen Schillings mit weniger Anstrengungen besser leben können.

Auf die Dauer hätte dies jedoch die Wettbewerbsfähigkeit der Wirtschaft gefährdet. Ein »weicher« Schilling bedeutet auch den Import von Inflation, weil für ausländische Waren wie beispielsweise Energie in Schilling mehr gezahlt werden muß. In weiterer Folge besteht die Gefahr allgemeiner Wohlstandseinbußen.

Möglich wurde die Hartwährungspolitik nur durch eine auch im Ausland als vorbildlich anerkannte Einkommenspolitik. Österreichs Arbeitnehmer waren vor allem Anfang der achtziger Jahre bereit, auf reale Einkommenszuwächse zu verzichten. Die relativ geringen nominellen Lohn- und Gehaltserhöhungen wurden damals durch die Inflation und durch die ständig steigende Steuerbelastung »weggefressen«. Nur durch den Lohnverzicht ihrer Mitarbeiter und durch Anspannung aller eigenen finanziellen Kräfte war die österreichische Wirtschaft in der Lage, trotz des harten Schillings mit der internationalen Konkurrenz mitzuhalten.

Der Beschäftigtenstand ist allerdings trotzdem gesunken. Allein zwischen 1981 und 1983 ist die Zahl der Beschäftigten insgesamt um 77 000 zurückgegangen, die der unselbständig Beschäftigten davon allein um 64 000 oder 2 Prozent. Gleichzeitig hat das Arbeitskräfteangebot aus demographischen Gründen – also wegen des Nachrückens geburtenstarker Jahrgänge – um ungefähr 1 Prozent jährlich zugenommen.

Hatte die Arbeitslosenrate in Österreich 1980 erst 1,9 Prozent betragen, so ist sie bis 1983 auf 4,5 Prozent gewachsen. Seither nimmt die Beschäftigung zwar wieder zu, aber auch die Arbeitslosenrate steigt. Im Spätherbst 1986 erreichte sie den historischen Nachkriegs-Höchststand von 1950.

Das vermeintliche Patentrezept von Sozialminister Alfred Dallinger gegen diese Entwicklung hieß stets: Arbeitszeitverkürzung. Nach der 1975 verwirklichten letzten Etappe der Reduktion der Wochenarbeitszeit auf 40 Stunden kam 1986 in weiten Teilen der Industrie die 38,5-Stunden-Woche,

und im Wahlkampf forderte Dallinger dann die beschleunigte Einführung der 35-Stunden-Woche.
Man muß anerkennen, daß Österreichs Arbeiter und Angestellte diesem Konzept immer mit berechtigter Skepsis gegenübergestanden sind. Im Zuge der VOEST-Krise hat der besorgte ÖVP-Betriebsrat Paul Burgstaller im Werk Leoben sogar vorgeschlagen, über die unbezahlte Beibehaltung der 40-Stunden-Woche abzustimmen. Er wollte damit dem Unternehmen helfen oder sogar Kündigungen vermeiden.
Ärgeres hätte Burgstaller in den Augen der Gewerkschaftskollegen kaum anrichten können. Angeblich wurde sogar überlegt, ihn wegen »Verrats« aus der (natürlich sozialistisch dominierten) Gewerkschaft auszuschließen. Abgestimmt wurde über seinen Vorschlag nicht, man schwieg ihn tot.
An der Gewerkschaftsspitze nämlich zählt die Arbeitszeitverkürzung nach wie vor zur Lieblingsstrategie. Daß die meisten Österreicher gar keine zusätzliche Freizeit haben wollen, sondern lieber etwas mehr Geld auf dem Konto sehen würden und sich deshalb um Möglichkeiten zum »Pfuschen« umschauen, wird von den Gewerkschaftsbossen geflissentlich übersehen. Es wurde ja das Zugeständnis bedeuten, erstens eine falsche Strategie gewählt und zweitens weitere Arbeitsplätze in Gefahr gebracht zu haben. Jeder »Pfuscher« nimmt ja einem regulär Beschäftigten den Arbeitsplatz weg. Wenn Betriebe wegen exorbitanter Lohnkosten beispielsweise Dienstleistungen nur noch zu unbezahlbaren Preisen anbieten können, geht der Trend automatisch zur Schwarzarbeit.
Wo diese Alternative nicht besteht, wie bei exportorientierten Unternehmen, wandern die Arbeitsplätze nicht in die Schattenwirtschaft, sondern ins billiger produzierende Ausland ab. Die ausländischen Gewerkschaften werden es ihren österreichischen Kollegen zu danken wissen ...
Ein unverdächtiger Zeuge für die Realität dieser Gefahr ist Hans Seidel. Der frühere Leiter des Wirtschaftsforschungsinstituts, der dann etliche Jahre neben Herbert Salcher Staatssekretär im Finanzministerium gewesen ist, ehe er Direktor des Instituts für Höhere Studien wurde, schreibt dazu: »Wie viele Arbeitsplätze die Verkürzung der Arbeitszeit (in den siebziger Jahren) tatsächlich gesichert hat, ist freilich nicht leicht zu schätzen. Sie hat zwar bewirkt, daß das Arbeitsvolumen auf mehr Köpfe aufgeteilt wurde, gleichzeitig aber das Arbeitsvolumen selbst gedrückt. Denn sie hat dazu beigetragen, daß sich die internationale Kostenposition Mitte der siebziger Jahre so stark verschlechterte und die expansive Geld- und Finanzpolitik in so hohem Maß ins Leere ging (die Produktion des Auslandes stimulierte).«
Erschienen ist der Aufsatz, dem das Zitat entnommen ist, in Band 1 über »Österreichs Wirtschaftspolitik 1970 bis 1985 – Erfolgreiche Wirtschaftspolitik unter erschwerten Rahmenbedingungen« (Verlag für Jugend und

Volk); das Buch wurde auf dem Höhepunkt des Nationalrats-Wahlkampfs Anfang November 1986 vom Obmann des »Vereins für Gesellschafts- und Wirtschaftswissenschaften« präsentiert, und das war niemand geringerer als der sozialistische Wirtschaftsexperte und damalige Landwirtschaftsminister Erich Schmidt.
Aus dem Expertendeutsch in eine allgemeiner verständlichen Sprache übersetzt, hat Hans Seidel kritisiert, daß durch die Arbeitszeitverkürzung die Kosten der österreichischen Wirtschaft stärker gestiegen sind als im Ausland und daß einerseits Produktionsverlagerungen ins Ausland sowie andererseits vergleichsweise billigere Importe stimuliert wurden. Ob das das Ziel der österreichischen Wirtschaftspolitik sein kann, hätte eigentlich auch der Sozialminister überdenken müssen.

Die Strukturanpassung noch nicht bewältigt

Die ständigen Forderungen des Sozialministers nach Arbeitszeitverkürzung und anderen für die Wirtschaft kostspieligen Zuckerln haben aber nicht nur die Kostenposition vieler österreichischer Unternehmen verschlechtert, sondern auch zu einer tiefen Verunsicherung geführt. Die Investitionstätigkeit hat sich verlangsamt, Seidel spricht sogar von einer ausgesprochenen »Investitionsmüdigkeit« seit dem Beginn der achtziger Jahre.
Nun kann man darüber streiten, welchen Anteil die Sozialutopien Dallingers an dieser Entwicklung gehabt haben. Faktum ist aber sicher, daß die ständig drohende Gefahr überproportional steigender Kosten nicht dazu beiträgt, Unternehmer oder Manager zur Vornahme von Investitionen zu ermutigen.
Schließlich läßt sich eine Wachstumsstrategie angesichts des kleinen österreichischen Marktes nur erfolgreich verwirklichen, wenn Exportchancen winken. Im Ausland aber nimmt man auf die Sozialpolitik Dallingers keine Rücksicht – dort zählen die Preise, und die hängen nun einmal stark von den (Personal-)Kosten ab.
Der Staat hat die Investitionsschwäche nicht kompensieren können. Lassen wir noch einmal den Wirtschaftsforscher und Ex-Staatssekretär der Regierung Kreisky, Hans Seidel, zu Wort kommen: »Auffallenderweise haben im letzten Jahrzehnt nicht nur die produktiven Investitionen der Wirtschaft, sondern auch die Infrastrukturinvestitionen der öffentlichen Hand stagniert. Die Bruttoinvestitionen der öffentlichen Verwaltung hatten 1972 einen Anteil von 5,2 Prozent des Bruttoinlandsprodukts, Anfang der achtziger Jahre jedoch nur noch von 3,5 Prozent.«
Das bedeutet, schreibt Seidel weiter, »daß eine zentrale Vorstellung der

Krisenbewältigung verfehlt wurde, die Vorstellung nämlich, daß der Staat in der Krise den Rückgang der produktiven Investitionen durch zusätzliche Infrastrukturinvestitionen ausgleichen soll, die zwar nicht das Wachstum fördern, wohl aber Vollbeschäftigung sichern und der künftigen Generation einen materiellen Gegenwert für die Staatsschuldenproblematik geben, die sie zu bewältigen haben«.

Dieser Abrechnung mit den Idealvorstellungen der staatlichen Konjunkturpolitik ist wenig hinzuzufügen. Der Staat hat nicht vermocht, seine »laufenden Ausgaben« dem geschrumpften Wachstum und den dadurch nur langsam gestiegenen Einnahmen anzupassen. Dadurch sind die Defizite explodiert, obwohl die Investitionen reduziert werden mußten. Die Zinszahlungen auf die Staatsschulden absorbieren einen ständig wachsenden Anteil der Budgetdefizite.

Welche Konsequenzen das hat, zeigt sich an der Obersteiermark. Dort ist jahrelang vergeblich versucht worden, durch massive Subventionen oder entsprechenden Druck auf verstaatlichte Unternehmen unrentable Betriebe am Leben zu erhalten. Mitte 1986 mußte dann der neubestellte VOEST-Generaldirektor Herbert Lewinsky die Bankrotterklärung dieser Strategie verkünden: Die defizitären Werke waren nicht mehr zu halten.

Die Regierung beschloß daraufhin ein »Strukturkonzept« für die gefährdeten Regionen. Das allerdings kam reichlich spät. Die Verlustabdeckung in den obersteirischen Industriebetrieben hat Milliarden verschlungen; hätte man diese Beiträge beizeiten in strukturverbessernde Maßnahmen vom Autobahnbau über die Modernisierung und Beschleunigung der Eisenbahnverbindungen bis zur Umschulung der Arbeiter gesteckt, wäre der Region weit mehr geholfen gewesen. Das hätte sich freilich nicht so gut in stimmenträchtige »Arbeitsplatzgarantien« ummünzen lassen.

Die Folge dieser strukturkonservierenden Wirtschaftspolitik der letzten Jahre ist leicht erkennbar. Österreich hat einen im Vergleich zu anderen Industriestaaten überdurchschnittlich hohen Anteil an Exporten von Rohstoffen und Halbfertigfabrikaten, aber einen zu geringen Prozentsatz an Ausfuhren von hochwertigen Endprodukten. Dadurch geraten wir leicht unter Preisdruck, und zwar nicht zuletzt von seiten jener Entwicklungsländer, die allmählich den Schritt zum Industriestaat vollziehen (»Schwellenländer«). Wir müssen deshalb in Länder mit zweifelhafter Zahlungsfähigkeit liefern und die entsprechenden Lieferantenkredite staatlich absichern.

In Deutschland beispielsweise ist die Arbeitslosigkeit zwar höher, die Strukturbereinigung aber schon viel weiter fortgeschritten. Unrentable Wirtschaftszweige wie die Stahlindustrie wurden »gesundgeschrumpft«; das hat zwar auch Steuermittel gekostet, aber eine bessere Ausgangsposition für die nächsten Jahre geschaffen.

Sorgen auch mit dem Fremdenverkehr

Aber nicht nur die Exportstruktur, sondern auch der zweite große Devisenbringer Österreichs, der Fremdenverkehr, macht Sorgen. Insgesamt leben fast 94 000 Betriebe ganz oder teilweise von dieser Branche, davon 21 000 Hotels, Gasthöfe und Pensionen mit insgesamt 650 000 Fremdenbetten und 57 000 Privatunterkünfte, in denen rund 370 000 Betten für die Gäste bereitstehen.

Fast 100 Milliarden Schilling bringen ausländische Touristen Jahr für Jahr nach Österreich, verglichen mit ungefähr 350 Milliarden Schilling Erlösen aus dem Warenexport. Mit einem Anteil von fast der Hälfte an den Gesamtnächtigungen dominieren die Deutschen mit weitem Abstand; an den Ausländernächtigungen (ohne Inländer-Fremdenverkehr) partizipieren sie sogar mit zwei Dritteln.

Österreich hat auch in diesem Bereich in den letzten Jahren Versäumnisse aufzuweisen, die sich bereits in der Statistik niederschlagen. Im Winter ist das Problem nicht so groß. Schnee und guterschlossene Berge haben neben Österreich eben nur ganz wenige andere Länder in Europa aufzuweisen, und den Touristen bleibt sozusagen gar keine andere Möglichkeit, als hier Station zu machen.

Im Sommer dagegen sieht die Situation ganz anders aus. Da müssen wir mit Ländern wie Italien oder Jugoslawien konkurrieren, die weit stabilere Witterungsverhältnisse aufzuweisen haben und dazu noch teilweise mit niedrigeren Preisen locken. Da bedarf es schon einiger Anstrengungen, um mitzuhalten.

Die mit Milliardeneinsatz erfolgte Sanierung der Salzkammergutseen, die heute Trinkwasserqualität aufzuweisen haben, ist ein gutes Beispiel für eine richtige Strukturpolitik. In Zeiten, in denen die Meere immer schmutziger werden und das Baden dort zum Teil schon gesundheitsgefährdend ist, stellt sauberes Wasser ein wichtiges Argument im Kampf um den Touristen dar.

Leider haben nicht alle privaten Zimmervermieter und auch nicht alle Hotel- und Pensionsbesitzer schon erkannt, daß sie im Wettbewerb mit anderen Anbietern aus dem In- und vor allem aus dem Ausland stehen. Da werden kleine Substandardzimmer zu stolzen Preisen angeboten, beim Frühstück wird das Zwei-Deka-Packerl Butter zur einsamen Semmel serviert und jedes zusätzliche Stück extra verrechnet.

Der Versuch, auf diese Weise die hohen Investitionen der Vergangenheit rasch zu amortisieren, ist in Zeiten der Überbelegung gut gegangen. Oder besser gesagt: er hat Geld gebracht, aber gleichzeitig Image gekostet. Sobald sich Alternativen geboten haben und Betten leergestanden sind, waren

die Gäste, die sich dadurch erstens geneppt, aber zweitens hilflos gefühlt haben, sehr rasch weg.
Viel geklagt wird von den Gastronomie- und Beherbergungsbetrieben auch über die Steuerpolitik bei Getränken. Die extrem hohe Belastung mit Abgaben und die daraus resultierenden hohen Preise haben die Touristen in Scharen aus den Restaurants in Supermärkte getrieben, wo sie sich mit Getränken eindecken. Daraus resultiert ein Umsatzverlust für Hotels und Restaurants, dem manche kurzsichtige Unternehmer mit weiteren Preiserhöhungen beizukommen versuchen.
Erfolgreicher wäre die Strategie, unter Verzicht auf Gewinn den Gast im Haus zu halten. Dadurch könnten zumindest die Fixkosten (Investitionen und Personal) gedeckt werden – und vielleicht fallen dabei doch noch zusätzliche Umsätze und Erträge ab.
Weitblickende Unternehmer haben das erkannt und versuchen ihre Gäste durch zusätzliche Attraktionen an den Betrieb zu binden. Da werden Schlechtwetterprogramme angeboten und Ausflüge sowie Unterhaltungsmöglichkeiten organisiert, um erst gar nicht Langeweile aufkommen zu lassen. Ein Gast, der umworben wird und sich wohl fühlt, wird länger bleiben und eher wiederkommen als einer, der nur als Melkkuh angesehen und entsprechend behandelt wird.
Diese Probleme des Massentourismus und seiner positiven Bewältigung sind 1986 etwas in Vergessenheit geraten, weil der teilweise Ausfall der amerikanischen Gäste in der Öffentlichkeit unverhältnismäßig große Aufregung verursacht hat. Unverhältnismäßig deshalb, weil die US-Touristen zwar für einige Großhotels in Wien, Salzburg und Innsbruck von entscheidender Bedeutung sein mögen, insgesamt aber nur einen verschwindend kleinen Teil der Gesamtnächtigungen ausmachen.
Auf dem Höhepunkt des Zustroms amerikanischer Touristen wurden 1985 im Sommerhalbjahr ganze 1,7 Millionen Nächtigungen von Gästen dieser Nationalität gezählt, das waren knapp mehr als 3 Prozent aller 51,2 Millionen Ausländernächtigungen. Die Holländer beispielsweise stellten ein dreimal so großes Kontingent.
Trotzdem schmerzt es natürlich vor allem regional, wenn sich beispielsweise in Wien die Zahl der Nächtigungen von US-Touristen von Jänner bis September 1986 auf 307 681 und in Salzburg auf 136 494 halbiert hat. Dazu kommt noch, daß die Amerikaner bei ihren Kurzaufenthalten überdurchschnittlich viel Geld ausgeben – nämlich im Sommer durchschnittlich 2 300 Schilling täglich, das ist viermal soviel wie der österreichische Urlauber. Trotzdem läßt sich auf diese Gruppe allein keine wirksame Fremdenverkehrspolitik gründen.

Das falsche Augenmaß ist aber nicht nur für den Fremdenverkehr, sondern auch für viele andere Bereiche der österreichischen Strukturpolitik symptomatisch. Da wurden Arbeitsplätze in unrentablen Betrieben »gesichert« statt in neue, zukunftsträchtige verlagert. Da wagten sich Manager der verstaatlichten Industrie in »moderne Branchen« wie die Elektronik, obwohl sie weder von der Produktion noch von den Märkten etwas verstanden. Prompt fielen sie auf Kosten unserer Steuergelder fürchterlich auf die Nase. Da wurde aber auch Gigantomanie à la Verwaltungszentrum der Pensionsversicherungsanstalt der Angestellten in Wien, AKH, UNO-City oder Konferenzzentrum betrieben, weil Politiker die Lage falsch eingeschätzt haben oder sich Denkmäler setzen wollten. Hand in Hand damit ging ein Ausbau der Bürokratie, der uns alle viel Geld und noch viel mehr Zeit kostet.

Die versäumten Möglichkeiten von gestern können die Pleiten, aber auch die Chancen von morgen werden. Mit dem AKH, der UNO-City und dem Konferenzzentrum sowie den daraus resultierenden Folgekosten werden wir leben müssen. Auch das riesige Budgetdefizit ist eine Hypothek, die wir nur allmählich und zu Lasten sonst möglicher Wohlstandsmehrung abtragen können.

Die Sanierung der verstaatlichten Industrie aber, der Abbau bürokratischer Hemmnisse, die Verminderung des alles reglementierenden Staatseinflusses und eine große Steuerreform – das alles sind Aufgaben, die in der jetzigen Aufbruchstimmung leichter angegangen werden können als noch vor fünf Jahren.

Das oft gebrauchte Wort von der Aufbruchstimmung stimmt allerdings nur teilweise. Primär ist es vorerst eine Staatsverdrossenheit, ein Unmut über immer unangenehmer empfundene bürokratische Hemmnisse in allen Lebenslagen und über ein Steuersystem, dessen Fülle an Ausnahmebestimmungen und Hintertürln selbst jenen schon auf die Nerven fällt, die sie recht gut zu nützen verstehen.

Der Trend geht zur Leistungsbereitschaft, die sich aber auch lohnen muß. Wer täglich vor Augen geführt bekommt, wie »die da oben« Denkmäler bauen, verschwenderisch mit Steuergeld umgehen und es sich (und ihren Freunden) richten, verliert die Freude an der eigenen Arbeit.

Es läßt tief blicken, wenn der sozialistische »Verstaatlichten«-Minister Rudolf Streicher im Oktober 1986 bei der Eröffnung der »Betriebswirtschaftlichen Woche« in Wien betont hat, daß sich die Spielregeln der verstaatlichten Industrie künftig nicht mehr von jenen der Privatindustrie unterscheiden dürften. Nur finanzkräftige, marktgerecht agierende Staatsbetriebe könnten auch sichere Arbeitsplätze bieten.

Ein wahres Wort. Aber hat das früher niemand erkannt, mußte erst die große Krise kommen, ehe solche Feststellungen auch gehört und ernstgenommen werden?

Die Antwort ist ernüchternd: ja. Wer hätte Mitte der achtziger Jahre geglaubt, daß ein sozialistischer Bundeskanzler mitten im Wahlkampf gemeinsam mit seinem sozialistischen »Verstaatlichten«-Minister eine Pressekonferenz geben und dort den teilweisen Verkauf verstaatlichter Betriebe ankündigen könnte? Genau das haben Vranitzky und Streicher aber am 30. Oktober 1986 getan und sich dabei nicht gescheut, eine alte ÖVP-Forderung zu erfüllen.

Und wer das nicht glauben kann, braucht nur in der parteiamtlichen Sozialistischen Korrespondenz nachzulesen: »Privatisierungsmaßnahmen sind für uns keine Frage der Ideologie, sondern eine Frage der Zweckmäßigkeit«, tickte es an diesem Tag um genau 13.29 Uhr über die Fernschreiber der Zeitungsredaktionen. Zitiert wurde dabei »Verstaatlichten«-Minister Rudolf Streicher, der auch gleich die acht Unternehmen vorgestellt hat, die teilprivatisiert werden sollten.

Prominentestes Beispiel war der Mineralölkonzern ÖMV, dessen Aktien »im Mai oder Juni 1987« an der Wiener Börse eingeführt werden sollten. Der Erlös sollte unter anderem für eine Beteiligung an der gleichfalls staatlichen Chemie Linz beziehungsweise für die Konzentration der Kunststoffaktivitäten bei der ÖMV verwendet werden, kündigte Streicher an.

Der chronisch defizitäre Pharmabereich der Chemie Linz sollte ausgegliedert und zu 49 Prozent an einen Partner abgetreten werden. Für die staatliche Elin-Union wurde ein »Kooperationspartner« gesucht, der auch Anteile übernehmen sollte. Weiters war der Bund bereit, seinen 43,6prozentigen Anteil an der Siemens AG Österreich auf 26 Prozent zu reduzieren und die Futurit Werke AG (Bau von Verkehrsampeln, Steuerungsgeräten und faseroptischen Produkten) sowie die Fepla Hirsch GmbH. (Kunststofferzeugnisse) zu verkaufen. Für die »Berndorf-Bestecke« wurde offiziell ein Kooperationspartner gesucht. Auch eine Teilprivatisierung der AUA stand zur Diskussion. Noch vor der Bildung der neuen Regierung wurden die Futurit-Werke dann auch tatsächlich um 70 Millionen Schilling an die private Manfred-Swarovksi-Gruppe verkauft.

Erschrecken löste diese Ankündigung vor allem bei Betriebsräten aus, die fürchteten, aus dem Faulbett der »Verstaatlichten« geworfen zu werden. Diese Angst machte nicht vor Parteigrenzen halt. So soll der »schwarze« Betriebsratsobmann eines von den Privatisierungsplänen betroffenen Unternehmens bei seinem ÖVP-Landeshauptmann interveniert haben. Er verlangte von dem Politiker ernsthaft, derartigen Absichten entschieden entgegenzutreten, obwohl die ÖVP immer für die Privatisierung gewesen ist.

Der Landeshauptmann komplimentierte seinen Parteifreund höflich, aber bestimmt wieder hinaus. Das war im übrigen keine Selbstverständlichkeit, weil Wählerstimmenfang in Österreich nur allzuoft über politische Grundsätze gestellt wird.

Daß die Privatisierung ein probates Mittel zur Effizienzsteigerung von Betrieben ist, wußte man in Österreich nicht erst seit den einschlägigen Maßnahmen der britischen Premierministerin Margaret Thatcher. Das hatte vielmehr schon Finanzminister Hannes Androsch vorexerziert, als er Österreichs einzige verlustbringende Apotheke – wahrlich ein Kunststück in dieser gewinnträchtigen Branche! – aus Staatsbesitz in Privateigentum überführte. Innerhalb weniger Monate wurde aus einer verstaubten Amtsstube eine ertragbringende Apotheke.

Mitte der siebziger Jahre konnte dieses Beispiel aber noch nicht Schule machen. Die Zeit war politisch dafür einfach noch nicht reif. Bis zur Jahresmitte 1986 hatte sich die Trendwende noch nicht einmal unter hohen Funktionären der sozialistischen Partei gänzlich herumgesprochen.

Der sozialistische Nationalratsabgeordnete und Universitätsprofessor Ewald Nowotny, der stets um die wirtschaftstheoretische Untermauerung der Politik seiner Partei bemüht ist, marschierte sogar vorübergehend in die falsche Richtung. Er verglich die von der ÖVP verlangte Veräußerung von Staatsvermögen zum Zweck der Defizitabdeckung in einem Fernsehinterview mit dem »Verkauf des Familiensilbers«.

Kurz darauf galt die Privatisierung von Staatsbetrieben aber auch in seiner Partei offiziell als Gebot der Stunde. Zweierlei sollte erreicht werden. Durch die Einführung moderner Managementmethoden und die Verminderung von Politikerinterventionen sollten die Unternehmen aus der Verlustzone geführt werden. Und natürlich sollte Geld in die Staatskassen kommen, die nicht zuletzt durch die Milliardendefizite der verstaatlichten Betriebe schwer in Mitleidenschaft gezogen waren.

Eine Budgetkonsolidierung könnte allerdings auch durch den vorerst ohnehin nicht zur Diskussion stehenden Verkauf von Unternehmensanteilen im Wert von 20 oder 30 Milliarden Schilling nicht erreicht werden. Der Wirtschaftspublizist Horst Knapp hat allein den Konsolidierungsbedarf des Budgets kürzlich mit 100 Milliarden Schilling beziffert.

Um diesen Betrag müßten die in den letzten Jahren üblich gewordenen Defizite in Summe gesenkt werden, damit das Nettodefizit bis 1991 auf ein Maß sinkt, bei dem die Staatsschulden zumindest nicht schneller wachsen als das Bruttoinlandsprodukt. Diese zeitliche Vorgabe stammt übrigens aus der Zeit Franz Vranitzkys als Finanzminister und wurde nie widerrufen.

Der Verkauf verstaatlichter Unternehmen könnte aber zumindest den Einsatz von Steuermitteln für die Sanierung der maroden Giganten à la

VOEST-Alpine kompensieren. Der Staat braucht um die entsprechenden Beträge weniger Kredit aufzunehmen und erspart sich in weiterer Folge die darauf entfallenden Zinsenzahlungen.

Diese Strategie läßt sich zwar nicht beliebig wiederholen, als einmalige Sanierungshilfe aber ist sie durchaus brauchbar. Wichtiger noch wäre freilich der psychologische Effekt: Statt des anonymen Bürgers und statt Politikern mit ihren oft allen betriebswirtschaftlichen Überlegungen hohnsprechenden Präferenzen gäbe es bei teilprivatisierten Unternehmen konkrete Eigentümer, die in der Hauptversammlung aufstehen und lästige Fragen stellen können. Das übt im Regelfall auf Manager eine heilsame Wirkung aus und stärkt ihnen auch gegenüber den Versuchen von Politikern den Rücken, auf die Geschäftsführung Einfluß zu nehmen.

Die meisten österreichischen Politiker haben nämlich gemeinsam, daß sie die finanzielle und auch politische Verantwortung für ihre Interventionen meist von sich schieben. Erfolge stecken sie sich zwar gerne als Federl an den Hut, wenn es aber um negative Konsequenzen geht, wird die Schuld liebend gern auf die Manager abgeschoben. Die hätten ja hart bleiben können, wenn sie das Nachgeben nicht verantworten wollten, heißt es dann.

Wo Privataktionäre mitreden – und das ist auch der Fall, wenn sie kein Stimmrecht bekommen oder auf jeden Fall in der Minderheit bleiben, weil der Bund »sicherheitshalber« die Aktienmehrheit behalten hat –, können Interventionen viel leichter abgewehrt werden. Das ist im übrigen den Politikern manchmal sogar ganz recht. Sie haben ihrer »Interventionspflicht« gegenüber Parteifreunden oder potentiellen Wählern Genüge getan und können die Schuld am mangelnden Erfolg anderen in die Schuhe schieben. Ihre Weste bleibt in jedem Fall sauber, und sie brauchen keine Verantwortung für Defizite und eventuelle Pleiten übernehmen.

Diese Entflechtung von Politik und Wirtschaft wäre dringend erforderlich und eine der wichtigsten Voraussetzungen für die Rückkehr Österreichs auf jene wirtschaftliche Überholspur, auf der wir uns in den sechziger und siebziger Jahren befunden haben.

Steuern: Undurchschaubar, unergiebig, ungerecht

Nur eine große Reform kann Abhilfe schaffen

»Steuerreform? Nein, danke!« Wer im Herbst 1986 die plötzlich ausgebrochene Steuerreformdiskussion mit diesen oder ähnlichen Worten verdammte, war leicht einzuordnen: hohes Einkommen, ein guter, allerdings wahrscheinlich teurer Steuerberater und viele Möglichkeiten, Einnahmen und Ausgaben optimal steuersparend zu gestalten.
Nur diese insgesamt zwar relativ kleine, dafür aber hinter den Kulissen sehr energisch gegen jeden Abbau von Ausnahmebestimmungen kämpfende Gruppe kann einigermaßen sicher sein, vom österreichischen Steuersystem nicht benachteiligt zu werden. Wer nämlich in einem komplizierten, von Hunderten Sonderregelungen, Begünstigungen und Ausnahmen geprägten System nicht sämtliche Möglichkeiten der legalen Steuervermeidung voll ausschöpft, zahlt drauf: er entrichtet mehr Steuern, als für seine Einkommensgruppe eigentlich vorgesehen wären.
Der Steuertarif, also der auf dem Papier stehende Steuersatz, muß um so höher sein, je stärker er dann in der Besteuerungspraxis durch diverse Absetz- und Abschreibungsmöglichkeiten ausgehöhlt wird. Andernfalls kommt der Finanzminister nicht auf seine Rechnung.
Am deutlichsten zeigt sich diese Entwicklung beim Lohn- und Einkommensteuertarif. Die Progressionsstufen führen schon bei relativ niedrigen Einkommen in geradezu astronomische Höhen. Ab einem Jahreseinkommen von 50 001 Schilling (knapp 4 200 Schilling monatlich ohne Berücksichtigung von Urlaubs- und Weihnachtsgeld) macht der Grenzsteuersatz bei der seit 1983 geltenden Tabelle 27 Prozent aus; bei 250 001 Schilling jährlich (20 841 Schilling monatlich) überschreitet der Tarifsteuersatz mit 51 Prozent erstmals die 50-Prozent-Grenze, und dann geht es mit großen Schritten auf die Höchstmarke von 62 Prozent (ab einem Jahreseinkommen von 1,5 Millionen) zu.
Man sollte annehmen, daß bei diesen Steuersätzen auch entsprechend hohe Beträge in die Staatskassen fließen. Doch mitnichten. Insgesamt brachte die Lohnsteuer im Jahr 1986 knapp 100 Milliarden Schilling. Umgerechnet auf die Lohn- und Gehaltssumme einschließlich aller Renten ergibt sich eine Durchschnittsbelastung der Einkommen von ungefähr 11 Prozent.
Wie kann ein solcher Satz – der auch bei Ausklammerung der Mindestrenten und ähnlicher praktisch steuerfreier Zahlungen nur auf ungefähr 15 Prozent Durchschnittsbelastung steigt – zustande kommen, wenn doch die niedrigste Tarifbesteuerung bereits volle 21 Prozent ausmacht?
Das Geheimnis liegt in der Aushöhlung der Steuerbemessungsgrundlagen.

Da gibt es einen allgemeinen, einen Alleinerhalter-, einen Arbeitnehmer- und einen Pensionistenabsetzbetrag. Auch die Beträge zur Sozialversicherung mindern die Bemessungsgrundlage, von der die Steuer berechnet wird. Urlaubs- und Weihnachtsgeld bleiben praktisch völlig steuerfrei oder werden mit niedrigen festen Steuersätzen belastet, bei denen die Progression nicht zuschlägt. Rückzahlungen für Wohnungs- und Hauskäufe, Einzahlungen für Lebensversicherungen, der Erwerb von Genußscheinen und jungen Aktien können »steuerlich geltend gemacht« werden.
All diese Absetzmöglichkeiten reduzieren die Steuerlast. Das durchaus erfreuliche Resultat sieht so aus, daß 1985 laut Statistik der durchschnittliche österreichische Industriearbeiter einschließlich aller Remunerationen und Urlaubszuschüsse ein Monatseinkommen von 16 386 Schilling bezogen hat und davon insgesamt »nur« 26 Prozent Steuern und Sozialversicherungsbeiträge entrichten mußte; der Durchschnittsangestellte kam auf 27 536 Schilling, und ihm wurden davon genau 30 Prozent abgezogen.
Noch eine andere kleine Zahlenspielerei. Ohne Remunerationen machte das Durchschnittseinkommen aller Österreicher 1985 durchschnittlich 16 599 Schilling aus; dazu kamen 3 156 Schilling praktisch steuerfreies Urlaubs- und Weihnachtsgeld, was ein Bruttoentgelt von 19 755 Schilling ergibt, von dem 5 452 Schilling oder 27,6 Prozent abgezogen wurden.
Nicht so tragisch, sollte man meinen. Ja und nein. Bei jedem zusätzlichen Hunderter nämlich, den die Firma durch einen Kollektivvertragsabschluß oder eine individuelle Lohn- und Gehaltserhöhung brutto mehr zahlt, schlägt die Progression voll zu. Und das heißt eben, daß schon bei einem Monatseinkommen von etwas mehr als 8 000 Schilling von jedem Mehrverdienst ein Drittel in die Taschen des Fiskus wandert und bei einem Monatslohn von ungefähr 20 000 Schilling jeder Schilling Gehaltserhöhung nur noch die Hälfte wert ist.
Das schmerzt, weil man direkt vergleichen kann. 100 Schilling mehr brutto auf dem Lohnzettel, 50 Schilling mehr auf dem Konto. Daraus resultiert ein Belastungsgefühl, das selbst nach Meinung des damaligen Finanzministers Ferdinand Lacina »den Weg in die Schattenwirtschaft begünstigt«.
Lacina verteidigte mit diesem Argument in der Steuerreformdiskussion im Wahlkampf 1986 seine Pläne einer wirklich großen Reform, bei der möglichst viele Ausnahmen wegfallen und der Tarif dafür entsprechend gesenkt werden sollte. Mit »Schattenwirtschaft« ist der Pfusch gemeint, der zur »Steuervermeidung« führt, um im noblen Fiskaljargon zu bleiben.
Einfacher ausgedrückt: Wer kann, arbeitet nicht »angemeldet«, sondern pfuscht lieber und hinterzieht die entsprechenden Abgaben von der bei normalen Geschäften und Dienstleistungen anfallenden Mehrwert- bis zur Lohn- und Einkommensteuer.

Blick zurück im Zorn

Die Problematik eines undurchschaubaren Steuersystems ist nicht neu. Der große österreichische Nationalökonom Joseph Schumpeter schrieb in seinem 1918 erschienenen Buch »Die Krise des Steuerstaats«: »Je mehr sich dieser Staat diesen Grenzen« – nämlich jenen der Belastbarkeit des Bürgers – »nähert, mit um so größeren Widerständen und Kräfteverlusten arbeitet er. Immer größer wird das Beamtenheer, das nötig ist, um die Steuergesetze durchzuführen, immer eindringlicher die Steuerinquisition, immer unerträglicher die Steuerschikane.«

Begonnen hat alles in den neunziger Jahren des vorigen Jahrhunderts, als ziemlich gleichzeitig in Österreich Eugen von Böhm-Bawerk und in Preußen Johannes von Miguel das Steuersystem modernisiert und die progressive Einkommensteuer eingeführt haben. Als Spitzensteuersatz wurden damals sage und schreibe 5 Prozent angewendet – und auch dieser Satz wurde als »konfiskatorisch und leistungsfeindlich« verdammt.

Der Wirtschaftspublizist Horst Knapp hat einmal ausgerechnet, daß der heutige Spitzensteuersatz von 62 Prozent auf Einkommen angewendet wird, die in Schilling nur siebenmal so hoch sind wie die mit 5 Prozent besteuerten Höchsteinkommen in damaligen Kronen. Eine Krone aber entsprach nach Kaufkraft umgerechnet ungefähr 35 Schilling.

Entstanden ist unser kompliziertes Steuersystem vor allem aus dem Bestreben, es möglichst gerecht zu machen: Jede einzelne Ausnahme für sich allein genommen ist gerechtfertigt und sinnvoll. Erst in Summe machen die Sonderregelungen die Steuergesetzgebung undurchschaubar, unergiebig und ungerecht. Wie sagte doch Finanzminister Lacina in einer Diskussion über die Steuerreform: »Ein System ohne Ausnahmen ist genauso ungerecht wie ein System mit zuviel Ausnahmen.«

In der Praxis provoziert das heutige System die legale und illegale Steuervermeidung. Wer brav die Tarifsätze zahlt, hat entweder keine Möglichkeit zu irgendeiner steuerschonenden Gestaltung, einen schlechten Steuerberater oder zuviel Geld. Das führt soweit, daß in unserem Steuergesetz in Form des Arbeitnehmerabsetzbetrags ein eigener Absetzposten für jene Einkommensbezieher eingeführt worden ist, die kaum Möglichkeiten der ganz oder halblegalen »Gestaltung« ihrer Steuererklärung haben.

Wer die feine Grenze zwischen legaler Steuervermeidung und Steuerhinterziehung überschreitet, macht sich natürlich strafbar. In Österreich und in den meisten anderen Industriestaaten gelten solche Vergehen aber längst als gesellschaftlich akzeptierte Kavaliersdelikte.

Das Paradebeispiel lieferte der Generaldirektor der gewerkschaftseigenen Bank für Arbeit und Wirtschaft AG (BAWAG), Walter Flöttl, bei einem

Pressegespräch Ende Oktober 1986. »Unser Kaffeehaus am Hietzinger Platzl macht Gewinne, obwohl wir uns streng an alle steuerlichen Vorschriften halten müssen«, entfuhr es ihm mit einem bedauernden Unterton in der Stimme. »Bei uns gibt es keinen schwarzen Kaffee.«

Ohne anderen Kaffeesiedern damit nahetreten zu wollen, wie Flöttl ausdrücklich betonte, kommt in solchen Worten doch sehr deutlich die Auswirkung des hohen Steuerdrucks zum Vorschein. Viele Steuerhinterziehungen würden aber wahrscheinlich unterbleiben, wenn sie sich nicht im derzeitigen Ausmaß auszahlen: Wer würde sonst die Mühe und das Risiko auf sich nehmen, Waren »schwarz« einzukaufen, um sie dann »steuerschonend« weiterzugeben? Wer würde nach München fahren, um einen Pelzmantel zu kaufen, gäbe es nicht in Österreich eine 32prozentige Luxusmehrwertsteuer, die einen zumindest 20prozentigen Preisunterschied zur Folge hat?

Der Fiskus weiß das natürlich und prüft entsprechend. Selbstverständlich wird man einem Kaffeehausbesitzer nicht glauben, wenn er Kaffee für 1 000 Tassen eingekauft und steuerlich abgesetzt hat, aber nur 500 Tassen »verkauft« hat. Entsprechende Durchschnittswerte haben die findigen Steuerprüfer längst ausgerechnet. Größere Abweichungen von diesen Werten müssen dann schon sehr gut begründet werden, um glaubhaft zu wirken.

Selbstverständlich wird daher ein Kaffeehausbesitzer, der die Absicht hat, nicht seinen ganzen Umsatz anzugeben, auch einen Teil des Kaffees »schwarz« einkaufen. Auch das wissen die Finanzbeamten. Sie prüfen daher bei Kaffeehäusern den Zuckerverbrauch, vergleichen den Verbrauch von Lötzinn bei Karosseriewerkstätten mit dem abgerechneten Umsatz und glauben dem Würstelstandbesitzer kein Wort und vor allem nicht den angegebenen niedrigen Umsatz, wenn er laut Abrechnung zu jedem Paar Würstel 10 Deka Senf auf den Papierteller gegeben haben müßte.

All das führt erstens zu einer ungeheuren Aufblähung des Verwaltungsapparats, zweitens zu gegenseitigem Mißtrauen und drittens dazu, daß es in Österreich im Lauf der Jahre rentabler geworden ist, sich über Möglichkeiten der legalen »Steuervermeidung« als über zusätzliche Umsatz- und Absatzmöglichkeiten den Kopf zu zerbrechen.

Ohne radikalen Schnitt ist wenig zu ändern. Soll der Gesamtertrag des Steuersystems gleichbleiben – und alles andere wäre bei der derzeitigen Situation des österreichischen Staatshaushalts Illusion –, muß jede Ausnahme durch einen um so höheren Tarifsteuersatz ausgeglichen werden. Im Durchschnitt kommt dadurch jene Besteuerung zustande, die zur Finanzierung der Staatsausgaben notwendig ist.

Insgesamt gibt es allein im Einkommensteuerrecht mehr als 140 Ausnahmebestimmungen. Man ist sich längst darüber im klaren, daß dieser Wust durchforstet gehört. Die Angst der Politiker, sich in Anlehnung an den einstigen »Rentenklau« nun als »Steuerklau« bezeichnen lassen zu müssen, überwog aber bisher bei weitem jede Reformbereitschaft. Ein Blick zurück auf die im Nationalratswahlkampf 1986 gebrauchten Argumente zeigt das in aller Deutlichkeit.

Relativ unvermutet war damals die Steuerreform zum Wahlkampfthema geworden. Vorher hatten die meisten Politiker nur unverbindlich von einer »Vereinfachung des Systems« gesprochen, aber weitgehend offengelassen, welche Ausnahmen dabei fallen sollten. Dann stellte der Steuersprecher der ÖVP ein Konzept vor, das von Experten zu Recht als unausgegoren bezeichnet wurde und dessen Auswirkungen auf die Steuereinnahmen des Staates nicht ohne weiteres nachvollziehbar waren.

Mit einiger Verspätung präzisierte der Generalsekretär des ÖVP-Wirtschaftsbundes, Wolfgang Schüssel, das Konzept und nannte auch ehrlich die »Einnahmenlücke« von sechs Milliarden Schilling, die die Verwirklichung des Konzepts im Budget verursachen würde.

Die SPÖ hingegen hatte längst zur Doppelstrategie gegriffen. Während Finanzminister Ferdinand Lacina zur Vernunft mahnte und sich in so gut wie allen Punkten für den Fall einer großen Koalition verhandlungsbereit zeigte, schlugen andererseits die Wahlkampfdemagogen der Sozialisten voll zu.

In einer Informationsschrift, die allen sozialistischen Funktionären und Gewerkschaftern zuging, bezichtigten sie die ÖVP des »Anschlages auf alle Österreicher«. Wie sehr dabei der Stimmenfang im Vordergrund stand, zeigen die Details. So wurde einerseits beklagt, daß »sozial schwer Betroffene«, Kriegsopfer, Oper des Kampfes für ein freies demokratisches Österreich und Unfallrentner angeblich wesentliche Mehrbelastungen zu tragen hätten und Begünstigungen für sozial Schwache gestrichen würden.

Im selben Pamphlet wurden aber auch die Wohlhabenden gewarnt: »Das ÖVP-Konzept sieht die Zusammenfassung der Steuerfreibeträge für Eigenvorsorge, Wohnraumbeschaffung und Eigenkapitalbildung (Sparförderung) in Höhe von 30 000 Schilling vor. Konkret kann das für eine Familie mit zwei Verdienern und zwei Kindern bedeuten: Senkung des Volumens von Sonderausgaben (Versicherungen, Wohnraumbeschaffung, Energiesparinvestitionen im Wohnbereich, junge Aktien und Genußscheine) von derzeit bis zu 213 000 Schilling auf 60 000 Schilling. Das bedeutet, daß heute abgeschlossene Versicherungsverträge, Investitionen in Wohnraumbeschaffung oder Energiesparen nicht mehr im vollen Ausmaß steuerlich gefördert werden.«

Diesen Aussagen ist eigentlich wenig hinzuzufügen. Begünstigungen für

»sozial Schwache« laufen im Einkommensteuersystem tatsächlich parallel zu Ausnahmeregelungen für einkommensstarke Bevölkerungsschichten. Ob nun »die Reichen« dank ihrer Begünstigungen von den »Armen« mitfinanziert werden, die für den entsprechenden Einnahmenentfall des Staates aufkommen müssen, oder umgekehrt, ist wegen der Kompliziertheit des Systems kaum noch festzustellen.
Noch einmal zurück zu der SPÖ-Kampagne gegen das angebliche ÖVP-Geheimpapier für eine Steuerreform. Deutlicher als in der »Informationsschrift« der Sozialisten läßt sich die Fülle der zahllosen, geradezu willkürlich aneinandergereihten Ausnahmebestimmungen kaum aufzeigen.
Da werden Kriegsopfer- und Unfallrenten unter den begünstigten Einnahmen genannt, desgleichen Arbeitslosengeld, Notstandshilfe, Karenzurlaubsgeld, Hilflosenzuschüsse, Familienbeihilfen, Zahlungen an Verbrechensopfer und Impfgeschädigte; außergewöhnliche Belastungen können steuermindernd für behinderte Kinder, für eigene Körperbehinderung, für Aufwendungen wegen Katastrophenschäden, Krankheit oder das Begräbnis von Angehörigen geltend gemacht werden.
Das gleiche gilt für Sonderzahlungen oder Zuschüsse für Betriebsausflüge, Werksküche, betriebliche Weihnachtsfeiern, Werkswohnungen, Zu- und Abtransport von der Arbeit, Jubiläumsgelder, Auslandsmontage, im Ausland tätige Entwicklungshelfer, das Mankogeld für Kassiere, die Besoldung von Präsenzdienern bei Teilnahme an einer Waffenübung oder Bewährungshilfe.
Zahlungen für betriebliche Zusatzversicherungen sind ebenso steuerlich begünstigt oder abzugsfähig wie Schmutzzulage, Erschwerniszulage, Gefahrenzulage, Zuschläge für Sonn-, Feiertags- und Nachtarbeit, Gewerkschaftsbeiträge, Steuerberatungskosten, die Benützung des eigenen Fahrzeuges (kleines und großes Kraftfahrzeugpauschale), Zuwendungen an den Betriebsratsfonds und Kirchensteuerbeiträge.
Sonderregelung gibt es für Stipendien, Spenden und Zuwendungen, Aufwendungen für auswärtigen Schulbesuch der Kinder, für die eigene Ausbildung und für eigene Erfindungen. Einige Bevölkerungsgruppen wie Ärzte, Handelsvertreter, Künstler und Journalisten dürfen ein Sonderausgabenpauschale geltend machen, und für einige Einkunftsarten werden nur die halben Steuersätze verrechnet.
Um die Begünstigungen auch tatsächlich in Anspruch nehmen zu können, muß man sie natürlich kennen. Das erfordert das Durchackern von Hunderten Seiten komplizierter Steuergesetze oder die Inanspruchnahme eines Steuerberaters.

Auch Unternehmer kennen sich nicht aus

Die bisher genannten Ausnahmebestimmungen und Sonderregelungen betreffen in der einen oder anderen Form private Einkommensbezieher. Ähnlich kompliziert oder sogar noch schwieriger sind die Vorschriften für Unternehmer. Die VOEST-Alpine wird das weniger stören, weil sie eine riesige Abteilung hat, die alle Investitionen und sonstigen Projekte auf ihre steuerrechtlichen Auswirkungen prüft.
Der Greißler oder kleine Gewerbetreibende aber, der sich schon schwer genug damit tut, auf seinem eigentlichen Arbeitsgebiet konkurrenzfähig zu bleiben und der Gewerbebehörde nicht unangenehm aufzufallen, ist mit der Beachtung der steuerlichen Vorschriften meist überfordert. Er sitzt entweder nächtelang über seinen Büchern oder sammelt schlecht und recht Belege, die dann sein Steuerberater in eine brauchbare Bilanz verwandelt.
Irrtümer lassen die Finanzämter kaum als solche gelten – und tatsächlich ist die Abgrenzung zur absichtlichen Steuerhinterziehung nur schwer zu ziehen. So schaukeln einander Verwaltungs- und Kontrollaufwand gegenseitig hoch, und das einzige, was dabei herauskommt, sind Mißtrauen und Staatsverdrossenheit.
Die Fachzeitschrift »Steuer- & Wirtschaftskartei« beispielsweise widmet alljährlich im Herbst ein Heft »steuerlichen Überlegungen vor Jahresende«. Da werden unter anderem vorzeitige Abschreibungen und Investitionsfreibetrag, Investitionsprämie, die Behandlung geringwertiger Wirtschaftsgüter, die Möglichkeit der Bildung von Investitionsrücklagen und Begünstigungen für die Übertragung stiller Rücklagen erörtert.
Komplizierte Formeln dienen der Abwägung, welche »steuertaktischen Überlegungen« bei voraussichtlich gleichbleibend hohen, bei kleinen oder stark schwankenden Gewinnen anzustellen sind. Das »Abreifen der vor vier Jahren gebildeten Investitionsrücklage« ist zu berücksichtigen, und schließlich muß überlegt werden, ob Investitionsgüter lieber gekauft oder geleast, also gemietet werden sollen.
Steuerliche Überlegungen dominieren somit in vielen Fällen über unternehmerische Entscheidungen. Das gilt für den Zeitaufwand, der der Suche nach Steuerschlupflöchern im Vergleich zur Suche nach neuen Märkten, neuen Produkten oder rationelleren Herstellverfahren gewidmet wird, aber auch für die Gestaltung der unternehmerischen Organisation.
So mancher Unternehmer hat schon die Übersicht über sein »Firmenimperium« verloren, weil ihm sein Steuerberater die Aufsplitterung in Dutzende kleine Gesellschaften mit beschränkter Haftung oder Ges.m.b.H. & Co. KGs empfohlen hat. Da wurden dann Gewinne hin und her geschoben, von denen niemand ahnte, daß es sich in Wahrheit schon um Verluste han-

delte. Oder schlimmer noch: es wurden steuerliche Verluste ausgewiesen, von denen man glaubte, daß sie in Wahrheit noch Erträge bedeuteten. Ausnahmsweise stimmten aber Steuer- und »echte« Erfolgsrechnung überein.
Dieses durchaus legale Spiel mit Steuersparmöglichkeiten geht so weit, daß die österreichische Investorenwerbung im Ausland doppelzüngig argumentieren muß. Fast jeder potentielle Investor lehnt das Ansinnen einer Unternehmensgründung in Österreich zunächst einmal mit dem Hinweis auf die exorbitanten Steuersätze ab.
Experten des Finanzministeriums weisen die Ausländer dann auf die vielen Möglichkeiten hin, aus dem realen Gewinn einen steuerlichen Verlust zu machen (oder die Erträge zumindest wesentlich zu vermindern); auf diese Weise könne die tatsächliche Steuerlast auf eine international durchaus vergleichbare Höhe gemildert werden.
Bei genauem Nachrechnen geben die ausländischen Steuerexperten ihren österreichischen Kollegen auch durchaus recht. Ein übler Nachgeschmack bleibt trotzdem: Es ist nicht jedermanns Sache, dem österreichischen Fiskus Verluste, der ausländischen Konzernzentrale aber gleichzeitig Gewinne glaubhaft zu machen.
Kompromisse sind schwer zu schließen: Eine Steuerbilanz, in der nicht alle Möglichkeiten ausgeschöpft werden, führt zu einer überhöhten Abgabenbelastung; Verlustbilanzen wiederum veranlassen internationale Konzerne sehr schnell zur Schließung der betreffenden Niederlassung.
Den absoluten Höhepunkt erreicht das Spiel mit den steuerlichen Verlusten in den sogenannten »Abschreibungs- oder Verlustzuweisungsgesellschaften«, die sich die Feinheiten des österreichischen Steuersystems voll zunutze machen. Und damit niemand glaubt, daß es sich dabei um eine nicht völlig legale Angelegenheit handelt, seien einige Beispiele angeführt.
So haben beispielsweise die meisten großen Geldinstitute des Landes eigene Abschreibungsgesellschaften gegründet, mit denen sie kostengünstig ihre EDV-Anlagen finanziert haben. Viele Seilbahnen werden auf diese Weise gebaut, und selbst die Gemeinde Wien bedient sich solcher Verlustabschreibungsgesellschaften. Über die »Z«-Treuhand- und Vermögensverwaltungsgesellschaft wurde ein Modell konstruiert, mit dessen Hilfe 195 Millionen Schilling für den insgesamt 500 Millionen Schilling teuren »Wohnpark Sandleiten« in Wien-Ottakring aufgebracht wurden. Hier sollten 270 Wohnungen und Betriebsstätten entstehen, und Wiens Vizebürgermeister Mayr inserierte stolz: »Finanzierungsmodell bewährte sich gut«, als die Anleger das Geld steuerbegünstigt aufgebracht hatten.
Das Geheimnis dieser Abschreibungs- oder Verlustgesellschaften ist ihre Konstruktion. Es handelt sich immer um Personengesellschaften. Deren Gewinne und Verluste gehen laut Steuerrecht anteilig direkt in die Einkom-

mensteuererklärung jener über, denen sie gehört. Wer mit einem Hundertstel an einer Gesellschaft beteiligt ist, die einen Jahresverlust von zehn Millionen Schilling macht, kann 100 000 Schilling in der eigenen Einkommensteuererklärung einnahmen- und damit steuermindernd geltend machen.
Diese Möglichkeit unterscheidet Personen- von Kapitalgesellschaften (Aktiengesellschaften und Gesellschaften mit beschränkter Haftung). Bei letzteren ist die Gesellschaft selbst einkommensteuerpflichtig. Gewinne können erst nach Abzug dieser Steuer – sie heißt hier Körperschaftssteuer – ausgeschüttet werden, Verluste werden vorgetragen und verringern in den Folgejahren eventuelle steuerpflichtige Gewinne.
Nun geht es bei Verlustabschreibungsgesellschaften nicht darum, tatsächlich »Verluste« zu machen. Durch die Ausnützung der steuerlichen Investitionsbegünstigungen entstehen vielmehr in den ersten Jahren in der Steuerbilanz des Unternehmens hohe Verluste, dic das Einkommen der Besitzer der Gesellschaften steuerlich mindern. Die Firmen können nämlich einen großen Teil ihrer Investitionskosten im Jahr des Erwerbs und in den Folgejahren abschreiben, haben in dieser Zeit aber noch keine oder nur minimale Einkünfte. Die Abschreibungen führen also zu Verlusten.
Daraus resultieren sogenannte Verlustzuweisungen. Wer für eine Einzahlung von 100 000 Schilling einen Verlust in gleicher Höhe »zugewiesen« erhält, mindert bei entsprechender Einkommenshöhe seine Steuerlast entsprechend dem Grenzsteuersatz um 50 000 bis maximal 62 000 Schilling.
Der Fiskus hat in den letzten Jahren extreme Auswüchse dieser Möglichkeit beschnitten. Eine Zeitlang war ein unbegrenzte Verlustzuweisung möglich. Mit einer Einzahlung von beispielsweise 100 000 Schilling konnte man sich Verlustzuweisungen von einer Million »erkaufen«. Im Paragraph 23a des Einkommensteuergesetzes wurde dann festgelegt, daß die Verluste auf die tatsächliche Haftung des Teilhabers beschränkt sind.
Auch dabei gibt es aber Schlupflöcher. Die theoretisch unbeschränkte Haftung für die Risken, die mit der Anschaffung der Großrechenanlage einer Großbank wie der Länderbank verbunden sind, dürfte in Wahrheit eine höchst beschränkte sein. Und ähnliches gilt auch für andere Investitionen von Großunternehmen oder für den »Wohnpark Sandleiten« der Gemeinde Wien.
Wenn also beispielsweise die staatliche Austria Metall AG (AMAG) ihre neue Elektrolyse formell von einer Personengesellschaft bauen läßt, die in Wahrheit als Verlustabschreibungsgesellschaft konzipiert ist, nimmt sie zwar offiziell keine Steuermittel in Anspruch; indirekt aber finanziert der Steuerzahler die Investition kräftig mit. Dieselbe Möglichkeit steht natürlich auch jedem privaten Investor offen. Die Frage ist nur, ob dieses System noch sinnvoll, ehrlich und sozial gerecht ist.

US-Reform hat Steuerdiskussion belebt

Unterschwellig schwelt die Steuerreformdiskussion schon seit langem. Bereits im Februar 1979 hat der damalige Finanzminister Hannes Androsch eine »Steuerreformkommission« ins Leben gerufen und ihr zwei Aufträge erteilt. Sie sollte erstens eine Vereinfachung des Abgabenrechts und damit verbunden eine Durchforstung der Ausnahmebestimmungen prüfen. Zweitens sollte das Abgabenrecht dadurch »durchschaubar, sozial gerecht und leistungsfördernd« werden.
Finanzminister Herbert Salcher hat die Kommission dann zum »ständigen Beratungsinstrument« des Ressortchefs aufgewertet. Sie begutachtete alle Abgabenänderungsgesetze, nahm zu den legistischen Vorhaben Stellung und beeinflußte maßgeblich die in dieser Zeit entstandenen Gesetze.
Ihrer Aufgabe, eine »Entlastung und Vereinfachung des österreichischen Steuerrechts« herbeizuführen, ist die Kommission allerdings nicht nachgekommen. Eindeutige Empfehlungen scheiterten an unterschiedlichen Auffassungen unter den Mitgliedern, und der politische Wille zu einer Neuordnung fehlte erst recht.
Das Ergebnis der Tätigkeit war also zumindest hinsichtlich der Einleitung einer großen Steuerreform mehr als dürftig. Finanzminister Vranitzky kapitulierte dann vor den mit einer Reform verbundenen politischen Querelen und teilte das den Mitgliedern der Reformkommission auch ehrlich mit.
»Eine Steuerreform mit grundsätzlichen Änderungen und daraus resultierenden Einnahmerisken ist angesichts der absoluten Priorität für die Konsolidierung des Budgets derzeit nicht möglich. Das bedeutet jedoch nicht, daß nicht einzelne sehr wichtige Schritte gesetzt werden können, die in Summe sehr wohl eine, wie ich sie nenne, permanente Steuerreform darstellen.«
Warum die von Vranitzky in diesem Brief offiziell angestrebte Konsolidierung des Staatshaushalts mißlungen ist, wird im nächsten Kapitel untersucht. Die sogenannten Steuerreformen mündeten seither jedenfalls höchstens in Detailkorrekturen oder in einer Progressionsanpassung wie der letzten, zum Jahreswechsel 1986/87 in Kraft getretenen.
Bei dieser geht es darum, den Steuertarif um die inzwischen eingetretenen Auswirkungen der Inflation zu bereinigen. Kollektivvertragliche Lohn- und Gehaltserhöhungen enthalten ja unter anderem auch eine Inflationsabgeltung. Der Steuertarif berücksichtigt das aber nicht; 10prozentige Lohnerhöhungen, wie sie in den siebziger Jahren nach dem »Ölschock« wegen der damaligen hohen Geldentwertungsraten durchaus vorgekommen sind, haben die Einkommen in entsprechend höhere Progressionsstufen rutschen lassen, die für sie gar nicht vorgesehen waren.

In Zeiten hoher Inflationsraten müssen daher öfter, sonst entsprechend seltener, Tarifanpassungen vorgenommen werden. Der Finanzminister und die Regierungsparteien sprechen dann immer von Lohnsteuersenkung und stecken sie sich als Federl an den Hut. In Wahrheit handelt es sich erstens nur um inflationsbedingte Korrekturen, und zweitens »verzichtet« nicht der Minister oder die Regierung auf irgend etwas.

Dem Staat – und das ist allemal noch die Summe aller Österreicher – steht einfach weniger Geld zur Verfügung. Daß so manche Regierung tut, als wäre das ihr Geld, das sie auch nach ihrem eigenen Gutdünken zur (Um-) Verteilung verwenden kann, ist eine andere Sache.

Eine echte Reform bedeuten derartige Steuertarifanpassungen jedenfalls nicht, obwohl sie regelmäßig auch als Anlaß für kleinere Korrekturen am System dienen. Beispielsweise werden durch die Anhebung des Arbeitnehmerabsetzbetrages Lohnsteuerpflichtige im Vergleich zu Einkommensteuerzahlern begünstigt, und meist wird im unteren Teil des Progressionstarifs mehr nachgelassen als im oberen.

Das Resultat mag »sozial gerecht« sein, subjektiv verstärkt es jedenfalls das Belastungsgefühl. Wenn die Steuersätze »oben« gleichbleiben, sinkt zwar der Durchschnittssteuersatz, die Progression aber wird um so steiler. Von jedem zusätzlichen, im unteren Teil des Tarifs glimpflich behandelten Hunderter wird im oberen Teil ein noch größerer Prozentsatz weggesteuert. Durchschnitts- und Grenzbelastung klaffen dann noch stärker auseinander.

Was aber ist nun das Geheimnis der amerikanischen Steuerreform, die vor allem in Europa als »Stein der Weisen« angesehen wird? Vorausgeschickt werden muß zunächst, daß es mit der Vereinfachung nicht so weit her ist, wie man zunächst geglaubt hatte. Immerhin umfaßt das Gesetz nicht weniger als 900 Seiten, und samt Erläuterungen muß man schon ungefähr das Doppelte durchackern, um sich wirklich auszukennen.

Kernpunkt der Neuerung ist die Durchforstung der Steuerklassen. Statt der bisherigen 15 Klassen soll es nur noch zwei geben: 15 und 28 Prozent. Diese sehr moderaten Sätze gelten allerdings nur für die Bundessteuern; dazu kommt noch erkleckliche Belastungen, die die einzelnen Bundesstaaten ihren Bürgern zusätzlich auferlegen.

Sicher ist, daß die Neuregelungen eine gewaltige Umverteilung der Steuerbürde zu Lasten jener Großunternehmer bedeuten, die bisher ihre Gewinne dank intensiver Ausnützung aller Schlupflöcher zum Teil »brutto für netto« einstreifen konnten. Und sicher ist auch, daß die Ausnahmen keineswegs alle gekappt wurden, sondern beispielsweise nur die Absetzbarkeit der Zinsen für den Kauf des dritten oder vierten Eigenheims gestrichen wurde; beim ersten oder zweiten gilt die Begünstigung weiter.

Typisch amerikanisch ist auch die Fülle von Übergangsregelungen, die den

Erfolg der diversen Lobbys während der Verhandlungen widerspiegeln. Da sind dann im Gesetz alle Ausnahmen – beispielsweise hinsichtlich der steuerlich begünstigten Behandlung bestimmter Investitionen – fein säuberlich aufgezählt. Das ist wenigstens ehrlich, weil jeder nachlesen kann, wer sich mit seinen Wünschen durchgesetzt hat und wer nicht. In Österreich würden solche Zuckerln geheim und unter der Hand verteilt, und wenn sie ans Licht der Öffentlichkeit gezerrt werden, ist gleich von Neidgenossenschaft die Rede.

Statt Nachahmung lieber eigenständige Lösung

Die amerikanische Steuerreform hat zwar die Diskussion in Österreich erst so richtig in Gang gebracht, aber sie eignet sich sicher nicht als Modell. Einzelne Teile können als Anregung dienen. In den Kernpunkten aber brauchen wir eigenständige Ideen.

Wie auch immer die Steuerreform schlußendlich aussehen mag, sollte sie vor allem zu einem in sich geschlossenen System führen. Bisher wurden Begünstigungen in lockerer Folge aneinandergereiht, und das Ergebnis waren kurioseste Widersprüche, die dann um teures (Steuer-)Geld repariert werden mußten.

Nehmen wir als Beispiel die Sparförderung. Pro Kopf können 40 000 Schilling jährlich steuerbegünstigt in den Kauf von Genußscheinen oder jungen Aktien gesteckt werden, 11 000 Schilling dürfen für Einzahlungen auf Lebensversicherungsverträge steuerlich abgesetzt werden; wer älter als 50 Jahre ist, kann sogar weitere 10 000 Schilling geltend machen. Je 10 000 Schilling können jährlich für die Schaffung von Wohnraum und für energiesparende Investitionen abgeschrieben werden, und die Zinsen für den Erwerb von 100 000 Schilling jährlich an festverzinslichen inländischen Wertpapieren bleiben für alle Zeiten von der Einkommensteuer befreit. Außerdem gibt es für maximal 6 900 Schilling Einzahlung auf Bausparverträge eine Prämie.

Ein Ehepaar muß schon ganz gut verdienen, damit es diese Begünstigungen wirklich alle ausnützen kann. Wer kann schon 300 000 bis 350 000 Schilling jährlich so ohne weiteres auf die hohe Kante legen? Für Kinder kommen übrigens noch zusätzliche Absetzmöglichkeiten dazu. Das Problem dabei ist gar nicht so sehr die soziale Ungerechtigkeit. Wer solche Beträge erübrigen kann, ist ziemlich sicher in der höchsten Progressionsstufe und zahlt für sein Einkommen auch entsprechend viel Steuern.

Viel problematischer ist, daß die Sparförderung mit der Investitionsbereitschaft konkurriert. Es ist heute in vielen Fällen rentabler, die Gewinne aus einem Gewerbebetrieb begünstigt in Wertpapieren anzulegen, als sie zu investieren. Das ist aber volkswirtschaftlich gesehen unerwünscht. Die Sparquote ist in Österreich längst hoch genug, es mangelt aber an Investitionsbereitschaft. Als die Sparförderung »erfunden« worden ist, war die Situation noch umgekehrt.

Da seither die Sparbegünstigungen nur vergrößert, aber kaum reduziert worden sind, bleibt dem Staat nur ein Ausweg, wenn die Investitionstätigkeit belebt werden soll: entsprechende zusätzliche Förderungen. Investitionen müssen heute durch diverse Maßnahmen subventioniert werden – womit wir bei der perversen Situation sind, daß der Staat sich selbst »hochliziert«.

Der Steuerzahler ist nur scheinbar der Nutznießer dieser Entwicklung. Subjektiv mag es erfreulich sein, daß für fast jede wirtschaftliche Handlung vom Sparen über die Aufnahme von Krediten bis zur Durchführung von Investitionen irgendeine steuerliche Begünstigung in Anspruch genommen werden kann. Objektiv steht aber auch fest, daß die Steuerlast insgesamt weiter steigt.

Wir zahlen uns also unsere diversen Förderungen selbst und finanzieren dabei in einem Aufwaschen auch gleich einen gewaltigen Verwaltungsapparat mit. Von der eigenen Buchhaltung über den Steuerberater bis zu den Finanzbeamten und den Steuerfahndern – nichts als Ärger und Kosten.

Per Saldo überwiegen in einem solchen System immer die Verlierer, auch wenn sie es nicht merken. Je weniger Bürokratie mit der Berechnung und der Einhebung der Steuern verbunden ist, desto rentabler ist es für jeden einzelnen und für jedes Unternehmen, mehr zu leisten und mehr zu verdienen. Dadurch kommen per Saldo sogar höhere Steuern herein als bei einem komplizierten System.

Von jenem Idyll, das der Lyriker Friedrich von Hardenberg, besser bekannt unter seinem Pseudonym Novalis, Ende des 18. Jahrhunderts beschrieben hat, werden wir allerdings trotz aller nur denkbaren Reformen und Vereinfachungen weit entfernt bleiben. Der hatte nämlich gemeint: »Man soll seine Steuern dem Staat zahlen, wie man seiner Geliebten einen Blumenstrauß schenkt.«

Unterwegs zur Schuldenbillion

Budgetsanierung bringt Handlungsspielraum zurück

Österreichs Staatsschulden werden in den nächsten fünf Jahren eine Million Millionen Schilling, also eine Billion, erreichen. Auf jeden der 2,7 Millionen Haushalte des Landes entfallen also anteilig 370 000 Schilling. Um die Rückzahlung dieses Betrages brauchen wir uns allerdings keine Sorgen zu machen. Staaten und große Industrieunternehmen zahlen ihre Kredite per Saldo nie zurück, sondern ihr Schuldenberg wird entsprechend dem Wirtschaftswachstum immer höher.

Wirklich problematisch ist hingegen die laufende Belastung, die uns aus der Staatsverschuldung entsteht: Bei einer (eher niedrig gegriffenen) durchschnittlich 7prozentigen Verzinsung wird Österreich dann alljährlich 65 bis 70 Milliarden Schilling Zinsen zahlen müssen. Pro Haushalt sind das knapp 26 000 Schilling oder mehr als 2 000 Schilling monatlich.

Natürlich wird niemand diesen Betrag extra ausgewiesen als zusätzliche Belastung auf dem Lohnzettel finden. Die Zinsen werden aus jenen Beträgen gezahlt werden, die wir insgesamt an den Staat abführen. Die dafür aufgewendeten Mittel fehlen allerdings anderswo. Sie stehen weder zur Konjunkturankurbelung noch für soziale Zwecke, also beispielsweise zur Finanzierung der Renten oder der Krankenvorsorge zur Verfügung.

Um gleich den Verdacht zu zerstreuen, daß nach 16 Jahren sozialistischer Allein- beziehungsweise rot-blauer Koalitionsregierung Oppositionspropaganda aus dem herbstlichen Wahlkampf des Jahres 1986 in diese Darstellung eingeflossen ist: Die Zahlen sind der »Budgetvorschau 1986 bis 1990« des Beirats für Wirtschafts- und Sozialfragen entnommen. Diesem Beirat gehören die Sozialpartner (Bundeskammer der gewerblichen Wirtschaft, Arbeiterkammer, Landwirtschaftskammer und Gewerkschaftsbund) an, der bei der Erstellung von Analysen und Prognosen auch unabhängige Experten heranzieht. All diese Institutionen machen sich ernste Sorgen über den Zustand unserer Staatsfinanzen.

Wie ist es überhaupt so weit gekommen? Der eigentliche Sündenfall liegt schon einige Jahre zurück. Zwischen 1975 und 1980 stiegen die Finanzschulden auf das Zweieinhalbfache. In der darauffolgenden Fünfjahresperiode verdoppelten sie sich, und auch seither ist bei weitem nicht einmal eine Stagnation eingetreten. Da die Staatsschulden immer um den Betrag des Nettodefizits im Staatshaushalt wachsen, haben sie allein 1986 um immerhin 76 Milliarden Schilling zugenommen. Für 1987 hat Finanzminister Lacina dann einen Abgang in gleicher Höhe budgetiert.

Man kann die Zahlenspielereien nun weitertreiben: 1986 mußten bereits mehr als 10 Prozent der Gesamteinnahmen des Bundes – 43 von insgesamt 388 Milliarden – für Zinsenzahlungen aufgewendet werden. Fünf Monate lang müssen alle Österreicher zusammen nur zu dem Zweck Lohnsteuer entrichten, damit der Staat den in- und ausländischen Gläubigern die Zinsen zahlen kann.

Der Problematik der rasanten Steigerung unserer Staatsschulden für den Wohlstand des Landes kommen wir mit diesen Vergleichen schon wesentlich näher als mit der Angst vor der Horrorbillion mit ihren zwölf Nullen. Ein immer größerer Teil des Bruttoinlandsprodukts, das wir erwirtschaften, muß für unproduktive Zwecke abgezweigt werden.

Damit sind wir beim Kern der Sache. Während nämlich Unternehmen im allgemeinen nur dann Kredite aufnehmen, wenn die Erträge der daraus finanzierten Investitionen nicht nur die Zinsen abdecken, sondern auch noch einen Gewinn versprechen, ist es beim Staat meist genau umgekehrt. Da bringen die Investitionen nicht nur keine Erträge, sondern verursachen meist noch erkleckliche Folgekosten.

Dazu nur einige wenige Beispiele, wie sie das Institut für Kommunalwissenschaften und Umweltschutz in Linz vor einigen Jahren in einer Analyse publiziert hat. Diesen Erhebungen zufolge verursacht ein Hallenbad jährliche Folgekosten (abzüglich Einnahmen) von 6 bis 15 Prozent der Investitionskosten, ein Freibad kommt nur unwesentlich billiger. Kindergärten liegen in derselben Größenordnung wie ein Hallenbad, bei Volks- und Hauptschulen ist mit 7 bis 11 Prozent Nettofolgekosten zu rechnen, bei Altersheimen oder Turn- und Sporthallen mit 5 bis 10 Prozent. Sogar Abwässerkanäle verursachen noch Folgekosten von jährlich 2 bis 6 Prozent der Investitionssumme.

Staatliche Investitionen kommen die Bürger also in der Regel recht teuer. Das darf natürlich kein Grund sein, plötzlich auf den Bau von Straßen, Spitälern, Schulen oder Altersheimen zu verzichten. Es ist ja gerade die Aufgabe des Staates, Infrastrukturen zu schaffen, die dem einzelnen zugute kommen. Die Frage ist nur, wieweit dabei die Belastung künftiger Generationen gehen darf.

Gewiß werden Straßen und Schulen auch noch von Menschen genützt, die lange nach Vollendung der Bauwerke leben und Steuern zahlen. Die Kreditaufnahme ist insofern gerechtfertigt. Geht sie allerdings so weit, daß sich die nächsten Generationen wegen der Zinsenbelastung kaum noch »eigene« Investitionen leisten können, sondern mit der Beseitigung der Sünden der Vergangenheit finanziell voll ausgelastet sind, steht die moralische Berechtigung einer derartigen Politik doch zumindest ernsthaft zur Diskussion.

Das gilt im übrigen nicht nur für die Verschuldung. Allein für den Personalaufwand der Bundesbediensteten einschließlich Pensionslasten hat der Bund im Jahr 1986 rund 125 Milliarden Schilling aufgewendet – ungefähr ein Drittel seiner Gesamteinnahmen. Zusammen mit den Zinsen war damit schon fast die Hälfte der Steuereinnahmen »verplant«. Die Sozialversicherung kostete fast 50 Milliarden Schilling, sechs Milliarden Schilling waren für Preisstützungen der Landwirtschaft angesetzt.

All diese Beträge sind kurzfristig nicht wesentlich zu reduzieren. Finanzminister Lacina hat in seinem Bundesvoranschlag für 1987 die Budgetstarrheit mit 86,5 Prozent der Ausgaben angegeben. Ohne gesetzliche Änderungen bezüglich der Ausgabenverpflichtungen des Staates oder der Zweckbindung von Einnahmen beziehungsweise ohne einen Abbau von Beamten können hinsichtlich dieses Anteils keine Einsparungen erzielt werden.

Das weiß natürlich auch der Beirat für Wirtschafts- und Sozialfragen, der bei seiner letzten Vorschau schon sehr deutlich die Alarmglocken geläutet hat: »Angesichts dieser Entwicklung« – gemeint ist der rasante Anstieg der Staatsschulden – »sind in den nächsten Jahren verstärkte Bemühungen um eine Konsolidierung des Bundesbudgets, das heißt um eine schrittweise Senkung des relativen Nettodefizits, notwendig.«

Im einigermaßen verklausulierten Expertendeutsch heißt es dann weiter: »In diesem Zusammenhang käme der Änderung der Erwartungshaltungen unter Berücksichtigung der Diskrepanz zwischen subjektivem Belastungsgefühl und objektiver Belastung besondere Bedeutung zu. ... Die Konsolidierung kann nur über einen mehrjährigen Zeitraum unter Bedachtnahme auf die konjunkturelle Entwicklung erfolgen. ... Dabei sollte die mittelfristige Wirkung auf den Staatshaushalt im Vordergrund stehen. Ad hoc ergriffene Maßnahmen vermögen zwar kurzfristig das Defizit zu senken, haben aber den Nachteil, daß längerfristig wirksame Trends im Niveau korrigiert weiterwirken.«

Die Experten im Finanzministerium wußten schon, was damit gemeint war – und die Öffentlichkeit sollte ja nicht allzu brutal aus ihren Träumen gerissen werden. Denn in Wahrheit hat der Beirat damit vorgeschlagen, Gesetzesänderungen zur Verminderung der Staatslasten im sozialen Bereich (Kranken- und Pensionsvorsorge) vorzunehmen und Zweckbindungen (beispielsweise im Bereich der Mineralölsteuereinnahmen) zu überprüfen.

Bei der Steuerreform ist nach Ansicht des Beirats dafür zu sorgen, daß die Staatseinnahmen künftig wieder zumindest so rasch wachsen wie die Wirtschaft selbst. Das ist derzeit nicht der Fall: »Die mittelfristige Aufkommenselastizität der Nettosteuern dürfte etwa bei 0,9 liegen«, heißt es in der Studie. Das heißt, daß ein 10prozentiges Wachstum des Bruttoinlandsprodukts nur eine 9prozentige Steigerung der Bundessteuern nach sich zieht.

Der erste Budgetvoranschlag des Finanzministers für 1987 hat diesen Forderungen nur in sehr geringem Maß entsprochen. Zwar war dort eine teilweise Aufhebung der Zweckbindungen der Mineralölsteuereinnahmen vorgesehen. Gespart worden wäre aber primär im Bereich der Investitionen, nämlich im Verkehrs- und Bautenbereich und bei der Landesverteidigung. Genau das aber bringt bestenfalls eine kurzfristige Entlastung, möglicherweise hingegen sogar Mehrbelastungen, wenn beispielsweise rentable Investitionen wie die Errichtung von neuen Verschiebebahnhöfen für die ÖBB aufgeschoben werden.

Wegen der einseitigen Einsparung im Investitionsbereich wird man auch das Eigenlob des damaligen Finanzministers Lacina hinsichtlich seiner zurückhaltenden Budgetierung für 1987 nur beschränkt akzeptieren können: Der Beirat hatte in seiner Fortschreibung der bisherigen Budgetpolitik Ausgaben von 438 Milliarden Schilling befürchtet, während im Voranschlag tatsächlich 423 Milliarden vorgesehen waren. Dadurch sollte auch das Nettodefizit »nur« 76,6 Milliarden Schilling oder 5,1 Prozent des Bruttoinlandsprodukts statt der prognostizierten 86 Milliarden oder 5,5 Prozent des Bruttoinlandsprodukts erreichen.

Die laut Beiratsprognose am dramatischesten wachsenden Ausgabenpositionen hat aber bisher weder Lacina noch einer seiner Vorgänger der letzten Jahre in der Griff bekommen: den Personalaufwand für die Beamten, die Zinsen, die Sozialkosten und die notwendig werdenden Zuschüsse für die verstaatlichte Industrie und die teilverstaatlichten Großbanken und die Landwirtschaft.

Das ist um so bedauerlicher, als Finanzminister Vranitzky bei seinem Amtsantritt versprochen hatte, »jedes Jahr eine heilige Kuh« zu schlachten, um das Budgetdefizit in den Griff zu bekommen. Nach den jeweiligen Budgetreden fanden sich aber alle Kühe brav wieder im Stall.

Und so bestand bisher wenig Aussicht, daß sich die Hochrechnungen der Experten als grundlegend falsch erweisen könnten. Sie prognostizieren, daß allein die Zinsen von 1986 bis 1990 um 53 Prozent steigen und einen Anteil von 10,7 (derzeit 8,6) Prozent der Gesamtausgaben erreichen werden. Fast gleich schnell dürften die Zahlungen an die Verstaatlichten-Holding ÖIAG und die verstaatlichten Banken wachsen. Ihr Anteil dürfte mit 1,8 (derzeit 1,5) Prozent aber relativ bescheiden bleiben.

Der Sozialaufwand entwickelt mit einem Plus von 28 Prozent in diesem Fünfjahreszeitraum gleichfalls einige Dynamik. Dieser Posten fällt mit 22 (21,2) Prozent der Ausgaben besonders kräftig ins Gewicht. Die Personalaufwendungen des Bundes schließlich dürften um 21,6 Prozent steigen: ihr Anteil würde dann trotzdem auf 30,8 (derzeit 31,2) Prozent der Ausgaben sinken.

Die Flucht aus dem Budget

Die reinen Budgetzahlen geben aber nur einen Teil der Wahrheit wider. Es ist in den letzten Jahren üblich geworden, nicht unbeträchtliche Finanzierungen außerbudgetär abzuwickeln. Zu diesem Zweck werden Sondergesellschaften gegründet, die sich auf dem Kapitalmarkt finanzieren. Der Bund haftet aber für Zinsen und Tilgungen.

Wären diese Gesellschaften kommerziell orientiert, würde das nicht schaden. Das ist jedoch meist nicht der Fall. Unter anderem werden der Wasserwirtschaftsfonds, Universitäts- und Schulbauten, Schnellstraßen und Autobahnen sowie die Internationale Amtssitz und Konferenzzentrum Wien AG (IAKW-AG oder »UNO-City«) auf diese Weise finanziert. Diese Art der »außerbudgetären Sonderfinanzierung des Bundes« – so lautet die offizielle Bezeichnung – wirkt zunächst budgetschonend, belastet spätere Generationen aber um so mehr, sobald die Tilgungsraten fällig werden.

Insgesamt ist das Volumen der daraus resultierenden Verschuldung von 3,8 Milliarden Schilling Ende 1970 – damals wurde diese Finanzierungsform eingeführt – auf nicht weniger als 49,2 Milliarden Schilling Ende 1985 angewachsen. Dazu kommen noch Haftungen und Verpflichtungen aus der Schulraumbeschaffung mit 5,5 Milliarden Schilling. Der gesetzliche Haftungsrahmen dieser Gesellschaften für Kapital, Zinsen und Kosten wuchs seit 1970 auf beachtliche 133,8 Milliarden Schilling.

Daneben hat der Bund noch Haftungen für die Exportförderung und Ausfuhrfinanzierung im Ausmaß von 374 Milliarden Schilling übernommen; für Straßenbaufinanzierungen bestehen Garantien im Ausmaß von 39,6 Milliarden Schilling, für die verstaatlichte Industrie (ohne E-Wirtschaft) solche über 27,5 Milliarden Schilling. Weitere 30,8 Milliarden Schilling hat die Elektrizitätswirtschaft mit Bundeshaftung aufgenommen.

Im Bundesvoranschlag 1987 heißt es zur Vorbelastung künftiger Budgets eher lakonisch: »Eine eindeutige Aussage darüber, in welchem Ausmaß dadurch (nämlich durch die außerbudgetären Sonderfinanzierungen) zusätzliche Budgetausgaben in den Bundesvoranschlägen künftiger Finanzjahre erforderlich werden, kann wegen der schweren Abschätzbarkeit der Höhe künftiger Einnahmen (zum Beispiel Straßenmaut) nicht gemacht werden. Fallen in Zukunft keine Einnahmen an (zum Beispiel bei der Schulraumbeschaffung), so umfassen die in den Bundesvoranschlägen der künftigen Jahre vorzusehenden Beträge die gesamten Kosten der außerbudgetären Sonderfinanzierung.«

So weit, so schlecht. Finanzminister sind aber nicht nur erfinderisch, wenn es um die Erschließung neuer Geldquellen geht, sondern auch beim Hinausschieben von Lasten. Die Kredite, die für Straßen- und sonstige Sonderfinanzierungen aufgenommen wurden, sind daher in der Regel »endlastig«. Das heißt, daß für die ersten Jahre der Laufzeit dieser Kredite tilgungsfreie Zeiten vereinbart wurden. Die in der zweiten Hälfte der Laufzeit fälligen Raten sind dafür um so höher.

Mit einigem Geschick läßt sich auf diese Weise einige Jahre lang die Ausgabensituation des Staates wesentlich besser darstellen, als sie in Wirklichkeit ist. Das dicke Ende freilich kommt nach. In dieser Situation sind wir heute. Statt die vorhandenen Budgetmittel in den Neubau von Straßen oder wenigstens in deren Erhaltung und Reparatur stecken zu können, müssen alte Schulden zurückgezahlt werden.

Das sichert weder Arbeitsplätze, noch sorgt es für eine Verbesserung der Infrastruktur, beispielsweise durch die dringend notwendige Fertigstellung einer echten, durchgehenden Südautobahn. Die heutigen Finanzminister dürfen sich für die daraus resultierenden Vorwürfe der Bevölkerung bei ihren Vorgängern bedanken.

Es ist kein Zufall, daß sich unter den Nutznießern der Sonderfinanzierungen fast ausschließlich die Bauindustrie findet. Zum einen läßt sich auf diesem Gebiet eine Kreditfinanzierung durch Sondergesellschaften besonders leicht rechtfertigen. Man kann ja auf Sachwerte verweisen, die allerdings fast allesamt den Nachteil haben, keine Erträge abzuwerfen.

Der zweite Grund besteht im langen Jahre sehr erfolgreichen Lobbyismus, den diese Gruppe betrieben hat. Sie geniert sich dafür offenbar auch gar nicht, wie eine Aussendung der Vereinigung Industrieller Bauunternehmungen Österreichs (VIBÖ) vom 22. September 1986 beweist. Dort heißt es schlicht und einfach:

»Die VIBÖ gibt insbesondere zu bedenken, daß im Fall der vorgesehenen Frühjahrswahlen in Form von Sonderprogrammen alles getan worden wäre, um die Winterarbeitslosigkeit aus wahlstrategischen Gründen so niedrig wie nur möglich zu halten. Nun aber steht im Raum, ob angesichts des neuen Wahltermins alle diese Sondervorhaben überhaupt zum Tragen kommen werden.«

Die wackere Bauwirtschaft, die ihre 200 000 Beschäftigten als potentielle Wähler wie viele andere Branchen immer dann vorschickt, wenn sie von Politikern zusätzliches Geld haben will, übersieht dabei, daß wir es uns einfach nicht mehr leisten können, aus »wahltaktischen Überlegungen« Beschäftigungspolitik zu machen.

Genau diese Strategie nämlich ist an unserer heutigen Budgetmisere schuld – und auch die Industriellen zahlen an den Folgen fleißig mit. Was war passiert?

Ende der sechziger Jahre war der österreichische Staatshaushalt in Unordnung geraten – nicht so arg wie jetzt, aber immerhin so stark, daß sich die

damalige ÖVP-Alleinregierung um ihn (und um ihr Image als Wirtschaftspartei) Sorgen zu machen begann.
Finanzminister Stephan Koren erfand daraufhin die »Paukenschläge« zur Sanierung des Budgets. Er führte eine Autosondersteuer, einen 10prozentigen Zuschlag zur Lohn- und Einkommensteuer und eine Alkoholsteuer ein, brachte damit den Staatshaushalt in Ordnung – und führte gleichzeitig auch die Wahlniederlage der ÖVP vom Jahr 1970 herbei.
Sein Nachfolger Hannes Androsch konnte einerseits die Lorbeeren in Form eines sanierten Budgets ernten und durfte sich andererseits bis 1974 etlicher Hochkonjunkturjahre erfreuen. Von 1969 bis 1974 sank der Anteil der Finanzschulden am Bruttoinlandsprodukt von 13 auf 10 Prozent.
Dann kam 1973/74 der Ölschock und mit ihm eine lang andauernde Rezession. »Die Budgets dieser Jahre waren bewußt auf Nachfragebelebung und auf Arbeitsplatzsicherung ausgerichtet und führten zu einer kräftigen Ausweitung der Budgetdefizite und damit der Staatsschuld«, heißt es dazu im Arbeitsbehelf von Finanzminister Lacina zum Budget 1987 rückblickend. Gleichzeitig begannen die Finanzschulden zu explodieren.
Sie erreichten 1977 mit 164,6 Milliarden Schilling erstmals mehr als 20 Prozent des Bruttoinlandsprodukts, also das Doppelte des Wertes von 1974. 1982 wurde mit 342 Milliarden die 30-Prozent-Marke überschritten, 1986 kamen wir mit knapp 600 Milliarden schon auf fast 42 Prozent.
Der Irrtum der Politiker, die in dieser Zeit die Verantwortung getragen haben, war ein doppelter. Zum einen glaubten sie, eine auf Dauer erfolgreiche Wirtschafts- und Beschäftigungspolitik auf Kredit finanzieren zu können. Das wäre möglich gewesen, wenn die Ölschocks 1973/74 und 1980 nur einen vorübergehenden Wachstumsrückschlag gebracht hätte. Sie führten aber zu einer Trendwende, so daß sich die Budgets nie mehr wirklich erholen konnten.
Der zweite Fehler war ein zumindest ebenso grundsätzlicher. Die sozialistische Politik gab der Beschäftigungssicherung den Vorrang vor der Umstrukturierung. Arbeitsplätze wurden um teuerstes Geld in Branchen und (verstaatlichten) Unternehmen gehalten, wo langfristig keine Gewinne zu erzielen sind. Heute bekennen sich fast alle Politiker zu dem Satz, daß nur gewinnbringende Arbeitsplätze auf die Dauer auch wirklich sicher sind.
Der Hobbyökonom und Bundeskanzler Bruno Kreisky wollte das lange nicht wahrhaben und zwang Österreich noch zu jenen Zeiten ein »deficit spending« – also eine auf hohen Staatsausgaben basierende Wirtschaftspolitik – auf, als längst die Sanierung des Staatshaushalts das Gebot der Stunde gewesen wäre.
In der nachträglichen Rechtfertigung durch Finanzminister Lacina liest sich das im Bundesvoranschlag 1987 so: »In Österreich hingegen wurde der

Beschäftigungspolitik Vorrang eingeräumt und die Budgetpolitik gezielt zur Eindämmung negativer Auswirkungen der internationalen Wirtschaftskrise auf die einheimische Wirtschaft eingesetzt. ... Die Budgetpolitik trug daher seit 1982 die Hauptlast der Beschäftigungssicherung. Diese notwendigen Maßnahmen führten abermals zu einer Ausweitung der Budgetdefizite.«

Die Sanierungserfolge von Finanzminister Androsch, der das Nettobudgetdefizit von 4,6 Prozent im Jahr 1976 auf 2,6 Prozent im Jahr 1981 zurückgeführt hatte, wurden von seinen Nachfolgern zunichte gemacht. 1982 stieg das Nettodefizit auf 4,1 Prozent des Bruttoinlandsprodukts, 1983 erreichte es gar 5,4 Prozent, und 1984 sowie 1985 verharrte es auf 4,4 Prozent.

Für 1986 waren dann »nur« 4,5 Prozent präliminiert, es wurden aber beachtliche 5,3 Prozent. Für 1987 hoffte Lacina, das Defizit auf 5,1 Prozent des Bruttoinlandsprodukts »drücken« zu können.

Die jüngsten Horrordefizite sind um so bedenklicher, als sie in Zeiten einer relativ guten Konjunkturentwicklung zustande gekommen sind. Die »Ausrede« von der Notwendigkeit der Beschäftigungssicherung kann also nicht ins Treffen geführt werden. Im Gegenteil: die Zeit wäre günstig gewesen für ein Zurückschrauben des Defizits – quasi als eine Form des finanziellen Atemholens für Jahre, in denen wieder ein verstärkter Einsatz staatlicher Ankurbelungspolitik notwendig werden könnte.

Daß das nicht geschehen ist, mag auf die tiefe Verunsicherung der sozialistischen Politiker nach dem Abgang Bruno Kreiskys und auf den häufigen Wechsel im Finanzministerium zurückzuführen sein. Nach dem Langzeitminister Hannes Androsch (21. April 1970 bis 22. Jänner 1981) blieb Herbert Salcher nur dreieinhalb Jahre (22. Jänner 1981 bis 10. September 1984), und Franz Vranitzky brachte es überhaupt nur auf knapp zwei Jahre (10. September 1984 bis 16. Juni 1986), ehe ihn Ferdinand Lacina ablöste.

Spiegelbild der Wirtschaftspolitik

Wie auch immer der Staatshaushalt aussieht, er ist jedenfalls Spiegelbild der Wirtschaftspolitik und keine isoliert zu betrachtende oder zu kritisierende Größe. Daher hat auch jeder Sanierungsversuch tiefgreifende Auswirkungen auf die ökonomische Entwicklung des Landes.

Daß die triste Situation der Staatsfinanzen durchaus nicht zur Budgetkatastrophe führen muß, wenn gegengesteuert wird, hat uns die Bundesrepublik Deutschland in den letzten Jahren erfolgreich vorexerziert.

Das Rezept war eigentlich ganz einfach. Man ließ die Ausgaben langsamer wachsen als die Einnahmen. In der Bundesrepublik Deutschland haben die

Staatseinnahmen von 1982 bis 1986 um 14,6 Prozent zugenommen, die Ausgaben hingegen nur um 6,9 Prozent. Das Nettodefizit des deutschen Staatshaushaltes ist dadurch auf knapp 64 Prozent des Ausgangswertes von 1982 gesunken.

In Österreich war die Entwicklung genau umgekehrt. Die Einnahmen sind um 29,2 Prozent gestiegen – also um einiges stärker als bei unseren Nachbarn –, die Ausgaben aber sind noch rasanter um 31,6 Prozent gewachsen. Das Resultat ist ein Nettodefizit, das um fast die Hälfte über jenem von 1982 liegt.

Die deutsche Wirtschaftspolitik hat den Konjunkturaufschwung der letzten Jahre ganz gezielt zur Budgetkonsolidierung genützt. Daß unter einer solchen Politik keineswegs die Investitionstätigkeit des Staates leiden muß, die ja maßgeblichen Einfluß auf den Beschäftigungseffekt des Budgets hat, läßt sich leicht nachweisen: 1982 lag der Anteil der Bruttoinvestitionen des Bundes an den Gesamtausgaben mit 7,9 Prozent in der BRD erst knapp über dem österreichischen Anteil von 7,2 Prozent. Er war seither in jedem einzelnen Jahr höher und erreichte zuletzt in der BRD 9,5 Prozent gegenüber nur 6,2 Prozent in Österreich.

Die Beseitigung oder zumindest Reduktion des Defizits im Staatshaushalt hat also mehrfach positive Auswirkungen. Sie reduziert nicht nur die relative Belastung des Bruttoinlandsprodukts mit Zinsen – BRD: 1,6 Prozent; Österreich: 2,9 Prozent –, sondern schafft auch Spielraum für eine autonome Budgetpolitik.

In Österreich kommt noch erschwerend hinzu, daß die durchschnittliche Restlaufzeit der Staatsschuld mit zuletzt 7,3 Jahren wesentlich länger ist als in der BRD mit nur vier Jahren. Wir werden an den Schulden also entsprechend länger zahlen müssen, und dazu noch die Lasten für die bereits erwähnten außerbudgetären Finanzierungen zu tragen haben.

Sanierung in kleinen Schritten

Die Maßnahmen, mit denen die BRD das Budgetdefizit in den Griff bekommen hat, sind keineswegs ein Geheimrezept. Es wurde einfach eine Reihe von gar nicht besonders großen Schritten gesetzt, die dann in Summe zur Konsolidierung des Staatshaushalts geführt haben. Fairerweise muß man hinzufügen: Populär waren all diese Maßnahmen bei ihrer Einführung sicher nicht. Heute sind die Deutschen dafür zu Recht stolz darauf, in einem wirtschaftlich gesunden Land zu leben.

Begonnen wurde 1982 mit dem »Haushaltsbegleitgesetz 1982«. Durch die Kürzung des Kindergeldes, den Abbau von Subventionen und diversen

Steuerbegünstigungen sowie durch die Anhebung des Beitragssatzes zur Arbeitslosenversicherung und der Branntwein- und Schaumweinsteuer wurden das Bundesbudget um 15 Milliarden DM, die öffentlichen Haushalte sogar um insgesamt 18,5 Milliarden DM entlastet. Gleichzeitig wurde eine Investitionszulage in Höhe von 10 Prozent eingeführt, und es traten Verbesserungen bei den Sonderausgabenregelungen in Kraft.

Im darauffolgenden Jahr wurden die Defizite im Bundeshaushalt um weitere zwölf und die der öffentlichen Haushalte um insgesamt 18 Milliarden DM reduziert. Wieder traten Kürzungen der Kindergelder, anderer Sozialleistungen und von Subventionen in Kraft. Der Personalkostenanstieg im öffentlichen Dienst wurde durch die Anhebung der Aktiv- und der Ruhebezüge um nur 2 Prozent gebremst.

Ein für Österreich sicher nicht mehr gangbarer Weg war die Anhebung der Mehrwertsteuersätze auf 7 und 14 Prozent. Da wir hierzulande bereits unter den prohibitiven Sätzen von 20 und 32 Prozent stöhnen, ist diese Möglichkeit schon von den Vorgängern des jetzigen Finanzministers verspielt worden – allerdings leider nicht zum Zweck der Sanierung des Staatshaushalts. Die BRD finanzierte aus den zusätzlich eingelangten Mitteln die 1982 zur Belebung der Wirtschaft eingeführte 10prozentige Investitionszulage.

Im Jahr 1984 wurden bei den gesetzlichen Leistungen der Gebietskörperschaften und der Sozialversicherungen fünf Milliarden DM eingespart und die Einnahmen der Sozialversicherungen um gleichfalls fünf Milliarden DM aufgestockt. Die zweite Hälfte der Mehreinnahmen aus der 1983 erfolgten Anhebung der Mehrwertsteuersätze wurde für die Entlastung der Wirtschaft von Vermögensteuern und zur Finanzierung neuer Möglichkeiten von Sonderabschreibungen verwendet.

1985 schließlich wurden die Beiträge zur Arbeitslosenversicherung gesenkt, jene zur Rentenversicherung allerdings angehoben. Erstmals konnten auch wieder »Zuckerln« versprochen werden. In zwei Stufen werden die Steuerzahler durch höheres Kindergeld und höhere steuerliche Freibeträge um insgesamt 20 Milliarden DM entlastet.

Von einer solchen Endphase einer Budgetsanierung darf Österreich derzeit nur träumen. Die in der BRD 1986 ausgebrochene Diskussion, ob die zweite Phase der geplanten Steuerermäßigung aus konjunkturellen Gründen vorgezogen werden soll, bleibt hierzulande Chimäre.

Eine Sanierung, die innerhalb von nur vier Jahren und nur dadurch zustande kommt, daß die Staatsausgaben in diesem Zeitraum im Durchschnitt ungefähr halb so schnell wie die Einnahmen wachsen, dürfte für eine florierende Volkswirtschaft – und einer solchen dürfen wir uns in Österreich ungeachtet aller Probleme nach wie vor erfreuen – jedenfalls keine unlösbaren Probleme aufwerfen.

Für eine derartige Sanierungspolitik braucht man allerdings Politiker, die über den nächsten Wahltag auf Landes- und Bundesebene hinausdenken und auch vorübergehende Unpopularität in Kauf nehmen. Niemand wird sagen können, daß in Deutschland in den letzten Jahren als Folge der Budgetsanierung Massenarmut oder Verelendung breiter Bevölkerungsschichten eingetreten ist.

Im Gegenteil. Während in Österreich die Arbeitslosenrate ständig steigt und mit 7 bis 8 Prozent (unter Berücksichtigung der Frühpensionierungen, die nur zwecks Entlastung der Arbeitslosenstatistik erfolgt sind) bereits fast bundesdeutsches Niveau (9 bis 10 Prozent) erreicht, ist sie in der BRD rückläufig. In der nächsten Rezession werden unsere Nachbarn aber wirtschaftspolitischen Spielraum haben, während wir aus dem letzten Budgetloch pfeifen.

Die internationale Finanzkrise schwelt

Österreich: Der Einäugige ist unter Blinden König

Österreichs Staatsverschuldung ist zwar in den letzten Jahren rasant gestiegen, aber im internationalen Vergleich durchaus noch nicht besorgniserregend. In einer Kreditwürdigkeitsliste, die alle halben Jahre vom bekannten amerikanischen Finanzmagazin »Institutional Investor« erstellt wird, nahmen wir im Herbst 1986 unter 109 Ländern den beachtlichen zehnten Platz ein.

Österreich hat damals einen Rang eingebüßt und wurde bei praktisch unveränderter Punktezahl von Norwegen überholt. Nun spielt ein Platz auf oder ab unter den dichtgedrängten ersten zehn in der Praxis keine Rolle. Weder verschlechtern sich für Österreich wegen des Rückfalls die Kreditkonditionen, noch läuten deshalb irgendwo im Ausland gleich die Alarmglocken.

Die wirkliche Überraschung spielte sich im übrigen an der Spitze dieser Liste ab: Erstmals gelang es Japan, mit 95,7 (von 100 möglichen) Punkten die USA (95,1 Punkte) zu überholen. An dritter Stelle lag unverändert die Schweiz mit 94,5 Punkten. Zum Vergleich: Österreich kam auf 83,3 Punkte, das an 24. Stelle rangierende Saudiarabien auf 64,9 Punkte.

So irrelevant der Platztausch an der Spitze sein mag, so hat die Verdrängung der USA durch die Japaner doch auch für Österreich Signalcharakter. Sie spiegelt die amerikanische Wirtschaftspolitik und die daraus resultierenden Probleme wider. Die USA leiden unter gigantischen Budget- und Handelsbilanzdefiziten sowie unter einer überaus problematischen Wirtschaftsstruktur, in der international wenig konkurrenzfähige Industriebetriebe und ein immer noch überdimensionierter Agrarsektor dominieren.

Die Japaner dagegen haben ihren Staatshaushalt weitgehend in Ordnung, überschwemmen die Weltmärkte mit hochwertigen Industrieprodukten und haben nur ein wirklich brisantes Problem. Sie müssen dem Rest der Welt glaubhaft machen, daß an ihrem Handelsbilanzüberschuß nur die Importländer schuld seien und sie ohnehin alles täten, um ihn zu vermindern. In Wirklichkeit schirmt sich Japan durch eine unerschöpfliche Fülle bürokratischer Hemmnisse vor unerwünschten Einfuhren ab.

Ähnlich ist die Situation der Bundesrepublik Deutschland, die in der Kreditwürdigkeitsliste des »Institutional Investor« Platz vier einnimmt.

Österreich kann jedenfalls nach wie vor zufrieden sein. Immerhin liegen so bedeutende Industrienationen wie Schweden (Platz 12), Finnland (13) oder Italien (15) deutlich hinter uns, ganz zu schweigen von Spanien (19), China (22), der UdSSR (23) oder Saudiarabien (24). Vor Österreich rangierten im

Spätherbst 1986 neben den bereits erwähnten vier Ländern auch Großbritannien, die Niederlande, Kanada, Frankreich und Norwegen.
Die eigentlichen Dramen spielen sich im untersten Drittel dieser Liste ab. Betroffen sind weniger die kaum oder gar nicht kreditwürdigen Schuldner, sondern ihre Geldgeber. Während nämlich Länder wie Brasilien, Mexiko oder Argentinien kaum noch etwas zu verlieren haben, geht es vor allem für die stark in Lateinamerika engagierten US-Banken ums Überleben. Wenn die Zinsenzahlungen für Kredite mehr als drei Monate ausbleiben, müssen die Institute gemäß der amerikanischen Bankengesetzgebung die betreffenden Ausleihungen zur Gänze abschreiben.
Derart gigantische Verluste würden auch die größten Banken nicht verkraften können. Die Geldinstitute haben daher zumindest das gleiche Interesse an der zumindest scheinbaren Erhaltung der Zahlungsfähigkeit ihrer Schuldner wie diese selbst und bieten ihnen daher immer wieder neue Kredite an. Dadurch sollen Zins- und Tilgungszahlungen ermöglicht werden.
Österreich hat von dieser Tatsache schon einmal profitiert. 1982 war Polen – ein wichtiger Schuldner Österreichs – praktisch zahlungsunfähig. Aus politischen Gründen drängte die amerikanische Regierung damals internationale Organisationen und Großbanken, einen harten Kurs einzuschlagen. Auf diese Weise sollte der Ostblock unter Druck gesetzt und die »Regenschirmtheorie« ad absurdum geführt werden.
Gemäß dieser inzwischen nicht mehr gültigen Doktrin gingen die Gläubigerländer davon aus, daß die Sowjetunion immer für die Schulden aller Ostblockländer geradestehen, also stets einen schützenden Regenschirm über sie halten würde. Am Beispiel des zahlungsunfähigen Polen sollte die UdSSR entweder zu finanziellen Opfern oder zur offiziellen Erklärung gezwungen werden, daß sie ihren »Bruderländern« nicht aus der finanziellen Patsche helfen könne.
Diese amerikanische Strategie hätte die europäischen und vor allem die österreichischen Geldinstitute wegen der hohen Ostkredite in große Schwierigkeiten gebracht. Zum Glück für Europa aber eskalierte im Sommer 1982 die Schuldenkrise in Lateinamerika, und die USA sahen sich zum Einlenken gezwungen. Bei der Weltwährungskonferenz, die im September in der kanadischen Stadt Toronto abgehalten wurde, kam es zu einem inzwischen geradezu historisch gewordenen Kompromiß. Die Industriestaaten erklärten sich bereit, gemeinsam mit den großen Schuldnern nach Lösungen zu suchen, die beiden Seiten Überlebenschancen einräumen.
Die Weltschuldenkrise gleicht derzeit einer Zeitbombe, die leise, aber dennoch unüberhörbar tickt und – zumindest theoretisch – jederzeit explodieren und unermeßlichen Schaden anrichten kann. Die Sprengkraft dieser Bombe läßt sich leicht ermessen, wenn man sich das Ausmaß der Verschul-

dung der Entwicklungsländer vor Augen hält. Die Auslandsschulden der dritten Welt werden derzeit auf 1 000 Milliarden Dollar geschätzt.
In den letzten vier Jahren mußten 145 Milliarden Dollar, verteilt auf 40 Schuldnerländer, »umgeschuldet« werden. Das heißt, daß diese Länder ihren Verpflichtungen zur Zahlung von Zinsen und Tilgungsraten nicht pünktlich nachkommen konnten und ihre Gläubiger um Erstreckung der Zahlungsfristen und um neue Kredite ersuchen mußten. Das zusätzliche Geld dient einerseits für Zinszahlungen, andererseits für lebensnotwendige Importe von Investitions- und Konsumgütern.

Die Krise ist eine Nachwirkung des Ölschocks

Schuld an der ganzen Misere ist paradoxerweise einer der eindrucksvollsten Beweise für das Funktionieren des Weltfinanzsystems, den man sich überhaupt denken kann: das Recycling der Petrodollar.
Hinter diesem Fachausdruck verbirgt sich die Veranlagung jener Dollarmilliarden, die die ölexportierenden Länder seit der Vervielfachung der Ölpreise in den Jahren 1973/74 und 1979/80 eingenommen haben, aber beim besten Willen nicht für Importe ausgeben konnten. Das Geld wurde bei den großen Banken der westlichen Industriestaaten gegen entsprechende Verzinsung angelegt, und die Geldinstitute mußten ihrerseits Schuldner suchen, denen sie es gegen entsprechend hohe Zinsen weiterborgen konnten.
Bei der Auswahl der Schuldner war man damals nicht wählerisch. Wer immer Geld borgen wollte, wurde mit offenen Armen empfangen. Anders wäre nicht denkbar, daß Entwicklungsländer in so kurzer Zeit derart hohe Schulden aufhäufen konnten, daß sie damit das Weltfinanzsystem aus den Angeln zu heben drohten.
An der Spitze der Weltschuldenliste stehen heute drei südamerikanische Staaten: Brasilien mit 105 Milliarden Dollar Auslandsschulden, Mexiko mit 98 Milliarden und Argentinien mit 51 Milliarden. Allein diese Länder haben ihre Schulden von 1980 bis Ende 1985 um mehr als 70 Prozent von insgesamt 148 auf 254 Milliarden Dollar gesteigert.
Die weiteren Großschuldner sind (in dieser Reihenfolge) Südkorea (47 Milliarden), Indonesien (41), Indien (40), Venezuela (35), Polen (30), Ägypten (28), Türkei (27), die Philippinen (26), Südafrika (24), Chile (22) und Nigerien (21 Milliarden Dollar). Die Wahrscheinlichkeit, daß auch nur eines dieser Länder seine Schulden jemals wird zurückzahlen können, ist gleich Null. Das wäre freilich nicht so tragisch, wenn mit den Krediten rentable Investitionen finanziert würden, aus deren Erträge die Zinsen gezahlt werden könnten.

Das Problem bei der Staatsverschuldung ist aber, daß die Kredite nur in sehr seltenen Fällen für Investitionen, meist aber für unwirtschaftliche Projekte aufgenommen werden und daher die Zinsen nicht selbst verdienen. Die Belastbarkeit der Bürger aber, die mit ihren Steuern für die Zinsen aufkommen müssen, ist nur begrenzt.

Lösbar ist diese Krise zumindest kurzfristig nicht. Auf der einen Seite stehen die Schuldnerländer, die sich ihrer Macht über die Gläubigerbanken immer deutlicher bewußt werden und gelegentlich den »Zahlungsboykott« proben, auf der anderen die Gläubigerländer und die Banken, die um ihr Geld fürchten.

Bei allen echten Kraftproben der letzten Jahre hat man sich in letzter Minute (und manchmal auch erst ein paar Stunden danach) doch noch geeinigt. Als Argentinien und Peru im Jahr 1985 die Zinsenzahlungen einstellen und sich quasi offiziell für zahlungsunfähig erklären wollten, machten ihnen Vertreter der westlichen Industriestaaten diskret die Folgen klar.

Einem offiziell bankrotten Land werde kein Unternehmen mehr etwas liefern. Es werde also auch keine Medikamente, kein Insulin, keine dringend benötigten Ersatzteile für Maschinen bekommen. Die Regierung möge doch bitte die Folgen des Ausbleibens lebenswichtiger Medikamente auf die Stimmung in der Bevölkerung bedenken, ehe sie so weitreichende Entscheidungen wie einen Schuldenboykott beschließe...

Man verstand einander auf dieser Ebene. Zwar wurden auch weiterhin keine Zinsen gezahlt, die Schuldnerländer akzeptierten aber gnädig, daß ihnen die Gläubigerbanken zur Abdeckung der rückständigen Zinsen formell weitere Kredite einräumten. Das Geld floß also nur von einem Konto der Gläubigerbanken auf das andere. Da die offizielle Bankrotterklärung ausblieb, war der Schein gewahrt. Die Banken mußten ihre Forderungen nicht abschreiben, die Schuldnerländer brauchten per Saldo nur soviel Zinsen zu zahlen, wie sie sich gerade noch leisten konnten, und erhielten den Rest geborgt.

Lösung ist das natürlich keine. Aber wie soll ein Land wie beispielsweise Peru, das jährlich Waren um 3,1 Milliarden Dollar exportiert, aber 3,7 Milliarden Dollar Zinsrückstände aufgehäuft hat, je auf gleich kommen?

Oder wie sollte Mexiko, das in der Hoffnung auf hohe Einnahmen aus der Ausbeutung seiner Ölvorkommen Kredite aufgenommen hat, genug Geld zur Bedienung der Auslandsschulden verdienen, wenn die Ölpreise inzwischen in den Keller gefallen sind? Immerhin hat dieses Land den Lebensstandard seiner Bevölkerung in den letzten Jahren um 40 Prozent reduziert, um den Forderungen des Internationalen Währungsfonds nach einer »gesunden Wirtschaftspolitik« nachzukommen. Von dieser Seite her besteht also kein Spielraum mehr.

Bei der Weltwährungskonferenz im September 1985 in Seoul, der Hauptstadt Südkoreas – die Jahrestagungen des Internationalen Währungsfonds und der Weltbank finden alljährlich im Herbst statt, und zwar jeweils zweimal hintereinander in Washington und dann einmal auf einem anderen Kontinent –, hat der amerikanische Finanzminister James A. Baker die Unlösbarkeit der Schuldenkrise indirekt eingestanden.
Währungsfonds und Weltbank sollten nicht mehr wie bisher ausschließlich versuchen, die Schuldnerländer zum Gesundschrumpfen ihrer Wirtschaft zu bringen, sondern eine Vorwärtsstrategie einschlagen. Neue Kredite sollten die jeweiligen Länder wirtschaftlich in Schwung bringen und sie in die Lage versetzen, ihren Verpflichtungen nachzukommen.
Auch diese Strategie ist bisher nicht aufgegangen. Die Rohstoffpreise sind im Jahr 1986 verfallen, was die Exporterlöse vieler Entwicklungsländer stark gemindert hat. Auch landwirtschaftliche Erzeugnisse werden immer billiger, weil die großen Industrieblöcke wie die USA oder die EG unter enormen Überschüssen leiden und diese mit riesigen Subventionen auf den Markt werfen.
Für manche Entwicklungsländer wäre es weit günstiger sich auf dem Weltmarkt mit subventioniertem Getreide einzudecken, als die eigene Produktion zu steigern. Exporte sind unter diesen Umständen unmöglich, obwohl der Ausbau des Agrarbereichs für viele klimatisch begünstigte Länder der dritten Welt die einzige Chance böte, wirtschaftlich auf den Damm zu kommen.

Österreich profitiert und leidet zugleich

Man sollte meinen, daß das kleine Österreich von den Auswirkungen der Weltschuldenkrise weitgehend verschont bliebe. Das stimmt aber nur begrenzt. Einerseits profitieren wir in erheblichem Maß von der Tatsache, daß die dritte Welt auf den Finanzmärkten heute so schlecht dasteht. Unser »Triple A«, der Maßstab für erstklassige Kreditwürdigkeit, ist so lange nicht in Gefahr, als wir mit Schuldnern wie Mexiko, Polen oder Chile konkurrieren. Es ist per Saldo weltweit für die großen Geldinstitute immer noch leichter, Einlagen zu bekommen, als gute Schuldner zu finden, an die man diese Einlagen zinsbringend verleihen kann.
Auf der anderen Seite hat Österreich selbst hohe Forderungen vor allem an den Ostblock, die zumindest teilweise ebenso gefährdet sind wie die Ausleihungen an südamerikanische und afrikanische Länder. In den letztgenannten Regionen ist der österreichische Kreditapparat zum Glück weniger engagiert.

Der Ostwirtschaftsexperte der »Presse«, Erich Hoorn, hat die Schulden der Comecon-Staaten in Österreich summiert und ist für Ende 1985 auf beachtliche 183 Milliarden Schilling gekommen. Gleichzeitig hat der Ostblock zu diesem Zeitpunkt in Österreich Guthaben in Höhe von ungefähr 50 Milliarden Schilling unterhalten. Daraus ergibt sich eine Nettoverschuldung der Ostländer in Österreich von rund 133 Milliarden Schilling.
Größte Einzelschuldner des Comecon bei österreichischen Banken sind die Sowjetunion mit 39,3 Milliarden Schilling, die DDR mit 34,2 Milliarden Schilling, Ungarn mit 27,4 Milliarden Schilling und Polen mit 21,9 Milliarden Schilling. Auf diese vier Staaten entfallen fast 90 Prozent der Gesamtschulden des Comecon bei österreichischen Banken. Weitere 43 Milliarden Schilling wurden als Handelskredite durch Nichtbanken gewährt.
Von der Bonität her bedenklich ist heute nur das Polen-Obligo. Vor einigen Jahren galten auch die Kredite an die DDR als gefährdet, doch hat sich dieses Land dank der politisch motivierten Milliardenhilfe durch die Bundesrepublik Deutschland wirtschaftlich erholt und gilt heute als guter Schuldner.
Um Polen im eigenen Interesse bei der Bewältigung seiner Probleme zu helfen, hat Österreich den Import gesteigert. So beziehen wir beispielsweise die gesamte Kohle für das Kraftwerk Dürnrohr, das die Stelle des »verbotenen« Kernkraftwerkes Zwentendorf einnimmt, aus Polen. Aus dem Erlös werden Zinsen und Tilgung für einen 300-Millionen-Dollar-Kredit beglichen, den Österreich vor einigen Jahren eingeräumt hat.
Dennoch gibt sich im Kreditapparat niemand der Illusion hin, daß dieses Ostblockland je seinen Verpflichtungen gänzlich wird nachkommen können. Die Geldinstitute bilden daher in den Bilanzen Rückstellungen. Sie sorgen aus ihren Gewinnen vor und schreiben ihre Forderungen allmählich ab. Durch diese Vorgangsweise ersparen sie sich gegebenenfalls den Schock, falls Polen oder ein anderer Großschuldner sich einmal doch für zahlungsunfähig erklärt.
Sicherheitshalber sagen die Geldinstitute auch nicht, für welche Länderrisken sie Rückstellungen bilden. Die entsprechenden Staaten sollen offiziell nicht wissen, daß ihre Forderungen nicht mehr zum vollen Wert in den Bilanzen stehen. Sie könnten sonst auf die Idee kommen, auch offiziell einen entsprechenden Schuldennachlaß zu fordern. Das aber will man vorerst vermeiden.
Auf die Dauer wird die westliche Welt um eine solche Maßnahme allerdings nicht herumkommen. Nur so können wieder realistische Relationen zwischen der Leistungskraft der Wirtschaft dieser Länder und den Schuldenbelastungen hergestellt werden.
Die österreichischen Finanzbehörden spielen bei dieser Vorgangsweise

übrigens still und leise mit. Normalerweise dürfen Geschäftsleute, Unternehmen und Banken ja Forderungen zu Lasten des Gewinns nur abschreiben, wenn sie die Uneinbringlichkeit glaubhaft machen können. Bei den »Länderrisken« ist das nicht möglich, solange die betreffenden Staaten nicht ihre Zahlungsunfähigkeit erklärt haben.

Eben diesen Zeitpunkt wollen die Geldinstitute aber nicht abwarten, sondern schon jetzt durch die Bildung von »Pauschalvorsorgen für Länderrisken« der Gefahr begegnen. Die Finanzbehörden akzeptieren das und lassen entsprechende gewinnmindernde Abschreibungen zu. Dies geht naturgemäß zu Lasten des Staates, also aller Steuerzahler. Die Steuerleistungen der Banken sind niedriger, als sie ohne Abschreibungen wären.

Hier schließt sich der Kreis. Österreich hat nämlich gegenüber dem Ostblock Fleißaufgaben gemacht und mehr Kredite gewährt, als der Außenhandelsverflechtung entsprechen würde. Konkret beträgt Österreichs Anteil an allen Lieferungen aus westlichen Industriestaaten in den Ostblock nur ungefähr 5 Prozent, der Anteil der Schulden des Ostens im Westen ist aber mit 11,4 Prozent mehr als doppelt so hoch.

Darin kommt nicht zuletzt auch die ungünstige Industriestruktur Österreichs zum Ausdruck. Güter, die in anderen Ländern wegen des scharfen internationalen Wettbewerbs nicht konkurrenzfähig waren, wurden unter großzügiger Kreditgewährung in den Ostblock exportiert. Um die Bereitschaft der Oststaaten zum Import aus Österreich zu vergrößern, wurden mitunter über die eigentlichen Lieferungen hinausgehende Kredite gewährt, die dann von den Schuldnern für Einkäufe in anderen Ländern verwendet wurden.

Gehaftet hat dafür die Österreichische Kontrollbank AG im Rahmen ihrer Exportgarantien. Für die daraus eventuell resultierenden Verluste muß schlußendlich ebenso der Steuerzahler aufkommen wie zumindest indirekt und teilweise für die Kreditausfälle der Banken. Immerhin hat die Kontrollbank allein in den ersten sieben Monaten des Jahres 1986 für Zahlungsausfälle im Ausmaß von 4,2 Milliarden Schilling einspringen müssen. Sie hat österreichischen Exporteuren die entsprechenden Beträge ausgezahlt, weil die eigentlichen Schuldner nicht in der Lage waren, ihren Verpflichtungen nachzukommen.

Diese Milliarden sind allerdings nicht endgültig verloren. Sie werden möglicherweise später doch zumindest teilweise wieder hereinkommen, weil der Schuldner nur vorübergehend zahlungsunfähig war. Immerhin gingen von Jänner bis Juli 1986 bei der Kontrollbank 1,2 Milliarden Schilling an Zahlungen für Forderungen ein, die zeitweise uneinbringlich gewesen waren.

Eine bessere Industriestruktur hätte es Österreich erspart, dubiosen Schuldnern Kredite zu gewähren, damit sie quasi gnadenhalber unsere Produkte

abnehmen. Das gilt vor allem für die verstaatlichte Industrie, die Stammgast bei der Kontrollbank war und ist. So schlecht konnte die Kreditwürdigkeit des Abnehmerlandes bei Großprojekten gar nicht sein, daß die Kontrollbank von ihrem Vetorecht Gebrauch gemacht und die Haftungsübernahme verweigert hätte.
Pikanterweise wurden dabei oft Garantien für Drittländer übernommen, die mit hohen Lieferanteilen an den österreichischen Exporten »mitnaschten« und sich ihr Risiko vom hiesigen Steuerzahler abdecken ließen. Die Oesterreichische Nationalbank hat mehrfach vor dem Anwachsen der Garantierisken gewarnt, sich aber oft genug gegen die Vertreter der Kontrollbank und des Finanzministeriums nicht durchgesetzt. Die Interessen der »Verstaatlichten« hätten Vorrang, wurde den vorsichtigen Nationalbankvertretern erklärt – und Österreichs Kredite an Länder mit zweifelhafter Bonität wuchsen weiter.
Auf diese Weise ist Österreich sehr direkt in die Weltfinanzkrise eingebunden. Wenn wir auch per Saldo immer noch davon profitieren, hinsichtlich der Bonität Einäugige unter Blinden zu sein – ein wenig mehr Vorsicht bei der Auswahl der Export- und Schuldnerländer wird sicher nicht schaden. Schließlich geht es auch dabei um Steuergeld, wenngleich das auf den ersten Blick gar nicht so deutlich erkennbar ist.

Hoffnungslos, aber nicht ernst

Ein Ausblick in bessere Zeiten

Wir Österreicher sind dafür bekannt, mit unerschütterlichem Optimismus in die Vergangenheit zu blicken und die gegenwärtige Lage ebenso wie die Zukunftsaussichten stets als hoffnungslos, aber keineswegs ernst anzusehen. In gewissem Sinn hat dieser Fatalismus einiges für sich. Obwohl Politiker wie Bürger in den letzten Jahren viele sehr ernste Probleme auf die leichte Schulter genommen haben, geht es uns relativ gut, ja sogar besser als je zuvor.

Da wirken allerdings noch die ökonomischen Erfolge der Vergangenheit nach: Jahrelang war Österreich auf der Überholspur; das Bruttoinlandsprodukt pro Einwohner ist seit dem Beginn der sechziger Jahre in allen Fünfjahresperioden schneller gewachsen als in den übrigen hochentwickelten europäischen Industriestaaten (OECD-Europa). Unser Land ist derzeit im Mittelfeld der Industrienationen angesiedelt.

Die Inflationsraten sind in den letzten Jahren niedriger gewesen als in den meisten anderen Ländern, die Arbeitslosigkeit war ungefähr halb so hoch wie im Durchschnitt der europäischen OECD-Staaten. Österreich hat lange Jahre als »Insel der Seligen« gegolten – als Land also, das unbeeindruckt von Ölpreisschocks und Wachstumskrisen auf Erfolgskurs blieb.

Erst in jüngster Zeit begann sich das Blatt zu wenden, und wir alle haben das auch gespürt. Die Probleme in der verstaatlichten Industrie, die Budgetmisere, die steigende Arbeitslosigkeit trotz riesiger Frühpensionierungsaktionen, aber auch die Skepsis und das Mißtrauen, dem Österreich weltweit begegnet – all das hat uns klargemacht, daß wir uns aus der bisherigen Lethargie lösen müssen.

Die Zeit ist reif für Reformen

Sozialistische Minister haben zur Teilprivatisierung der verstaatlichten Industrie aufgerufen, sie haben für eine Vereinfachung des Steuersystems bei gleichzeitiger Entschärfung der Steuerprogression plädiert und gegen die zunehmende Verbürokratisierung des täglichen Lebens argumentiert. Allein das sollte gerade in einem Land zu denken geben, in dem 16 Jahre lang Sozialisten ganz oder größtenteils allein regiert haben. Wenn sie ihr eigenes wirtschafts- und gesellschaftspolitisches Erbe verleugnen, muß die Zeit wohl wirklich für Reformen reif sein.

Dabei geht es aber nicht nur um eine Entstaatlichung oder um eine noch so

groß angelegte Änderung des Steuersystems. Die Reform muß tiefer ansetzen. Lange Jahre hat man sich vom Staat Regeln für alle Lebenslagen erwartet – und die Politiker waren nur zu gerne bereit, sie aufzustellen und ihre Einhaltung streng kontrollieren zu lassen. Das mehrte ihre Macht und verlieh ihnen ein Gefühl von Bedeutsamkeit.
Inzwischen haben Bürger wie Politiker eingesehen, daß sie gemeinsam in die Sackgasse marschiert sind. Vor lauter Gesetzen, Regeln, Verordnungen und Bürokratie kommt das eigentliche »Regieren« längst zu kurz. Es werden nicht mehr die großen Ziele abgesteckt, sondern es muß primär die Einhaltung kleinkarierter Vorschriften überprüft werden.
Das wirkt sich nicht nur auf das tägliche Leben, sondern besonders stark auf die Wirtschaft aus. Universitätsprofessor Gerhard Seicht von der Wiener Wirtschaftsuniversität hat in diesem Zusammenhang vor einer »Unternehmerlücke« gewarnt, die zusätzlich zur Eigenkapital- und der Technologielücke entstehen könnte. Die Bürokratie behindere nämlich längst nicht nur das Betreiben, sondern auch die Gründung von Unternehmungen.
Als konkretes Beispiel nannte Seicht die Überwälzung bürokratischen Aufwands vom Staat auf die Unternehmer, die dafür keinerlei Entschädigung bekommen. So koste allein der mit der Einbehaltung und Weiterleitung der Lohnsteuer und der Sozialversicherungsbeiträge verbundene Formularkrieg die österreichische Wirtschaft alljährlich elf Milliarden Schilling. Eine radikale Entbürokratisierung der gesamten Verwaltung sei angesichts dieser Tatsache und bei dem riesigen Aufwand, den das Beamtenheer verursacht, unerläßlich. Die Vereinfachung des Steuerrechts dürfte dabei nur ein – wenn auch wichtiger – Einzelschritt sein.

Der Staatsbankrott ist vermeidbar

Der drohende Staatsbankrott in Form immer höherer Belastungen mit Zinsen, sinkenden Wohlstands und steigender Arbeitslosigkeit ist also sehr wohl zu vermeiden. Wir müssen nur aufhören, uns vom Staat Schutz und Hilfe in allen Lebenslagen zu erwarten. Statt dessen sollten wir uns auf die vielfältigen Möglichkeiten der Eigenvorsorge in vielen Lebensbereichen besinnen und den Staat nur als »Fangnetz« für echte Notfälle ansehen.
Die Chancen für eine solche Trendwende stehen gut. Große Teile der Bevölkerung sind längst »staatsverdrossen«, und die meisten Politiker wissen das auch. »Dieselben Bevölkerungsgruppen, die wachsende Ansprüche an den Staat stellen, ohne die Grenzen staatlicher Verantwortung und Hand-

lungsfähigkeit zu bedenken, zeigen wachsendes Mißtrauen gegen die staatlichen Einrichtungen, die geschaffen wurden, um die Ansprüche zu befriedigen. Das Mißtrauen scheint gerechtfertigt.«
Das hat 1978 der damalige Finanzminister Hannes Androsch in seinem Buch »Staat, Steuern, Gesellschaft« geschrieben. Und weiter: »Daraus folgt nicht nur die Gefahr der größeren Verbürokratisierung, sondern auch die Gefahr der regulierten Zwangsbeglückung. Gravierend erscheint mir auch die Abnahme an Entscheidungsfähigkeit und demokratischer Legitimation der Bürokratien.«
Das Gefühl des Unbehagens über die staatliche Zwangsbeglückung hat sich seither sicher noch verstärkt. Den notwendigen Schnitt freilich wagten die Politiker aus Angst um Wählerstimmen oder auch um die eigenen Einflußmöglichkeiten bisher nicht vorzunehmen.
Also sind weiter die meisten sozialen und wirtschaftlichen Risken des täglichen Lebens dem Staat aufgebürdet worden. Der aber erbringt Leistungen traditionell mit geringerer Effizienz als private Unternehmen. Das Beamtenheer vergrößert sich ständig, braucht Selbstbestätigung und verstärkt dadurch in einer Art Selbstregulierungsmechanismus die Bürokratie.
Jeder ruft nach Förderung, statt Freiheit für die Entfaltung der eigenen Leistungskraft zu verlangen. Da jede Subvention auch im Kampf um Wählerstimmen und Einfluß ins Treffen geführt werden kann – man denke nur an das Wohnungswesen! –, sind Politiker nur allzu gern bereit, dem Verlangen nach Staatszuschüssen nachzugeben. Und so subventioniert der Staat das Sparen und die Kreditaufnahme, die Errichtung von Eigenheimen und den Bau von Genossenschaftswohnungen.
Es gibt Förderungen für die Benützung des eigenen Kraftfahrzeugs auf dem Weg zur Arbeit und für den Ausbau der öffentlichen Verkehrsmittel, für die Vornahme umweltschonender Investitionen, fürs Lernen, für die Frühpensionisten, für die Industrie und für den Fremdenverkehr und nicht zuletzt für den Export von Agrarprodukten, die niemand braucht. Gezahlt wird das alles aus einem gigantischen Umverteilungsprozeß, dessen Gewinner und Verlierer längst nicht mehr zu eruieren sind.
Aus diesem Teufelskreis, dessen ständig enger werdende Spiralen schnurstracks in den Staatsbankrott führen, können wir nur mit sehr entschiedenen Schritten ausbrechen. Wenn wir sie bald genug tun, haben wir gute Chancen, in einigen Jahren wieder zum Musterland zu werden. Es gibt in Österreich nach wie vor hervorragende Schulen, ein ausgezeichnetes praxisorientiertes System der Facharbeiterausbildung, soziale Sicherheit, Arbeitsfrieden und eine gute Infrastruktur.
Es wäre purer Leichtsinn, all dies aufs Spiel zu setzen und die Tür für aus-

ländische »Sanierungshelfer« zu öffnen, die uns im Namen von Währungsfonds oder Weltbank entsprechende Maßnahmen aufzwingen. Wir sind durchaus in der Lage, das Budget und unsere Wirtschaft selbst in Ordnung zu bringen, wenn wir rechtzeitig damit beginnen. Die richtige Zeit zum Anfangen wäre allerdings gestern gewesen. Heute geht es auch noch; morgen wird es zu spät sein.